立德崇能

体育与健康

《体育与健康》编写组 编

苏州大学出版社

图书在版编目(CIP)数据

体育与健康/常华,孟祥波主编;《体育与健康》编写组编. —修订本. —苏州:苏州大学出版社, 2019.8(2023.8重印)
 教育部职业教育与成人教育司推荐教材 五年制高等职业教育文化基础课教学用书
 ISBN 978-7-5672-2889-4

Ⅰ.①体… Ⅱ.①常… ②孟… ③体… Ⅲ.①体育-高等职业教育-教材②健康教育-高等职业教育-教材 Ⅳ.①G807.4

中国版本图书馆 CIP 数据核字(2019)第 164749 号

声 明

非经我社授权同意,任何单位和个人不得编写出版与苏大版高职系列教材配套使用的教辅读物,否则将视作对我社权益的侵害。

特此声明。

苏州大学出版社

体育与健康

《体育与健康》编写组 编

责任编辑 张 凝

苏州大学出版社出版发行
(地址:苏州市十梓街1号 邮编:215006)
常熟市华顺印刷有限公司印装
(地址:常熟市梅李镇梅南路218号 邮编:215511)

开本 787 mm×1 092 mm 1/16 印张 19 字数 463 千
2019 年 8 月第 1 版 2023 年 8 月第 9 次修订印刷
ISBN 978-7-5672-2889-4 定价:49.00 元

若有印装错误,本社负责调换
苏州大学出版社营销部 电话:0512-67481020
苏州大学出版社网址 http://www.sudapress.com
苏州大学出版社邮箱 sdcbs@suda.edu.cn

修订版前言

五年制高职公共基础课系列教材自1998年出版以来，历经多次修订，从体例到内容更加成熟，质量不断提升，得到了各使用学校师生的普遍认可和肯定，并顺利通过教育部组织的专家审定，列入教育部向全国推荐使用的高等职业教育教材，成为我国职业院校公共基础课的品牌教材之一。

近年来，职业教育教材建设的内外环境发生了许多新变化。首先是我国把发展现代职业教育，加快高素质、高技能人才培养作为推进人才强国战略，增强我国核心竞争力和自主创新能力，建设创新型国家的重要举措。与之相适应，新的高等职业教育人才培养方案、课程标准等陆续出台，职业院校课程结构调整及公共基础课教学改革持续推进，这些都对教材建设提出了新要求。其次是职业院校生源的不断变化，中高职教育衔接贯通等培养模式的探索也要求教材建设与之适应。此外，经过近二十年的变迁，参加教材编写的作者情况变化较大，确有需要从教学一线吸收新的骨干力量参加到教材建设工作中来。

为此，我们再次组织部分作者分批对教材进行调整修订。本次修订遵循"拓宽基础、强化能力、立足应用"的基本原则，力求进一步体现基础性、应用性和发展性的有机统一，弱化课程理论体系，强化能力培养和实际应用。修订中还适当参考了部分优秀初高中教材和高职教材对有关内容的最新论证和表述，修正了不具时效性和不符合职业教育培养目标要求的内容。本着实事求是、方便教学的考虑，有些教材修订幅度较大，有些则仅做局部的修改调整。我们期望新版修订教材既能切合新时期学生发展的实际，保证学生应有的人文和科学素养，又能为学生专业课程的学习、终身学习和自主发展铺路架桥、夯实基础。

在五年制高职公共基础课教材近二十年的建设过程中,我们得到了江苏省教育厅、江苏联合职业技术学院及各有关院校的热情关心和大力支持;本次教材修订也是在原教材编写者和历次修订者多年来付出的辛勤劳动和工作成果的基础上进行的,修订工作得到了他们一如既往的理解和帮助。在此,我们谨表示最诚挚的感谢!

与教材配套使用的《学习指导与训练》也做了同步修订。另外,供教师使用的《教学参考用书》(电子版)可访问苏州大学出版社网站(http:∥www.sudapress.com)"下载中心"参考或下载。

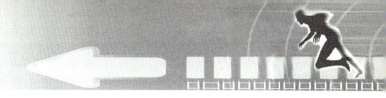

编写修订说明

古往今来,人类均视健康为人生的第一需要。早在2 400年前,苏格拉底就曾说过,健康是人生最可贵的。世界卫生组织则指出,健康是基本人权,尽可能达到健康水平,是世界范围内的一项重要的社会性目标。可见,健康已成为人类生活永恒的主题和共同追求的目标。随着社会的发展、科学技术的进步以及物质水平的不断提高,许多疾病得到了根治。但是,人们生活设施的日益完善,家庭生活用具的日益先进,也使人们身体活动的机会和日常生活中的体力活动大大减少。同时,由于食物构成的改善,人们从食物中摄取的营养越来越多,以致营养过剩。在这样的生活方式下,身体的机能日渐退化,久而久之,各种"富贵病"(如心脏病、高血压、糖尿病和肥胖症等)也愈加严重,且有年轻化的趋势。这就是现代舒适生活的代价。常言道:"烈火炼真钢,运动保健康。"我们只有坚持锻炼身体,才能获得良好的体能,从而抵抗疾病的侵袭和应对工作的压力,达到延年益寿的目的。

根据中共中央、国务院《"健康中国2030"规划纲要》(2017)、《关于强化学校体育 促进学生身心健康全面发展的意见》(2016)和教育部《全国高等职业(专科)院校体育课程教学指导纲要(试行)》(2014)的精神,为了加强高职高专体育课程的建设,充分发挥体育教学的健身作用,促进学生的健康发展,以及满足高职高专学校体育教育的需要,我们在总结多年教学经验和广泛征求意见的基础上,组织编写了这本集理论与实践于一体的《体育与健康》。在本书的编写过程中,我们依据高等学校体育与健康教育的目的和任务,针对高职高专院校体育与健康教育的实际状

况和大学生的生理、心理特点,注意选编教材内容的科学性、系统性、实用性和可读性。概括起来,本教材具有以下几个鲜明的特点:

1. 体系新。教材牢固树立"健康第一"的观念,紧紧围绕体育与健康这一问题进行叙述和分析。与以往出版的大学公共体育课教材相比,在体系上有所突破。例如,在讨论体育与健康的关系时,强调了营养的问题,学生学完这本书后,可以懂得有关健康和营养的知识,了解体育锻炼、营养与健康的关系,掌握科学的锻炼方法。

2. 科学性强。大学教材,应以科学研究的事实为依据,尽量避免一般的描述和空洞的说教。以此为准绳,本教材对一般理论的阐释和分析尽量做到言之有理、论之有据,并以案例强化分析,提示学生。

3. 应用性强。为使学生学以致用,本教材配有关于体能和健康的自我评价,以及适合自己的运动处方,这有助于学生了解自己的体能水平和健康状况,并通过恰当的运动,达到最佳健身效果。

4. 形式新。本教材图文并茂、结构新颖,在编写时力求通俗易懂,其中,对健康的概述、对体育锻炼与心理健康的描述、对科学锻炼的阐释、对休闲娱乐体育的概述等都极具吸引力和可读性。这样的写作风格和形式在国内体育教材中是非常有新意的。

本教材原主编常华,参加历次编写和修订工作的有王飞加、吕卫平、许玲丽、华宝元、张彤、周国群、查银华、孙斌、袁洋、常华、蒋俭欣等。此次修订版主编常华、孟祥波,唐晓奇、张宏成、刘如强、董海文、夏路路、邹展参与修订。吴旭、孙建艳、陈志军对本书修订工作提出了宝贵意见和建议。

本教材适用于高职高专院校体育与健康必修课与选修课。编写和修订过程中,我们参阅了国内外大量有关教材和资料,并引用了部分资料,在此表示衷心感谢。

目 录

CONTENTS

基础理论篇

第1章 体育与健康概述
- 第1节 健康是人类生存的永恒主题 …………………………………… (1)
- 第2节 影响人类健康的因素 …………………………………………… (4)
- 第3节 现代健康观念的发展趋势 ……………………………………… (6)
- 第4节 体育的功能 ……………………………………………………… (7)

第2章 体育与现代生活方式
- 第1节 现代社会文明对人类的挑战 …………………………………… (10)
- 第2节 体育锻炼与生活方式 …………………………………………… (13)
- 第3节 体育锻炼促进身体健康 ………………………………………… (15)

第3章 体育锻炼与心理健康和社会适应
- 第1节 大学生的生理特征与体育锻炼 ………………………………… (18)
- 第2节 大学生的心理特征与体育锻炼 ………………………………… (19)
- 第3节 体育锻炼对心理健康的益处 …………………………………… (20)
- 第4节 体育锻炼对社会适应的影响 …………………………………… (23)

第4章 学校体育
- 第1节 学校体育的任务和目标 ………………………………………… (27)
- 第2节 体育课 …………………………………………………………… (29)
- 第3节 课外体育锻炼 …………………………………………………… (30)
- 第4节 课余体育训练 …………………………………………………… (32)
- 第5节 学校体育竞赛 …………………………………………………… (34)
- 第6节 小型体育竞赛的组织 …………………………………………… (35)

第5章　大学生的体能锻炼

第1节　体　能 …………………………………………………… (41)
第2节　提高身体素质的原理与方法 …………………………… (42)
第3节　"超量恢复" ……………………………………………… (46)
第4节　运动技能形成的机制 …………………………………… (47)
第5节　体能的自我评价 ………………………………………… (48)

第6章　科学锻炼身体的方法

第1节　体育锻炼应遵循的原则 ………………………………… (57)
第2节　运动处方和锻炼计划的制订 …………………………… (59)
第3节　体质与健康的评价 ……………………………………… (63)

第7章　提高对自然环境的应变能力

第1节　校园安全 ………………………………………………… (68)
第2节　自然灾害与自救 ………………………………………… (71)
第3节　人为灾害与自救 ………………………………………… (73)

第8章　终身体育

第1节　终身体育概述 …………………………………………… (77)
第2节　学校体育是终身体育的基础 …………………………… (79)
第3节　大学生终身体育的特点 ………………………………… (80)
第4节　大学生终身体育锻炼与专业学习相结合 ……………… (81)

保健与休闲篇

第9章　体育保健

第1节　保健按摩 ………………………………………………… (83)
第2节　运动保健 ………………………………………………… (87)
第3节　运动损伤的预防和处理 ………………………………… (91)

第10章　体育休闲

第1节　网球 ……………………………………………………… (100)
第2节　保龄球 …………………………………………………… (110)
第3节　台球 ……………………………………………………… (114)
第4节　高尔夫球 ………………………………………………… (119)
第5节　野外活动及旅游 ………………………………………… (123)

第 11 章　饮食、锻炼与疾病的预防

第 1 节　饮食营养与身体健康 ……………………………………………（127）
第 2 节　体育锻炼与疾病的预防 ……………………………………………（131）
第 3 节　保健班学生的体育锻炼 ……………………………………………（133）

第 12 章　体育欣赏

第 1 节　体育与艺术 ………………………………………………………（140）
第 2 节　走向世界的中国奥运 ………………………………………………（142）
第 3 节　做文明的体育观众 …………………………………………………（146）

竞　技　篇

第 13 章　田径运动

第 1 节　田径运动概述 ………………………………………………………（148）
第 2 节　短距离跑 ……………………………………………………………（149）
第 3 节　中长跑 ………………………………………………………………（153）
第 4 节　跨栏跑 ………………………………………………………………（156）
第 5 节　接力跑 ………………………………………………………………（159）
第 6 节　跳高 …………………………………………………………………（161）
第 7 节　跳远 …………………………………………………………………（167）
第 8 节　推铅球 ………………………………………………………………（171）

第 14 章　球类运动

第 1 节　篮球 …………………………………………………………………（174）
第 2 节　排球 …………………………………………………………………（192）
第 3 节　足球 …………………………………………………………………（209）
第 4 节　乒乓球 ………………………………………………………………（221）
第 5 节　羽毛球 ………………………………………………………………（227）

第 15 章　体操

第 1 节　体操概述 ……………………………………………………………（233）
第 2 节　基本体操 ……………………………………………………………（236）
第 3 节　技巧 …………………………………………………………………（238）
第 4 节　单杠 …………………………………………………………………（241）
第 5 节　双杠 …………………………………………………………………（243）
第 6 节　支撑跳跃 ……………………………………………………………（245）

第16章　游泳运动

第1节　熟悉水性 ……………………………………………………（248）
第2节　游泳的安全卫生措施 ………………………………………（263）

第17章　健美运动

第1节　健美运动简况 ………………………………………………（265）
第2节　健美的标准 …………………………………………………（275）
第3节　健美比赛规则 ………………………………………………（277）

第18章　武术运动

第1节　武术运动的锻炼价值 ………………………………………（280）
第2节　武术运动的锻炼方法 ………………………………………（281）
第3节　太极拳运动 …………………………………………………（285）
第4节　防身术 ………………………………………………………（289）

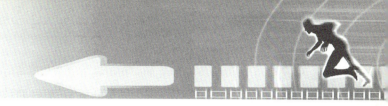

基础理论篇

第1章 体育与健康概述

第1节 健康是人类生存的永恒主题

健康是人类生存的永恒主题,适应是人类生存的必然要求。每一个人都希望健康幸福,并将健康与自己的幸福联系在一起;每一个人都在努力适应社会,并把适应社会看作生存的需要。

1.1 健康的概念

健康是人类最大的财富,它的重要性几乎人人皆知。马克思指出,应把健康作为人的第一权利,作为一切人类生存和人类历史的第一前提。英国教育家洛克认为,没有健康,便没有什么幸福可言。德国哲学家叔本华说得更为深刻:一个健康的乞丐比有病的国王更幸福。1988年,世界卫生组织总干事马勒博士强调了这样的思想:健康不代表一切,但失去了健康,便失去了一切。

那么,什么是健康呢?长期以来,人们一直认为不生病、不打针吃药、身体不虚弱就是健康。随着社会的进步、科学技术的飞速发展和边缘学科的兴起,人们对健康的要求日益提高,对健康的认识也更加深刻和全面。联合国世界卫生组织(WHO)在其宪章中提出:"健康不仅仅是没有疾病或不虚弱,而且是身体的、精神的健康和社会适应良好的总称。"显然,在这里,健康的概念已大大超过了无病的范围,人们对健康的认识已有了极大的进步和突破。

随着医学、自然科学的发展,社会的进步,文明程度和道德规范标准的提高,1989年世界卫生组织(WHO)根据现代社会中现代人的状况,认为"健康不仅仅是躯体没疾病,而且还应具备心理健康、社会适应性良好和道德健康,只有具备了上述四个方面的良好状态,才是一个完全健康的人"。这是对健康概念的新发展,它对健康内涵的表述更为精练、清楚和全面,对促进人类文明和进步将起到更加积极的作用。目前,世界各国公认它是一个全面的、明确的、广泛使用的、科学的健康概念。

WHO把道德纳入健康的范畴,强调健康的人或者希望自己健康的人,要注重自身的道德修养。它强调道德健康者应具有以下特征:不采取损害他人利益的方式来满足自己的需要,具有辨别真伪、善恶、美丑、荣辱等的能力,能按照社会行为的规范准则来约束自己与支配自己。这一健康新概念把健康的内涵扩大了,有利于人们注重身心健康、延年益寿。

2000年,世界卫生组织(WHO)又提出了"合理膳食,戒烟,心理健康,克服紧张压力,体育锻炼"的促进健康新准则。

世界卫生组织(WHO)关于健康观念的发展变化,是对健康的比较全面的认识。这是一种整体的、积极向上的健康观,表明人们传统的健康思维发生了变化,明确指出只有同时具备躯体健康、心理健康、社会良好适应能力、道德健康和生殖健康五个方面,才算得上是真正意义上的健康。健康概念的发展变化,说明了人类对健康的重视程度和生活质量的不断提高。

随着社会的进步和医学科学的发展,生物—心理—社会医学模式逐渐取代了传统的生物医学模式,促使人们对健康含义的理解越来越深刻。随着科学技术的发展和人类认识能力的提高,健康的概念还将不断变化、更新和发展。

1.2　现代健康观的内涵

现代健康观包括身体健康、心理健康、社会适应良好、道德健康和生殖健康。一个人只有各个方面都健全,才能算是一个较为健康的人。

1.2.1　身体健康

一般认为,身体健康就是身体发育良好,体魄强健,没有疾病和不虚弱。联合国世界卫生组织(WHO)确定了健康的10个标准:

1. 有充沛的精力,能从容不迫地担负日常生活和繁重的工作而不感到过分紧张;

2. 处事乐观,态度积极,勇于承担责任,事无巨细,不挑剔;

3. 应变能力强,能较快地适应外界环境的各种变化;

4. 善于休息,睡眠良好;

5. 能抵抗普通感冒和传染病;

6. 体重适当,身体匀称,站立时头、肩、臀位置协调;

7. 头发有光泽,头屑少;

8. 眼睛明亮,反应敏锐,眼睑不易发炎;

9. 牙齿清洁,无龋齿,无疼痛,牙龈无出血且颜色正常;

10. 肌肉丰富,皮肤富于弹性。

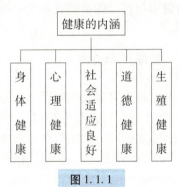

图1.1.1

世界卫生组织(WHO)又把身体健康的概念细化为"五快"和"三良"的通俗解释。
"五快"分别是:

1. 吃得快。吃饭时,食欲好,能很快地把一餐饭吃完而不挑剔食物,这证明内脏功能正常。

2. 便得快。能快速地排完大小便,且感觉轻松自如,这说明消化功能良好。

3. 睡得快。上床后能很快入睡,而且睡得很深,起床后头脑清醒,精神饱满,这说明中枢神经系统兴奋与抑制协调功能良好。

4. 说得快。说话流利,语言表达清晰,这表明头脑清楚,思维敏捷,肺功能正常。

5. 走得快。行动快速,动作灵活敏捷,充满活力,这表明精力充沛旺盛。

"三良"分别是:

1. 良好的人格。性格温和,意志坚定,感情丰富,心胸坦荡。

2. 良好的处世能力。自我控制能力强,客观地对待问题,能够适应复杂多变的社会环境,对事物的变迁保持良好的情绪,能够保持对社会环境和人体内环境的平衡。

3. 良好的人际关系。能够与人为善,乐于助人,与周围的人关系融洽,不斤斤计较。

1.2.2 心理健康

人们对健康的理解有一个从传统到现代的转变过程。一般而言,我们对生理上的不适,比如感冒发烧、头痛咳嗽、胸闷腹泻和牙齿疼痛等都能明显感觉到,并会立刻去找医生诊治。但是,我们对精神上或心理上的不适,比如精神紧张、焦虑、抑郁、孤独、悲观、精神空虚等,却往往不认为是不健康的表现。

祖国医学和现代医学研究表明,人作为一个整体,其心理健康和身体健康是密不可分的。从某种意义上说,心理因素对健康的影响甚至超过生理因素。身体上的疾病许多是由于心理因素引起的。祖国中医认为,人的七情(情绪)波动过度和持续过久,就会使阴阳失衡,气血不和,经络堵塞,肺腑功能失调,从而引起疾病。现代医学也认为,心理情绪异常变化,如过分激动等,会使大脑皮层过度兴奋,从而导致神经系统、内分泌系统紊乱,致使人的循环系统、呼吸系统、免疫系统的机能失去平衡,产生疾病。这也说明了心理健康与生理健康的联系。生理学家巴甫洛夫指出:"一切顽固沉重的忧郁和焦虑足以给各种疾病大开方便之门。"研究表明,在一切不利的条件下,对人威胁最大的莫过于不良的情绪和恶劣的心情。对此,世界卫生组织提出了一个响亮的口号:"健康的一半是心理健康!"

什么是心理健康呢?国内外专家和学者曾对此进行了非常深入的研究。心理学家英格里斯认为:"心理健康是指持续的心理情况,当事者在那种情况下能进行良好的适应,具有生命的活力,并能充分发挥其身心的潜能。这乃是一种积极的丰富的情况,而不仅仅是免于心理疾病。"

社会学家玻肯认为:"心理健康就是合乎某一水准的社会行为,一方面为社会所接受,另一方面能够为自身带来快乐。"

1946年第三届国际心理卫生会议指出,心理健康是指在身体、智能以及情感上能够保持与他人的心理不相矛盾,并将个人心境发展成为最佳的状态。

我们认为:心理健康是指心理发育正常,心理状态保持平衡,心理适应良好,心理潜能能够得到发挥。

1.2.3 社会适应能力

社会适应主要是指人在社会生活中的角色适应,包括职业角色、家庭角色以及在工作、家庭、学习、娱乐、社交中的角色转换与人际关系等方面的适应。社会适应良好,不仅要生理健康、心理健康和道德健康,而且要具有较强的社会交往能力、工作能力和广博的文化科学知识;不仅能胜任个人在社会生活中的各种角色,而且能创造性地贡献于社会,达到自我成就和自我实现的目的。缺乏角色意识、发生角色错位是社会适应不良的表现。

社会适应对健康的影响因素是综合性的,主要来自社会环境因素,具体包括社会为人类日常生活提供的衣、食、住、行等物质条件,也受社会制度、文化传统、经济发展及与之有关的其他因素的制约。基于上述诸多原因,仅就局部而言,饮食营养、居住条件、医疗措施、家庭状况、卫生习惯、生活方式和行为规范等,都应视为影响个体健康的因素。

从整体考虑,知识经济时代,人们不但获取知识的方式和途径在悄然发生变化,而且生活节奏加快,人际关系变得复杂,导致在竞争激烈的社会中,伴随各种不同价值取向而产生的迷惘、困惑、抑郁、孤独和失望情绪,都会在现代人的生活中弥漫。在当今这样的时代背景下,人们为适应社会环境所做的努力,势必要以获得合理的社会定位与能力为主,即学会选择适合法则,处理好个人和社会遵循条件之间的矛盾,包括对健康文化、健康观念、健康行为、健康生产和健康管理等知识的了解和遵循。

1.2.4 道德健康

道德健康是指处在一定社会环境中的人在行为处事、与人交往时,要遵循一定的社会规范和行为准则。它着重于对健康的维护和促进。个人道德健康不仅包括对自身的健康负责,而且包括自觉地维护和促进社会群体的健康。例如,不在公共场所吸烟、吐痰;在听音乐会、看电影、听演讲时,不大声喧哗,自觉地关掉手机;为灾区人民募捐,为抢救他人的生命义务献血等;保障社会的存在和发展,在不损害社会和他人利益的前提下,满足个人的需要。

如果一个人缺乏良好的思想品德,人格低下,或者经常处在紧张、恐惧、内疚之中,那么这些不良心态和行为就会给这个人造成沉重的心理压力,并影响其健康心态的形成和发展。

助人为乐和与人为善的高尚品格,可产生良性的生理和心理效应,大大促进我们的健康。

1.2.5 生殖健康

世界卫生组织(WHO)对生殖健康下的定义为:人类在整个生命过程中,与生殖有关的一切活动,应该在生理、心理和社会适应诸方面都处于良好的健康状态。生殖健康包括建立正确的性观念,避免婚前性行为,避免未婚先孕、人工流产,预防性病和艾滋病,了解避孕、节育等性保健知识。

科学研究表明:在现代社会,由于生态环境的不断恶化与生活方式不当的影响,男性生殖器官发育异常、生殖细胞变异等现象日趋严重。根据调查统计,由于生理、心理、病理和社会文化观念等方面的原因,全世界共有一亿多男性患有性功能障碍。据我国权威的统计数字表明,现在40岁以上的男性中至少有8 000万人被性功能障碍所困扰;已婚夫妇中约有10%的人患有不育症,其中因丈夫原因导致不孕的占50%。由此产生的种种问题已直接影响到家庭的和睦与社会的稳定。为此,各国政府已开始关注一向被忽视的男性生殖健康问题。

第2节 影响人类健康的因素

影响人类健康的原因是多方面的,主要有:环境因素、生物因素、生活方式因素与卫生保健服务因素。

2.1 环境因素

2.1.1 自然环境

自然环境是人类赖以生存的物质基础。人类的生活活动和生产活动使自然环境的构成或状态发生变化,扰乱和破坏了生态平衡。酸雨、臭氧层的破坏、水土流失、噪声等环境污染和生态环境的严重破坏已严重威胁到人类的健康。在人类社会发展的各个阶段,环境污染问题常以某一种因素较为突出,人类的部分疾病就是由环境因素引起的,其中环境污染又占最主要的位置。由于经济和社会的发展,人们肆意开垦土地、滥用化学药物等,导致自然环境不断恶化。这些已经严重危害到人类的健康。因此,环境污染的治理与环境保护是全人类面临的重大问题,环境问题受到人们的普遍关注和高度重视。我国政府已把环境保护定为基本国策,因为保护环境就是保护人类的健康。

2.1.2 社会环境

社会环境包括政治、经济、文化、教育等多方面的组合。不良的社会环境直接或间接地危害着人们的健康。

1986年第一届国际健康促进大会通过的《渥太华宣言》提出了新大众健康概念,它进一步说明了健康与环境,特别是社会环境的关系,它包括:

(1) 健全和完善健康政策。
(2) 营造有利于健康的物质和社会环境。
(3) 鼓励民众团体积极参与。
(4) 提高民众的健康知识和技能水平。
(5) 改革医疗健康服务结构,使其适应人们的健康需求。

这些都集中体现了健康与社会环境的关系。随着经济的发展和科学技术水平的不断提高,人们的生活质量得到了很大的提高,劳动条件、营养状况、医疗卫生条件越来越好。人们的健康状况也得到了极大的改善。但是,由于社会经济发展的不平衡,生活在不同地区和不同发展时期的人出现了不同的健康问题。在经济发展的初级阶段和贫困地区,寄生虫病、肠胃炎、呼吸道疾病、营养不良等疾病流行。在经济发展的后期和经济发达地区,心脑血管病、高血压、糖尿病、精神病、癌症等成为主要疾病,营养不良变成了营养过剩。另外,受教育程度和文化素养决定着人的健康观,决定着人是否能做出有益于健康的决策。

2.2 生物因素

在生物因素中,对人类健康影响最大的是遗传因素和心理因素。现代医学发现:遗传病不仅种类繁多,有两三千种,而且发病率高达20%。因此,应重视遗传对健康的影响。心理因素与人的健康关系更为密切,消极的心理因素能引起许多疾病,而积极的心理状态则是增进健康的必要条件。医学临床实践和科学研究表明,不良的情绪,如悲伤、恐惧、焦虑、愤怒等都可以影响人体各系统的机能,导致失眠、血压升高、胃痉挛、心动过速、食欲减退、月经失调等疾病。而健康的心理,则使人在遭受挫折与失意时,仍能保持良好的情绪。

2.3 生活方式因素

生活方式是指人们因长期受一定的文化、民族、经济、社会、风俗、家庭影响而形成的一系列生活习惯和生活意识。人类在漫长的发展过程中，虽然很早就认识到生活方式与健康有关，但由于危害人类生命的各种疾病一直是人类死亡的主要原因，因而忽视了生活方式因素对人类健康的影响。进入现代社会以来，由于科学技术的飞速发展、社会经济水平的不断提高，许多传染病和以前的疑难病已被人类攻克，人们逐步发现生活方式因素影响健康的比重越来越大。世界卫生组织(WHO)2010年的报告中指出：在各种健康影响因素中，社会因素占10%，医疗条件占8%，气候条件占7%，其他遗传因素占15%，其余60%的因素都是个人生活方式。不良生活方式是造成慢性病的主要原因，养成良好的生活习惯对于健康是十分重要的。

2.4 卫生保健服务因素

卫生保健服务也是极为重要的健康因素。世界卫生组织(WHO)将卫生保健服务分为三级：初级、二级和三级，实现初级卫生保健服务是现在世界各国的共同目标。

初级卫生保健服务的基本内容是：
1. 健康教育；
2. 提供符合营养要求的食品；
3. 提供安全用水和基本环境卫生设施；
4. 妇幼保健和计划生育；
5. 开展预防接种；
6. 采取适用的治疗方法；
7. 提高基本药物的质量。

初级卫生保健服务目标的实现为人类健康提供了根本性的保障。

第3节 现代健康观念的发展趋势

从现代社会发展的总趋势来看，人类正面临着自身生活、消费方式所引起的健康问题。人类为了自身的幸福和长寿，更加关注自身的健康。身心健康已成为人们生活价值观中首要追求的目标。社会调查表明，人们在追求生活目标的选择中，总是将健康列在首位。体育锻炼将成为人类生活中的重要内容。

3.1 健康第一观念

随着科学技术的迅速发展和边缘学科的出现，人类对健康的认识日益深入，对健康的要求不断提高。人们将更加注重身体锻炼和卫生保健，越来越认识到体育锻炼对身体健康的重要性。无论是青少年还是中老年，将更多地从事步行、跑步、游泳、舞蹈、健身操等有氧运动。中国的太极拳被认为是改善人体微循环、增强心血管功能、保持身心平衡的最佳体育锻炼方式。

现在,女士们在进行瘦身和健美锻炼时,已不再像20世纪那样单纯追求苗条了,而是更加注重保持健康状态。体育健身器材和保健用品已逐步进入千家万户。

营养过剩已引起人们的警惕,科学饮食将成为人们自觉的行动,健康食品和绿色食品备受青睐。吸烟、酗酒等不良的嗜好有所改变。

3.2 注重物质生活和精神生活的平衡观念

在人生两大生活中,精神生活是一定社会中人们的精神生产、思想传播和精神享受过程的总称;而物质生活则体现为生活中所需的实际物质的质量高低。物质生活和精神生活是紧密相连、不可分割的整体,二者是互相联系与相互依存的。如果失去了一方,另一方就将失去存在的条件。在快节奏、多变化、竞争激烈的现代社会,在追求物质生活的同时,保持心理的平衡和健康,已成为现代人提高生活质量的重要课题。

3.3 终身体育的观念

终身体育是指一个人终身从事体育锻炼和接受体育的指导。终身体育是依据人体发展变化的规律、身体锻炼对人的作用以及现代社会发展对人的要求,伴随着终身教育的发展而发展起来的。人体的活动规律表明,要保持健康的状态就必须坚持体育锻炼,并持之以恒,否则就不能产生持续的锻炼效果。随着人们生活水平和文化素质的提高,体育锻炼成了人们日常生活的重要组成部分。闲暇时间的增多使人们的生活方式发生了很大的变化,利用闲暇时间参加体育锻炼,开展各种有益于健康的活动,防止各种现代"文明病"的发生,已成为现代人生活中不可缺少的内容。终身体育将成为现代人的一种追求。

第4节 体育的功能

体育是人类生存、发展的产物。体育作为教育的组成部分,担负着向后代传授劳动技能的重要使命。随着社会的不断进步和发展,人类需求的层次不断提高,体育本身的特征及其与各种社会现象之间相互影响、相互作用的规律不断为人类所认识,体育作为一种特殊的文化现象,正在社会诸多领域里发挥着新的作用,人类对体育功能的认识更加广阔和深刻。下面介绍体育的五大功能。

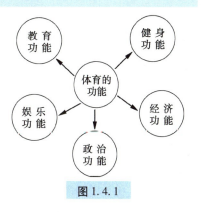

图1.4.1

4.1 体育的教育功能

教育是人类文明发展的杠杆。人类早期的教育是为了在极其严酷的生存条件下有效地将前人的生息、渔猎、劳动,以及与大自然、与野兽包括人类自身搏斗的经验和技能传授给下一代。这一早期教育,就其手段和内容而言,包含着大量的身体训练和劳动技能的培养,从某种意义上说,是在体育教育的基础上发展起来的。

现代的体育教育,已被广泛地纳入了各国的教育体系之中。它不仅是学校教育不可缺少的重要组成部分,而且对整个社会也有着非常深刻的影响。它不仅促进人们的身体良好发育,增进健康、增强体质,而且注重培养人们终身体育的意识、观念和习惯,有利于提高人类的生活质量和适应现代社会发展需要的能力。它在传授人体健康的科学知识和教导人们遵守社会规范、促进人的社会化方面也体现了普遍的教育功能。

由于体育具有国际性、群众性、礼仪性、竞争性的特点,它在激发人们的爱国热情、振奋民族精神、提高民族威望、增强凝聚力以及培养人们的社会公德等方面具有不可低估的社会教育作用。

4.2 体育的健身功能

体育运动可以改善和提高中枢神经系统的功能,使头脑清醒,思维敏捷;可以促进血液循环,提高心脏功能,预防心血管疾病;可以改善呼吸系统的功能;可以促进骨骼、肌肉的生长发育;可以使人心情舒畅,精神愉快;有利于控制体重,保持健美的体形;可以培养健康的个性,防治疾病,延缓衰老。

4.3 体育的娱乐功能

"只工作,不玩耍,聪明的孩子也变傻。"这句美国谚语形象地说出了娱乐对人类生活的重要作用。从人的生理、心理和社会化的需求来看,娱乐是人们精神生活的重要内容。体育运动以其动作的高难度、惊险性,造型的艺术性,形式及内容的丰富多彩,给人以健、力、美的享受;体育比赛的激烈性和比赛结果的不确定性,则给参与者和观赏者一种强烈的情感体验,使之精神振奋,思想得到升华。当你参与一项自己喜爱的体育活动时,在战胜自我、征服自然的过程中,你可以得到一种妙不可言的心理满足和快感,使自我价值得到充分展示,自尊心、自信心和自豪感得到增强。

体育吸引越来越多的人自觉地投身其中,丰富了社会文化生活,满足了人们的精神需要,因而成为人们闲暇生活的重要组成部分。

4.4 体育的政治功能

体育的政治功能:首先,体现在提高民族威望和国际地位上。大型的国际比赛直接影响着国家的荣辱,因而世界上许多国家都将体育竞赛作为显示本国社会经济制度、表现本民族意识的舞台和窗口。人们往往把体育竞赛看成是和平时代的"战争",它对维护世界和平、增进各国人民之间的了解,发挥着独特的作用。

其次,有利于增强民族自豪感,提高凝聚力。例如,2008年我国成功举办第29届奥林匹克运动会,就极大地振奋了全国人民的精神,鼓舞着全国人民为祖国的繁荣、富强而忘我工作。

再次,每到有重大体育赛事时,城市里的治安就会好许多,发案率较平时下降,因为许多人到赛场和电视机前去宣泄自己的内心情感或缓解自身压力了。就此而言,体育起到了社会安全减压阀门的作用。

4.5 体育的经济功能

社会经济的发展取决于社会生产力的提高,人是生产力中决定性的因素,身体健康是人综合素质的物质基础。体育锻炼能够增强人的体质,从而大大提高劳动生产率,促进社会经济的发展。

体育的经济功能还表现在它的传媒作用上。各种竞赛的冠名和宣传、电视的转播权、出售门票、发行体育彩票、收取广告费等都可获得巨额的收入。随着人们对体育需求的不断增长,体育产业和体育商品经济已经成为现代社会的朝阳产业。大型国际比赛,不仅可以对一个国家的建筑业、娱乐业、旅游业、酒店业、餐饮业等带来极大的经济效益,而且可以带来非常可观的就业机会。

思 考 题

1. 试述体育与健康的关系。
2. 体育有哪些功能?

第2章 体育与现代生活方式

生活方式是指人们在某种价值观念的指导下,从事各种生活活动的形式。它包括人们的物质生活、精神生活、政治生活和社会生活。生活方式自人类告别猿以来始终伴随着人们,已成为人类活动的一项重要内容和形式。进入21世纪,人类将经历前所未有的科学技术革命。知识经济的巨大冲击,将深入到社会的各个角落。伴随着高新技术的发展,人类将经历社会生活方式的巨大变革。激烈的社会竞争、日益加快的生活节奏,必然加重人们的生活负担和心理负担,使人们面临新的生存挑战。

第1节 现代社会文明对人类的挑战

1.1 现代生活文明病之一——亚健康状态

现代社会文明从来都是一把双刃剑,一方面为人类提供了前所未有的物质财富,另一方面又给人类带来无穷的烦恼和麻烦。当今社会,生活节奏加快,竞争日益激烈,常使人难以承受沉重的压力,出现头痛、头晕、心悸、失眠、食欲不振、精神烦躁、疲惫乏力等症状。总之,自感生理不适,心理疲惫,社会适应力变弱,但医学检查往往无明确的机体疾病。这种介于健康和疾病之间的边缘状态,医学上称为亚健康状态,又叫"第三状态"或"灰色状态"。它是指机体在内外环境的不良刺激下心理、生理发生了异常变化,但尚未达到明显病理性反应的程度。从生理学角度来讲,亚健康状态就是人体各器官功能稳定性失调,但尚未引起器质性损伤,医学检查所得到各项生理、生化指标均无明显异常,医生无法做出明确的疾病诊断的状态。在此状态下,如能及时调控,可恢复健康状态,否则会发生疾病。

国内外研究表明,现代社会中完全符合健康标准的人大约只有15%,属于有疾病在身的人大约15%,其余近70%的人都处在不同程度的亚健康状态。亚健康包含前后衔接的几个阶段:与健康紧邻的可称为"轻度身心失调",常表现为疲劳、失眠、胃口差、情绪不稳定等,占人群的25%~28%;这种失调若持续发展,可进入"潜临床"状态,此时已呈现出发展为某些疾病的高危倾向,人群中这种状态的人超过1/3,他们除了表现为身心失调外,还常伴有慢性咽痛、反复感冒、精力不支等;另有约10%的人处于"潜临床"和疾病之间,即"前临床"状态,他们已有了病变,但症状还不明显。亚健康形成的原因有遗传基因的影响,环境的污染,紧张的生活节奏,心理压力过大,不良的生活习惯,工作、生活过度疲劳,久病、大病或手术后等。

亚健康对人体危害极大。那么如何摆脱亚健康呢?首先,应克服不良的生活习惯。如吸烟、过度饮酒、过量饮食、缺少运动、睡眠不足、不吃早餐、经常熬夜等不良生活习惯,都会使身体由健康状态逐渐转变成亚健康状态,最后导致各种疾病的发生。其次,应调整好个人心态,不断适应瞬息万变的社会。当今社会竞争激烈,工作、生活节奏加快,人们的心理压力也随之增加。如果心理压力过大,会导致心理失衡,使神经系统功能失调,内分泌紊乱,正常的生理功能不能发挥作用,抵御疾病的能力明显下降,进而引起各种疾病。再次,应及时消除疲劳,养成体育锻炼的习惯,努力提高身体素质。

1.2 现代生活文明病之二——环境污染综合征

由于工业化、城市化的影响,在过去的100年中,全球有近一半的湿地消失;水坝等设施切断了全球近60%的主要河流,导致20%的淡水鱼灭亡或接近灭亡;砍伐热带雨林的速度急剧加快,全球近一半的森林迅速消失,90%的树种处于危险的边缘;捕鱼活动严重泛滥,70%的鱼类数量在逐步减少;人口爆炸使得2/3的农业用地土质下降,1/3的原始森林变成了农业用地,从而导致洪水泛滥,沙尘暴频频出现。空气污染、水质污染、噪声污染,这些正威胁着人类的健康。人类正面临着生态平衡方面的严重问题。

联合国公布的一份调查报告指出,尽管人类已经意识到环境问题的严重性,但随着能源需求的不断增加,世界环境仍将遭受前所未有的破坏。世界生态系统不断恶化的局面必须有所改善,否则,人类的生存与发展将会受到巨大的威胁。

1.3 现代生活文明病之三——营养过剩

由于生活水平的提高和新技术的应用,现代人身体的活动量比上一代减少了1/3,存在着营养过剩和营养不平衡引起的诸多健康问题,并导致了肥胖症的全球性流行。全世界超重和肥胖人口在最近几十年正迅速增加。美国兰德公司的研究人员经研究发现,2000年至2010年间,美国人中至少超重45公斤的重度肥胖症患者比例已由4%增长至7%。尽管2005年后增长趋势有所放缓,但主管这项研究的兰德公司高级经济师罗兰·施图尔姆说,重度肥胖仍是美国人超重中增长最快的部分。美国经济研究所2010年发表的一份研究报告说,美国每年用来治疗与肥胖症有关的疾病的费用高达1 680亿美元,表明美国遏制肥胖症蔓延的任务很重。这项调查涉及2.4万人。分析结果显示,美国用于治疗与肥胖症有关疾病的费用占所有医疗费用的近17%。如果按人均计算,人均年度医疗费用会因肥胖症而增加2 800美元。

在我国截至2018年,成人超重人口占比为33.12%,其中肥胖率已达到12.87%,城市居民超重率和肥胖率比农村高得多。肥胖已与艾滋病、毒药麻痹和饮酒成瘾并列为世界四大医学社会问题,成为全球引起死亡的第五大风险。根据世界卫生组织(WHO)的研究报告,肥胖使Ⅱ型糖尿病、胆囊疾病、血脂异常、气喘和睡眠中阻塞性呼吸暂停的风险显著增加,使冠心病、高血压、骨关节病、高尿酸血病和痛风、脂肪肝的相对风险度也增加了2～3倍。

根据国家统计部门对35个大、中城市的调查,城市居民肉类与蔬菜的消费比例为2∶1,精粮与粗粮的消费比例为1∶0.07。这种饮食结构带来的恶果是出现高血压、高血脂、高血糖的"三高"现象。摄入"三高"饮食,会导致腹部肥胖综合征的发生,使心脑血管疾病成为城市人口死亡的最大疾病。同时,摄入的热量和脂肪酸、胆固醇过多,以及食物中的某些营养成分不足(如纤维素、维生素 A 等),也易造成结肠癌、直肠癌、胃癌、乳腺癌等癌症的发病率提高。有人把这些原因引起的疾病和癌症称为"现代生活方式病"或"现代生活方式癌"。

科学饮食和积极的体育锻炼等良好的生活方式能够有效地控制体重,防止"现代生活方式病"或"现代生活方式癌"的发生。

1.4 现代生活文明病之四——运动不足、机能退化

随着机械化、电气化、智能化的实现,人的劳动方式经历了由体力型、半体力型向智力型发展的过程。在低机械化时代,人们体力和脑力的支出是 9∶1;到中等机械化时代,人们体力和脑力的支出转变为 6∶4;到全盘自动化时代,人们体力和脑力的支出就倒置为 1∶9。人们在享受现代生活文明的同时也丧失了许多宝贵的东西,其损失最大的就是运动不足,机能退化。机器操作代替手工操作,使人类运动能力下降,身体和心理受到损伤。有人做过这样的统计,人的各个关节和肌肉可以组合 70 万种动作,但是在现实生活中,多数人只能做几千种动作,有的人甚至已经退化到只能做百十种动作。一个人不能掌握各种各样的动作,基本活动能力低下,他在工作、生活中的行动能力就非常有限,就不能担负起人类进化所赋予他的那部分责任。因此,许多人丧失了生产技能和生活技能,同时还丧失了力量、速度、耐力、柔韧、灵敏、协调、平衡等人类生存必备的素质,以及对外界环境变化的诸多种适应能力,在遇到危险,如火灾、洪水、突发事件时,丧失了自救的能力。

随着工业化时代的结束和全球信息化时代的到来,人类将开始重新审视"以人为本"的思想理念以及由此产生的生活方式,在这个模式中,体育运动占据重要的地位。人们对体育运动的参与,不仅仅是为了维护健康和减少疾病,更是为了拯救人类自己。现代生活文明的进步为人们的体育锻炼提供了更多的机会和可能,同时体育锻炼也成为现代人内心深处的要求,是一种基于人类进化过程的需求。

1.5 现代生活文明病之五——因高度紧张引起的心理疾病

现代生活的另一个杀手就是高度紧张引起的心理疾病。随着整个社会生活节奏的加快,以及竞争压力的加大,人们经常处于高度紧张状态。它迫使人们付出很大的健康代价以适应生存的需要,使人们的身心承受着很大的压力。这些压力使人的情绪一直处于紧张状态,成为产生"现代流行病"和各种身心疾病的主要原因之一。紧张可导致偏头疼、便秘、腹泻、溃疡性结肠炎、女性月经失调、男性阳痿、糖尿病、癌症、心脏病、高血压以及神经过敏、神经衰弱、精神分裂、忧郁、狂躁等精神心理疾病。所以,我们称其为人类生命的"杀手"。

紧张生活节奏造成的心理障碍已经成为一个重要的社会问题。在美国,患有心理疾病的人占全国人口的 10%;仅纽约市,每四个人中就有一人患神经官能症,严重偏离了心理学标准。2018 年世界卫生组织(WHO)数据显示,半个世纪以来,全球自杀率已经增长了 60% 左右,而且这一趋势逐渐呈现年轻化。

在我国,随着社会竞争的日益激烈,人们心理疾病的发病率也呈上升趋势。据报道,我国有 70% 的人存在不同程度的心理问题。在 1 000 万例心理疾病的分析报告中,有 2/3 来自青少年,或者在青少年时期患有精神疾病和心理障碍。有学者分析,社会的发展和各种现

代思潮的影响是导致青少年患有精神疾病和心理障碍的重要原因。

心理疾病的诱因包括焦虑、抑郁、狂躁、自卑和妄想等几个方面,其发生与社会生活有着密切的关系。

体育锻炼和身体娱乐是人们缓解紧张情绪,调整、顺应快生活节奏的重要手段。科学实验和社会调查证明,跑步可减轻大学生考试前的紧张和焦虑状态;运动员和经常从事体育锻炼的人对社会生活节奏的改变有较强的适应性,经常参加运动会的人可以表现出较强的自信、自制、快乐、坚忍、敏锐、合群和从容不迫的心理调节能力。

1.6 现代生活文明病之六——机械式重复性工作压力并发症

这是现代社会的一种流行病。根据美国劳工部统计,机械式重复性的工作对人体的伤害,如今已占职业性伤害的65%。例如,长时间敲击键盘而引起的手腕部位的重复性工作压力并发症,就是现代社会最常见的职业伤害。它是手腕部位的神经承受过度的工作压力所致。严重的甚至连握笔、拿牙刷都感到疼痛。美国劳工部的统计数据显示,因这种职业伤害而导致无法工作的人,占所有因职业伤害而导致失业的人的40%。此类伤害原来仅发生于在工厂流水线上工作的蓝领阶层中,而近年来在白领阶层中,发病率也大幅度上升,而且发病年龄呈下降的趋势。

专家指出,长时间操作电脑会使手臂和肩部的肌肉产生疲劳性收缩,不利于血液循环。通常,人头部的重量在4.54~5.45千克,相当于一个保龄球的重量,日积月累就会造成肩、颈部位的肌肉因长期紧张工作而出问题。

第2节 体育锻炼与生活方式

在"以人为本"的社会里,人类对生活的要求并不仅仅在于吃饱穿暖,还涉及对整个人生的全过程、全方位的需求,即全面改善和提高人的生活质量和生命质量。体育运动纳入人类的生活方式,就将大大改善我们的生存质量。

2.1 体育锻炼使我们回归自然

为了改变现代社会"文明病"对人类的威胁,改善都市化的生活方式和紧张节奏,远离污染的环境,许多研究环境和人类学的专家、学者提出:到户外去,去过粗放的生活。现代人应该"回归自然",去尝试重新恢复人类正在逐渐丧失的原始的生存能力。

在这样的背景下,近代欧洲兴起了野营运动、登山、远足、户外竞技运动、航海运动等。

17世纪,英国著名教育学家洛克提出了包括德、智、体三部分内容的"绅士教育"的主张,强调一个民族"只有培养出等于是'野兽般的体魄',才能在未来的斗争中立于不败之地"。

18世纪,法国启蒙思想家卢梭更是通过他所假设的、身心两健的教育对象爱弥尔寄托倡导自然的精神。

毛泽东青年时期也提出要"文明其精神,野蛮其体魄",并身体力行,夜宿岳麓山下,冬游湘江,锻炼了强健的体魄。

当今,人们寻求较好的娱乐方式,以有效消除现代生活的紧张状态,使自身更贴近自然,这其中,无不体现出人们执着于大自然、返璞归真的要求。为了提高人类在现代社会中的生存能力,人们以重新学会生存为目标,在艰苦的环境中忍饥挨饿,锻炼自我的生存能力。2002年7月,由华东师范大学、上海交通大学、清华大学、中国地质大学、东北林业大学林学院等联合开展的"大学生野外生存生活训练实验研究",就是体验回归大自然、接近人类自然天性的有益尝试。

回归自然,找回人类的自然天性,已成为现代人的时代口号。

2.2 体育锻炼是防止现代"文明病"的最重要的手段

现代社会新的工作方式和生活方式常常由于荒废了人体的一部分活动而引起人体机能的退化。长时间的伏案工作已经成为部分社会成员的基本活动方式。对此,英国政府曾惊呼:"盎格鲁·撒克逊人已经成了坐在椅子上的民族。"久坐所造成的"运动不足""肌肉饥饿"影响着人体的健康,已经成为普遍的社会问题。美国明尼苏达大学生理卫生实验教授亨利·布莱克本指出:坐着工作是文明史上对人的新陈代谢影响最深刻的变化,是造成人们新陈代谢失调现象的原因。另外,高智力、机械化致使人们的关节僵硬。

人们的健康与环境、生活方式直接相关,饮食习惯、不良嗜好(如吸烟、酗酒)是影响健康的重要因素,长久伏案工作所导致的肥胖、糖尿病、心血管疾病和癌症,是现代社会人们非正常死亡和丧失自理能力的主要原因。

所以,我们应该非常认真地对待自己的身体,经常检查身体,积极参加体育锻炼,努力使自己强壮起来。

有规律的体育锻炼可以消除不良的生活习惯,防止多种现代"文明病"的发生。越来越多的科学证据表明,经常参加体育锻炼可以增进健康,防止非传染性疾病和慢性疾病的发生。

实践和实验均表明:经常从事体育锻炼能够有效地防止肥胖。有规律的体育锻炼有助于降低血压,缓解紧张情绪;有助于增加胰岛素的敏感性,降低血浆胰岛素的浓度,增加葡萄糖的耐受力,从而减少患糖尿病的机会。体育锻炼还可以在很大程度上改善身体虚弱、行动不便和衰老的状况,减少中风和各类癌症的发病率。此外,科学研究表明,高强度的训练可以使骨密度增加50%,经常参加体育锻炼可以明显地改善身体机能,使人的生物年龄比实际年龄年轻10~20岁。

2.3 体育锻炼可造就科学、健康、文明的生活方式

体育锻炼已成为现代人重要的生活内容。它关系到现代人的生理、心理和社会健康。通过体育锻炼,人们可以自由地享受体育生活所带来的愉悦,发展智力和认识水平,轻松愉快地与社会和大自然进行沟通和交流,并与它们产生亲密和谐的关系。显然,体育锻炼可以给予我们强健的体魄和健全的精神,使我们拥有健康的人格,体验到人生的幸福快乐。

第3节　体育锻炼促进身体健康

3.1　改善中枢神经系统机能，提高人体感知控制的能力

神经系统是人体机能的主要调节系统，它全面调节身体各器官的生理功能，以适应内外环境的变化。人体在某种状态中的兴奋与抑制、灵活与协调，都受中枢神经系统的调节和控制。中枢神经系统活动的基本形式是反射。反射分为条件反射与非条件反射。非条件反射是机体先天的本能反射，是当人体遇到外界某种干扰时所产生的本能的防御反射。而条件反射是后天的，是通过学习与不断的实践所建立的。

经常参加体育锻炼，一方面可以改善神经系统的均衡性和灵活性，提升大脑皮层的分析、综合能力，以保证机体对外界不断变化的环境有更大的适应能力；另一方面，可以调节内脏器官的活动，使其与运动系统变化相适应，以保证能量的供应和内脏环境的稳定。人的活动是在神经系统支配下的协调活动，坚持体育锻炼的人，常表现为机体灵活、耳聪目明、精力充沛，这正是神经系统功能强健的表现。

3.2　提高心血管系统的功能

美国医学专家约瑟·帕司克揭开了"生命在于运动"的秘密。他发现，在人体内有一种高密度脂蛋白（HDL_2）粒子能主动地担负起打扫、清理血管的任务，能够把沉积在血管壁上的脂肪和胆固醇清除掉。但人体内产生的 HDL_2 的数量比较少，并不足以与脂肪和胆固醇抗衡。天长日久，这些沉积物质就会堆积在血管壁上，将血管逐渐堵塞，影响人的供血、供氧。经常参加体育锻炼的人，体内的 HDL_2 浓度明显增高，能自动地在血管内建立一道防线，不断地清除沉积的物质，使血液在血管内畅通无阻。同时，体育锻炼可使血液循环加快，平常人血流全身4~5周/分，而运动时血流全身可以提高到7~9周/分。从冠状动脉对心脏本身的供血情况看，运动后冠状动脉的血流量也比静止时提高10倍。

研究还发现，马拉松运动员的冠状动脉比正常人的冠状动脉直径粗1~2倍。经常参加体育锻炼的人，心脏功能得到增强，每搏输出量可增加到80~100毫升，是平时的1倍，但心脏的频率却减慢，如一般人心跳频率是70次/分左右，参加体育锻炼的人心跳频率是50~60次/分左右，这就大大减轻了心脏的负担，延长了心脏的寿命。

心血管疾病是当今世界上危及人类生命的头号杀手。据报道，在美国每死去的两个人中，就有一个患心血管疾病。心血管疾病已经成为现代社会"文明病"之一。在我国，死于心血管疾病的人的数量居首位。大量研究表明，经常参加体育锻炼可以显著地减少心血管疾病的发生。

3.3　改善呼吸系统的功能

人在体育锻炼过程中，呼吸加深加快，吸进更多的氧气，排出更多的二氧化碳，从而使肺的功能得到增强，肺活量增大。经常参加体育锻炼的人，呼吸肌发达有力，在吸气时，能够把

胸腔扩张得更大,使更多的肺泡参与工作,由于身体适应能力强,其呼吸显得深沉、平稳、均匀,且频率较慢。

3.4 改善运动系统机能,提高人体活动的能力

体育锻炼促进了血液循环,加快了新陈代谢,因此,对骨骼与肌肉的形态、结构及功能产生积极影响。运动生理学的研究表明:进行体育运动有助于人体骨骼的发育和生长,有助于增加关节的灵活性和关节的运动幅度,有助于增加肌肉的体积和肌力。

3.4.1 体育锻炼对肌力的影响

发达的肌肉是健康的重要标志,又是取得优异运动成绩的基础。因此,认识肌肉的一些生理规律是很有必要的。人体的运动是由运动系统实现的,运动系统由206块骨骼和400多块肌肉以及关节等构成。骨骼构成人体的支架,关节使各部位骨骼联结起来,最终由肌肉的收缩放松来实现人体的各种运动。全身肌肉的重量约占人体体重的40%(女性约为35%),人们的坐立、行走、说话、写字、喜怒哀乐的表情,乃至进行各种各样的工作、劳动、运动等,无一不是肌肉活动的结果。

经常参加体育锻炼,可以使肌纤维变粗,肌肉的体积增大,使肌肉显得发达、结实、匀称而有力。长期坚持体育锻炼,肌肉组织的化学成分会发生变化,如肌糖原、肌球蛋白、肌动蛋白和肌红蛋白等的含量都会明显增加,这些物质的增多,不仅能够提高肌肉的收缩能力,还可以增加肌肉能量和肌肉内的营养物质储存量,有利于肌肉的持续工作,增强耐力。正常人的肌肉占体重的30%~40%,而经常参加体育锻炼的人的肌肉可占体重的45%~55%。

3.4.2 体育锻炼对骨骼的影响

骨是人体最坚固的结构,206块骨骼可分为头颅骨、躯干骨和四肢骨三部分。人体的一切活动都是由骨、关节和肌肉连接起来,在神经系统的支配下进行的。

参加体育锻炼能引起骨骼形态上的变化。人体之所以能够长高长大,是因为骨的两端和骨干之间的骺软骨在结束骨化之前不断增生,使骨长长。调查显示,青少年时代经常参加体育运动的人比不经常参加者的身长要高4~8厘米;同时,骨膜内的造骨细胞不断繁殖、使骨增粗。骺软骨开始骨化的时间一般在15岁,结束骨化一般在25岁。促进骨骼生长发育的因素很多,科学研究证明,体育锻炼能加快血液循环,使骺软骨得到充分的营养,促使它不断增长和骨化。另外,由于体育锻炼对人体内分泌机能的良好作用,所分泌的某些激素也能促进骺软骨的骨化。

经常参加体育锻炼,可以引起骨骼机械性能上的变化。由于肌肉对骨骼的牵拉和压力作用,肌内附着处的骨突会增大,骨密质层会增厚,构成骨松质的骨小梁排列得更清楚,这些变化,提高了骨骼对抵抗折断、弯曲、压缩、拉长和扭转等方面的机械性能。实践证明,经常参加体育锻炼者,即使骨折,其愈合时间也比一般人短。当然,各个骨骼所发生的变化,还取决于从事某一项运动锻炼时人体接受负荷的刺激性质,如体操、投掷、网球等锻炼项目使上肢骨显得粗大;而跑步、跳跃、足球、舞蹈等项目则使下肢骨比较强壮和坚实。

3.4.3 体育锻炼对关节的影响

骨与骨相连接的地方形成各式各样的关节。关节的周围有韧带和肌腱包围着。韧带能加固关节,肌腱能引起关节运动。体育锻炼能使关节软骨增厚,增强关节的弹性、灵活性和牢固性,增强肌腱和韧带以及它们在上附着点的强度,使人体能承受较大的运动负荷。

3.5 使人心情舒畅,精神愉快

从事自己喜爱的体育活动,不仅有助于身体健康,而且能够调整人的心理,减缓心理压力,消除紧张,使人心情舒畅,精神愉快,甚至产生一种美妙的快感,从而增强人的自信心和自豪感。美国心理学家德里斯考曾对大学生做过跑步的实验,他发现跑步可以大大减轻学生考试前的焦虑情绪。

3.6 控制体重,保持健美的体形

研究表明,15~69岁的肥胖男性死亡率比正常体重的男性高50%,每高出正常体重的10%,寿命就会减少一年,而且体重失控而引起的肥胖,还将导致糖尿病、心血管疾病、癌症。经常参加体育锻炼可以帮助人们保持正常的体重,塑造男性魁梧有力、女性苗条健美的体形。

3.7 培养健康的个性

经常参加体育锻炼可改变忧郁、孤僻的性格特点,培养开朗自信、勇敢果断的良好性格特征。体育锻炼要求人们情绪稳定、反应敏捷、动作灵活、意志坚强,有助于改善人的个性心理特征。

3.8 防止疾病,延缓衰老

大量研究表明,体育锻炼可以提高人体对外界的适应能力,防止疾病,延缓衰老,延年益寿。缺少体育锻炼的人,从30岁开始,身体机能就逐渐退化,到55岁时,身体机能只相当于身体健康时的2/3;而经常参加体育锻炼的人,到了四五十岁时身体机能还相当稳定,60岁时,其心血管系统的功能大约相当于二三十岁不锻炼的人。这正如一句广告语所说的:"60岁的人,30岁的心脏。"由此可见,经常参加体育锻炼的人要比不锻炼的人年轻二三十岁。

思 考 题

1. 试述现代文明对人类有哪些危险。
2. 体育锻炼对形成良好的生活方式有哪些作用?

第 3 章 体育锻炼与心理健康和社会适应

第 1 节 大学生的生理特征与体育锻炼

我国高等学校体育的对象是在校学习的大学生,他们的年龄一般都在 16~21 岁。这个年龄阶段的大学生,正处于青春后期,已开始进入青年期,其身体形态、身体机能及器官系统功能的发展日趋完善和成熟,整个机体具有旺盛的精力、蓬勃的朝气,身体能承受较大的运动负荷,并能较好地适应外界环境的变化。

对于大学生的生理特点,不仅从事高等教育的教师应充分了解,而且每个大学生自己也要有一个清楚的认识,并根据自己在这一年龄阶段的生理、心理特点,科学地从事体育锻炼。

1.1 身体形态

虽然大学阶段学生已进入了青年期,但其在生理上仍保留着青春期的一些特点,身体形态的发展具有不平衡性和不稳定性。因此,大学生应重视全面地锻炼身体,在提高健康体能的基础上,多参加球类、游泳、武术、田径、体操、舞蹈等体育活动,全面提高身体素质,发展运动器官,使骨骼坚韧、关节灵活、肌肉发达、体形匀称、体格健壮。

1.2 身体机能

1.2.1 神经系统

神经系统是人体发育最早、最快,也是最早成熟的系统。大学生正处在脑细胞建立联系的上升期,大脑神经细胞的分化机能发展迅速,已达到成人水平。其第二信号系统最高调节能力大大增强,第一信号系统和第二信号系统的相互联系更加完善,分析和综合能力显著提高,为思维能力的发展创造了良好的物质条件。

人体中枢神经系统的活动有兴奋和抑制两个过程,二者相互影响、相互加强。兴奋和抑制过程经常不断地运动变化着,其活动规律包括扩散、集中及相互诱导等。人的一切功能都是兴奋和抑制的不同表现形式。脑力劳动的思维、推理、分析、综合都是在大脑高度兴奋中进行的。大学生的学习任务更加艰巨和繁重,而长时间的学习,易使大脑皮层产生抑制和疲劳。科学研究表明,神经系统的疲劳远比运动系统的疲劳难以恢复,如不采取有效的调节措施,就会因过度疲劳,导致神经衰弱,严重影响身体健康和正常的学习生活。

休息是调节大脑皮层兴奋和抑制的必要措施,而体育锻炼是最好的、最积极的休息方式。在体育锻炼中,神经系统由抑制转为兴奋,兴奋的神经系统可以促进机体的代谢能力,改善供能和供氧,缓解神经系统和机体的疲劳,从而保证大学生的身体健康和在校的正常学习。

1.2.2 心血管系统

人体的心血管系统是由心脏、血管和血液三个部分组成的,它担负着人体新陈代谢的运输任务。心脏是血液的总枢纽,其功能主要是运输体内新陈代谢过程中所需要的养料和排出二氧化碳等代谢物质。

大学阶段,学生的心脏发育日趋完善,无论是在形态结构上,还是在功能上,均已达到成人的水平。其心脏收缩能力增强,收缩压增高,心输出量增大,使血液供应能够适应机体负荷增大的需要。这时,大多数学生的心脏可以承受体育锻炼活动,但强度不宜过大,而应随着年龄的增长,逐步增加运动负荷。

一些大学生由于某些内分泌腺分泌旺盛,会出现高血压的现象,一般称之为青年性高血压。这只是暂时性的,随着年龄的增长和内分泌机能的稳定,这种现象很快就会消失。有青年性高血压现象的学生,体育锻炼时循环系统的反应大,所以应在体育教师和医护人员的指导下,参加适当的体育锻炼。

1.2.3 呼吸系统

处于青年期的大学生,其肺的结构和机能迅速生长发育,肺脏的横径和纵径继续增大,呼吸肌力量逐渐加强,呼吸差、肺活量已接近成人,并且其呼吸频率减慢,一般为 16 次/分,呼吸深度相应增加,呼吸系统已达健全程度。体育锻炼可促进呼吸系统的健全和完善,使其构造和机能发生良好的变化。运动还有助于保持肺组织的弹性,改进肺廓的活动度,使呼吸深度加大,肺活量增大。我国大学生的肺活量,男生一般在 3 800 ~ 4 400 毫升,女生一般为 2 700 ~ 3 100 毫升,呼吸差为 5 ~ 8 厘米。经常参加体育锻炼可使男子肺活量达到 4 000 ~ 7 000 毫升,女子达到 3 500 毫升左右,呼吸差也可达到 9 ~ 16 厘米。体育锻炼还可使呼吸系统的通气和换气功能得到提高。安静时,一般人的呼吸频率为 12 ~ 18 次/分,肺通气量为 4 ~ 7 升,经常锻炼的人呼吸频率仅 8 ~ 12 次/分就可达到同样的通气量。在定量工作时,呼吸机能还能表现出节省化现象,能够较强地保持工作能力不下降,并且具有很大的机能储备力,能够适应和满足较强运动负荷对呼吸系统的要求。

第2节 大学生的心理特征与体育锻炼

大学生的年龄特征决定了其心理以不成熟、不稳定和不平衡为主要特征。进入青年期后,大学生自我意识骤然增强。其认知、情感、意志、个性等主要心理过程和心理特征进入一个动态的调节过程。这时是大学生一生中心理变化最复杂,且波动最大的阶段,其特点明显地可从以下四个方面呈现出来。

2.1 自我意识

此时的大学生在自我评价能力和自我控制能力方面较青春期有所提高,但发展的水平参差不齐:有的人有了自我控制的能力;有的人却易受情绪左右;有的人自负自尊,却不懂得尊重别人。为了努力将自己塑造成理想、完美的人,他们已认识到自我教育的重要性,并且正努力朝着既定的目标前进。

2.2 情　　感

大学生已不再像中小学生那样天真、纯朴、直露了,而是更趋向于内向、敏感、含蓄。他们能够自觉地认识和评价自己的个性品质和内心体验,从而独立地支配和调节自己的活动和行为。随着自我认识需要的提高、知识经验的积累,学生自我评价的能力大大提高,变得比较主动、全面和深刻起来。他们自我认识的内容更加丰富,自我的情绪体验更具有敏感性、丰富性、深刻性、闭锁性与起伏性等特点。另外,自尊、喜欢表现自己也是大学生明显的心理特征。但是,随着年龄的增大,大学生情绪的波动性会逐渐减弱,情感会变得日趋丰富、复杂。

2.3 意志品质

大学生的独立意识日趋明显,自觉性大大增强,并能在行动中清晰地意识到自己行动的目的性和社会意义。大学生的果断性和自制力发展较为缓慢,有些同学常常表现得优柔寡断,动摇不定,做事分不清主次和轻重缓急,或草率,或武断,这与他们思想尚未成熟和缺乏社会经验有关。在坚毅性方面,大学生存在很大的个体差异性,有的同学常表现出畏惧困难,经受不起心理上的挫折。所以,大学生意志品质的发展仍然有不稳定的特征。

2.4 性　　格

随着大学生自我意识的不断发展和个性倾向的日趋明显,其性格基本形成且具有一定的稳定性。对待现实持有一贯态度和较稳定的行为方式是大学生性格的主导方面。它突出体现了大学生个性的本质。

体育锻炼不仅是大学生身体健康的需要,而且也是大学生发展心理、完善自我的需要。针对大学阶段学生心理尚不成熟、不稳定和不平衡的特点,以及大学生培养自我意识、情感、意志品质、性格等方面的需要,积极开展学校的体育活动,组织学生参加或观赏各种形式的体育活动,不仅可以增强同学们的体质,而且可以锻炼意志、陶冶情操、发展情感,使他们在体育锻炼中拓宽视野,增长才智。

第3节　体育锻炼对心理健康的益处

体育锻炼可以增强体质,促进身体健康,这是大家熟知的事实。有些人在自己身体状况不佳时,会想到通过体育锻炼来逐步提高身体机能,恢复健康。然而,当有些人遭受挫折而情绪低落,或出现明显的心理障碍时,却很少通过体育锻炼来调节、改善情绪,克服和消除心理障碍。实际上,体育锻炼既是身体活动,又是心理活动和社会活动。因此,体育锻炼在促进身体健康的同时,对心理健康也具有明显的积极影响。体育锻炼对心理健康的重要作用,正在受到越来越多的人的重视。体育锻炼对心理健康的作用主要表现在以下几个方面。

3.1 体育锻炼有助于智力的发展

智力是人的观察力、记忆力、想象力、思考力和操作能力的综合。智力正常是人们正常生活、学习、工作的最基本的心理条件,也是心理健康的首要条件。人们常用智力测验中的智商(IQ)表示智力发展水平。智商在70以下为智力落后,在130以上为优异。心理健康的人应该智力发展正常,智商起码在80以上。

3.1.1 体育锻炼能改善大脑的营养和供能,提高神经系统的机能

正常的智力是正确感知和认识世界的前提,是心理健康的基础。研究表明,体育锻炼对发展人的智力具有积极的影响。我们知道,大脑的主要"燃料"是血糖和氧,当血糖和氧供应不足时,大脑的机能就会下降。经常参加体育锻炼,能增加氧的供应,使动脉畅通,促进血液循环,改善神经细胞的营养和供能,提高大脑皮层的兴奋和抑制的协调作用,使神经系统兴奋和抑制的交替转换过程得到加强,从而改善人脑皮层神经系统的均衡性和准确性,促进人体感知能力的发展,使大脑思维与想象的灵活性、协调性、反应速度等得以改善和提高。

3.1.2 体育锻炼能促进大脑疲劳后的恢复,提高大脑的工作效率

体育锻炼可以使神经系统的兴奋与抑制过程更加集中,对外界的刺激反应更加迅速、准确,还可以提高人的视觉、听觉、神经传导速度、神经过程的均衡性和灵活性,促进神经系统功能的增强。人在学习过程中,大脑皮层的有关区域处于高度兴奋状态,而运动中枢处于相对抑制状态,随着学习时间的延长而产生疲劳,注意力不集中,思维反应速度变慢,学习效率下降。而在体育锻炼过程中,体力和脑力活动合理交替,运动神经中枢变得兴奋,使得与文化学习有关区域的脑细胞得到充分休息,这样有助于消除由于脑力活动而产生的神经中枢疲劳,从而提高学习效率。这就是高级神经活动的负诱导规律,即大脑皮层中运动中枢的兴奋,可以导致学习中枢的抑制,优势兴奋中心愈集中,则临近区域的抑制愈强。因此,体育锻炼可以使思维、记忆中枢得到更完全的休息,从而很快消除疲劳感,恢复工作能力。

这也正是集中学习一段时间后去从事一些体育锻炼会使人感到头脑清醒、记忆力增强的生理机制。

3.2 体育锻炼有助于情感与情绪的调节

现代生理学、心理学和医学的研究成果表明,情绪对人的身心健康具有直接的影响。人生活在错综复杂的社会中,因学习、工作、生活或其他原因,难免会产生忧郁、紧张等情绪。

体育锻炼不但可以转移不愉快的意识、情绪和行为,使人从烦恼和痛苦中摆脱出来,而且可以及时宣泄不良情绪,减轻心理压力。适当的体育锻炼可改善人的情绪。人的情绪是判断客观事物是否符合自己的需要而产生的体验。符合自己的需要就会产生愉快的情绪,反之就会产生烦恼或忧郁等情绪。人在受到某种挫折时,在大脑里形成一个强刺激,从而引起一个兴奋灶,使人陷入痛苦和懊丧之中,如果能积极参加体育锻炼,就可以转移大脑皮层的兴奋中心。也就是说,人在进行体育锻炼时,运动中枢的兴奋往往只注意身体的运动,而把烦恼抛在脑后,起到转移注意力的作用,有益于大脑活动的调节。同时,进行体育锻炼时

通常与同龄人、同事或自己熟悉的人在一起,有利于人际间的沟通与交往,可改变孤独、抑郁、自卑等不良情绪,使整个神经系统得到调节,从而维护心理健康。

一项有关体育锻炼与人的心理之间关系的较为全面的调查研究表明,体育锻炼可带来主观良好感,减轻焦虑、紧张、忧郁等情绪,60%~90%的参与者能获得良好心理效应和感觉。

3.3 体育锻炼有助于坚强意志品质的形成

意志品质是指一个人的果断性、坚韧性、自制力以及勇敢顽强等品质,是在克服困难的过程中培养起来的。体育锻炼提高了人们的身体素质,活跃了人们的生活,同时也磨炼了人们的优良意志品质。人们在各种体育活动如长跑、游泳、健身操及各种球类活动中,要不断地克服客观困难(如气候条件、动作的难度或外部障碍等)和主观困难(如胆怯和疲劳),通过克服困难,锻炼和培养自己的勇敢、坚毅、机智、果断、自制、吃苦耐劳、顽强进取等良好意志品质。

3.4 体育锻炼有助于确立良好的自我概念

自我概念是指一个人对自己各种身心状况以及自己和周围关系的一种认识,也是人认识自己和对待自己的统一。自我认识主要涉及"我是一个怎样的人""我为什么是这样一个人""我喜欢什么""我不喜欢什么"等问题。由于坚持体育锻炼可以强身壮体,使人精力充沛,身心均衡发展,因而体育锻炼对于改善人的身体表象和身体自尊至关重要。

身体表象是指头脑中形成的身体图像。身体表象障碍在正常人群中是普遍存在的,据统计,54%的人对自己的体重不甚满意。与男性相比,女性倾向于高估她们的身高并低估她们的体重,而且,身体肥胖的个人更可能有身体表象和身体自尊方面的障碍。身体自尊主要包括一个人对自己运动能力、身体外貌、健康状况和免疫力的评价。整体自我概念与身体表象和身体自尊有关,无论是男性还是女性,对身体表象的不满都会导致个体自尊下降,并产生不安全感和抑郁症状。有研究表明,肌肉力量与身体自尊、情绪稳定性、外向性格和自信心呈现正相关,并且加强力量训练会大大增强个体的自我概念。

3.5 体育锻炼有助于消除人们的心理障碍

体育锻炼能使有心理障碍的人获得心理满足,产生成就感,从而增强自信心,摆脱压抑、悲观等消极情绪,并消除心理障碍。临床研究表明,慢跑、散步等中低强度的有氧活动,对治疗抑郁症和抗抑郁效能十分明显,能减轻症状,增强自尊心、自信心。因为抑郁是以压抑为主导的消极情绪状态,而运动是以兴奋和充满活力为特点的积极情绪状态,因此,抑郁者参与运动显然能产生积极的效应。在国外,体育锻炼已被公认为是一种心理治疗方法。体育锻炼还可以为郁积的各种消极情绪提供一个发泄的机会,将各种烦恼、焦虑、不安等情绪发泄出来,使遭受挫折后产生的冲动通过运动得以转移,避免心理障碍的产生。

3.6 体育锻炼有助于消除疲劳

体育锻炼可以消除疲劳,提高学习与工作效率。疲劳是一种综合性症状,与人的生理和心理因素有关。当一个人情绪消极,或当任务超出个人的能力时,生理、心理上都会很快地产生疲劳。为了防止或减少身心疲劳,人们应保持良好的情绪状态,积极参加中等强度的体育锻炼,从而使身心得到放松。有研究表明,体育锻炼能提高诸如最大吸氧量和最大肌肉力量等生理功能,减少疲劳的产生。

第4节 体育锻炼对社会适应的影响

适应是机体对环境的顺应,在医学上叫习服。社会适应是指个体为了适应社会生活环境而调整自己的行为习惯或态度的过程。在社会生活中,个体都有自己的物质需要与精神需要,都有争取交往、安全、友情、自尊、权利、名誉及成就等愿望,所有这些需要或愿望的满足,都依赖于个体的社会适应。

实际上,个体的社会化过程,就是在一系列社会学习基础上不断进行社会适应的过程。社会适应的顺利与否,很大程度上取决于个体社会学习与社会知觉的效率。只有较全面准确地了解社会条件、社会规范,具备较准确的角色知觉、人际知觉及自我知觉等,才能有效地进行社会适应。个体的社会适应包括一系列的适应行为,通常表现为顺应、自制、遵从、服从、同化等具体的适应方式。

人既是社会的主体又是社会的客体,也就是说,人总是有愿望的,但是,人的愿望也不是总能实现的。因此,化解个人的愿望与社会之间的冲突是个人适应社会的重要问题。体育锻炼以其特有的优势,可以使人的个性得以形成与完善,所以成为提高人们社会适应能力最为重要而且高效的手段。

体育锻炼对提高人的社会适应能力的影响主要表现在以下几个方面。

4.1 有助于学习和理解社会行为规范

体育是一种特殊的社会文化活动。这一领域中确立了各种明确而细致的行为规范,如运动守则、比赛规则、竞赛规程等,并通过裁判、仲裁、公众舆论、大众传播媒介等实施与监督。由于体育的这些规范训练可在教练员或者体育教师指导下经常反复地进行,这就使人们在体育活动中学习了行为规范准则,懂得了行为规范的一般特征,有助于理解和学习其他社会规范。

4.2 有助于内化正确的价值观念

体育文化之所以存在,其哲学意义在于对人的肯定,它是追求人的价值和权利的过程,体育承认人体存在的合理性,令人体验现实生活的乐趣、自由和幸福,培养积极进取的精神和高尚的品行与气质。

4.3 有助于体验不同的社会角色

一个人要符合社会的要求,取得社会成员的资格,就必须学会接受适当的社会角色,而各种体育活动的场合,有机会让人们体验不同的角色和"做什么""怎么做"的社会意义。

4.4 有助于培养团结协作的精神

体育竞技中的许多团体项目,如篮球、排球、足球等已获得广泛的普及,人们在投身于这些运动强身健体的同时,可以学会如何恰当地处理个人与集体的关系,如何融入集体之中,与他人沟通合作,并在其中强化了个人的组织性和纪律性。

4.5 有助于情感与情绪的调节

当今社会竞争空前激烈,各行各业普遍存在的竞争,使置身其中的人们不自觉地产生忧郁、紧张等情绪。体育运动可以转移不愉快的意识、情绪和行为,使人从烦恼痛苦中摆脱出来,使不良情绪得到及时宣泄,以稳定的情绪承受压力、迎接挑战。

4.6 有助于人际关系的改善

人是社会的基本构成单位,人对社会的适应从本质上来讲是自身对他人的适应,能否成功地与人交往、与人沟通是人与社会适应最直观最客观的体现。体育运动使人们相聚在运动场上,进行平等、友好、和谐的练习和比赛,促使人们相互之间产生亲切感,尤其是集体竞赛项目,可以使直接参与者及间接参与者结识更多的朋友,将彼此的关系变得更加和谐友好。

4.7 有助于培养人的应急处理问题意识、配合意识及人际交往能力

进行球类运动,在一定规则的限制和瞬息万变的情况下,更加迫使队员在瞬间做出技术、战术的反应,这一过程充分体现出人的快速处理信息及应变能力,而所组成的战术及达到的效果,无不体现了个人或队友的正常发挥及密切配合的水平。在集体竞技比赛中,个人技术是基础,集体战术配合是个人技术得到有效发挥的保证。因此,要张扬自我、展现风采及发泄激情,就要摒弃封闭,彼此关心、密切配合,从而使一种与人交往与做人做事的意识得到强化。此外,经常进行体育锻炼,不仅能改善机能水平和提高运动能力,而且可以在共同切磋技艺、交流经验过程中营造良好的情感交流气氛,以体育运动作为凝聚力和标尺影响着人们对人对事的态度,善待合作伙伴、促进感情联络,提高社会交际能力以提高社会适应性。

表 3.4.1 社会适应自我评价量表

社会适应能力是指一个人在心理上适应社会生活和社会环境的能力。社会适应能力的高低,从某种意义上表明了一个人的成熟程度。

1. 我最怕转学或转班级,我总要经过很长一段时间才能适应。
   A. 是　　　　　B. 无法肯定　　　　　C. 不是
2. 每到一个新地方,我很容易与别人接近。
   A. 是　　　　　B. 无法肯定　　　　　C. 不是

3. 在陌生人面前,我常常无话可说,以致感到尴尬。
   A. 是　　　　　B. 无法肯定　　　　　C. 不是
4. 我最喜欢学习新知识或新科学,它们给我一种新鲜感,能调动我的积极性。
   A. 是　　　　　B. 无法肯定　　　　　C. 不是
5. 每到一个新地方,第一天我总是睡不好,即使是在家里,只要换一张床,有时也会睡不好。
   A. 是　　　　　B. 无法肯定　　　　　C. 不是
6. 不管生活条件有多大变化,我也能很快适应。
   A. 是　　　　　B. 无法肯定　　　　　C. 不是
7. 越是人多的地方,我越感到紧张。
   A. 是　　　　　B. 无法肯定　　　　　C. 不是
8. 在正式比赛或考试时,我的成绩多半不会比平时差。
   A. 是　　　　　B. 无法肯定　　　　　C. 不是
9. 我最怕在班上发言,全班同学都在看着我,我的心都快跳出来了。
   A. 是　　　　　B. 无法肯定　　　　　C. 不是
10. 即使有的同学对我有看法,我仍能同他交往。
    A. 是　　　　　B. 无法肯定　　　　　C. 不是
11. 老师在场的时候,我做事总有一点不自在。
    A. 是　　　　　B. 无法肯定　　　　　C. 不是
12. 和同学、家人相处时,我很少固执己见,总是乐于采纳别人的意见。
    A. 是　　　　　B. 无法肯定　　　　　C. 不是
13. 与同学争论时,我常常感到语塞。事后才想起该怎样反驳对方,可惜已经太迟了。
    A. 是　　　　　B. 无法肯定　　　　　C. 不是
14. 我对生活要求不高,即使条件很艰苦,我也能过得很愉快。
    A. 是　　　　　B. 无法肯定　　　　　C. 不是
15. 有时自己明明把课文背得滚瓜烂熟,可在课堂上背的时候,还是会出差错。
    A. 是　　　　　B. 无法肯定　　　　　C. 不是
16. 在决定胜负成败的关键时刻,我虽然很紧张,但总能很快地使自己镇定下来。
    A. 是　　　　　B. 无法肯定　　　　　C. 不是
17. 我不喜欢的东西,不管怎么学也学不会。
    A. 是　　　　　B. 无法肯定　　　　　C. 不是
18. 在嘈杂混乱的环境里,我仍能集中精力学习,并且效率很高。
    A. 是　　　　　B. 无法肯定　　　　　C. 不是
19. 我不喜欢陌生人来我家做客,每逢这种时候,我就有意回避。
    A. 是　　　　　B. 无法肯定　　　　　C. 不是
20. 我喜欢参加社交活动,我感到这是交朋友的好机会。
    A. 是　　　　　B. 无法肯定　　　　　C. 不是

得分情况：

序号	A	B	C	序号	A	B	C
1	-2	0	2	2	2	0	-2
3	-2	0	2	4	2	0	-2
5	-2	0	2	6	2	0	-2
7	-2	0	2	8	2	0	-2
9	-2	0	2	10	2	0	-2
11	-2	0	2	12	2	O	-2
13	-2	0	2	14	2	0	-2
15	-2	0	2	16	2	0	-2
17	-2	0	2	18	2	0	-2
19	-2	0	2	20	2	0	-2

得分解析：

35~40分：社会适应能力很强，能很快适应新的学习和新的生活环境，与人交往轻松、大方。给人的印象极好，无论进入什么样的环境，都能应付自如，左右逢源。

29~34分：社会适应能力良好。

17~28分：社会适应能力一般，当进入一个新的环境时，经过一段时间的努力，基本上能适应。

6~16分：社会适应能力较差，对环境依赖性大，一旦遇到困难则易怨天尤人，甚至消沉。

5分以下：社会适应能力很差，在各种环境中，即使经过相当长时间的努力，也不一定能够适应。常常因为与周围的事物格格不入而十分苦恼，在与他人交往中，总显得拘谨、羞怯、手足无措。

思 考 题

1. 体育锻炼对心理健康有哪些影响？
2. 运用"社会适应自我评价量表"测试自己的适应能力。

第4章 学校体育

第1节 学校体育的任务和目标

1.1 学校体育的任务

我国学校体育的任务是增进学生的身心健康,增强学生的体质,促进学生身心和谐发展,培养学生从事体育锻炼的意识、兴趣、习惯和能力,为终身体育奠定良好的基础;培养学生较强的运动能力和良好的意志品质,使其成为具有现代精神,德、智、体、美全面发展的社会主义建设者。

学校体育的总任务应包括以下内容:
1. 增强学生体质,增进学生的身心健康;
2. 传授体育锻炼、卫生保健、健康生活的知识技能和方法,使学生具有一定的体育文化素养;
3. 培养学生体育锻炼的兴趣、习惯和能力,发展学生参加各种活动和独立锻炼身体的能力,为终身体育奠定基础;
4. 促进学生个性的全面发展和个体社会化;
5. 发展学生的运动才能,提高学生的运动技术水平。

1.2 学校体育的目标

学校体育的目标分为两个方面,即基本目标和发展目标。

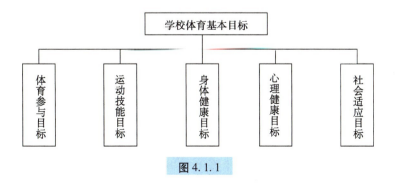

图4.1.1

1.2.1 基本目标

学校体育的基本目标是根据大多数学生的基本要求而确定的,分为5个方面:

1. 体育参与目标:积极参与各种体育活动并基本养成自觉锻炼的习惯,基本形成终身体育的意识,能够制订适合自己的锻炼计划,具有一定的体育文化欣赏能力。

2. 运动技能目标:熟练地掌握两种以上的体育锻炼的基本方法和技能;熟练地掌握两种以上与自己专业和未来职业相关的职业体育项目的基本方法和技能,能科学地进行身体锻炼,提高自己的运动能力;掌握常见的运动损伤的处理方法。

3. 身体健康目标:能测试和评价体质与健康状况,掌握有效地提高身体素质、全面提高体能的知识和方法,合理地选择人体需要的健康营养食品,养成良好的行为习惯,形成健康的生活方式;具有健康的体魄。

4. 心理健康目标:根据自己的能力设置体育学习目标;自觉通过体育活动改善心理状态、克服心理障碍,养成积极乐观的生活态度;运用适宜的方法调节自己的情绪;在运动中体验运动的乐趣和成功的感觉。

5. 社会适应目标:表现出良好的体育道德和合作精神;正确处理竞争与合作的关系。

1.2.2 发展目标

学校体育的发展目标是针对部分学有所长和学有余力的学生而确定的,也可以作为大多数学生的努力目标,分为5个方面:

1. 体育参与目标:形成良好的体育锻炼习惯;能独立制定适合于自身需要的健身运动处方;具有较高的体育文化素养和观赏水平。

2. 运动技能目标:积极提高运动技术水平,发展自己的运动才能,在某个运动项目上达到或相当于国家等级运动员水平;能参加有挑战性的野外活动和运动竞赛。

3. 身体健康目标:能选择良好的运动环境,全面发展体能,提高自身科学锻炼的能力,练就强健的体魄。

4. 心理健康目标:在具有挑战性的运动环境中表现出勇敢顽强的意志品质,具有承受挫折的心理能力。

5. 社会适应目标:形成良好的行为习惯,主动关心并参加社区体育活动。

1.3 学校体育的结构

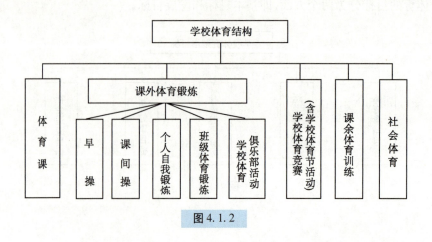

图 4.1.2

第2节 体 育 课

体育课是必修课,是推进素质教育、完成学校体育目标的重要途径。通过上体育课,学生了解和掌握了体育基础理论、运动技术和技能,可以对体育锻炼产生兴趣,从而通过锻炼,增强体质和增进健康。

2.1 体育课的类型

大学阶段,学生在生理上已进入了青春期的后期,应有进一步加强和提高锻炼的要求。为此,许多学校在大学一年级开设了以全面发展身体素质和基本活动能力、改善身体形态机能、增进健康为主的基础课;在大学二年级开设了以掌握1~2个体育运动项目科学锻炼的基本知识、技术和技能,培养锻炼的兴趣、习惯为主的专修课;在高年级则开设以提高学生职业体育技能和运动能力为主的专项课,从而提高体育理论水平和体育能力,为终身体育奠定基础。

2.2 怎样上好体育课

上好每一节体育课是学生面临的首要任务。实践证明,要上好体育课,首先应明确体育课的任务、目的和意义,体育课程的基本目标和发展目标,端正对体育锻炼的态度。其次应遵守课堂常规,这是上好每一节体育课的保证。

课堂常规是学校根据体育课的教学内容,为了学生的健康和安全,为保证体育课教学任务的完成,对学生提出的基本要求。

一般体育课的课堂常规包括:
1. 上课前,做好生理、心理的各项准备工作。
2. 穿运动服装和运动鞋。
3. 协助体育老师布置好运动场地,准备好运动器材。
4. 在指定的运动场地集合。
5. 重视准备活动和整理活动。
6. 集中注意力,按体育老师的教学要求,精神饱满地完成各项练习。
7. 团结友爱,互相保护与帮助,预防伤害事故的发生。
8. 爱护运动场地和器材,不损坏、不丢失运动器材。

游泳课的课堂常规包括:
1. 上课前,做好生理、心理的各项准备工作。
2. 身体不适或患传染性疾病者暂停上游泳课。
3. 男生穿游泳裤,女生着游泳衣。游泳衣、游泳裤必须是深色且不透明的。
4. 入水前严格清点人数。
5. 入水前,淋浴冲洗全身。
6. 入水前,做好充分的准备活动。

7. 未经体育老师的允许,不得进行跳水和潜水活动。
8. 严禁在游泳池吐痰、小便。
9. 严禁打闹。
10. 出水后,严格清点人数。

2.3 体育课考试

体育课考试是对学生学习效果和学习全过程的评价,对于促进学生积极参加经常性的体育锻炼,检查教与学的效果,及时分析学生学习、锻炼和教师教学的情况,改进教学手段和提高教学质量有着重要作用。体育课应十分重视对学生体育学习的多元评价,评价的内容主要包括以下几个方面:

1. 学生的生长发育情况,如身高、体重、肺活量等与标准值的对照。
2. 体能测试,应更侧重于对与健康有关的体能进行测试,例如,借助《学生体质健康》规定的专门测试手段来测试学生的心肺耐力、肌肉耐力、肌肉力量、柔韧性等。
3. 体育与健康知识和运动技能,如各项运动的基本知识和技能的掌握程度。
4. 学习态度、积极参与体育运动的行为和锻炼习惯等。
5. 意志品质、情绪状态、自信心等。
6. 团队精神,与人交往的能力。

第3节 课外体育锻炼

课外体育锻炼是指同学们在课余时间,运用各种身体练习方法,增强体质、增进健康、丰富业余文化生活的身体活动。

3.1 课外体育锻炼的作用

3.1.1 促进正常生长发育

课外体育锻炼具有多种作用。它有助于促进青少年对生长发育的需要。"生命在于运动",运动是人体生命活动的基本需要。青少年正处在长身体、长知识的黄金时期,身体健康的发展需要体育锻炼,这正如阳光、空气和水对生命一样,是不可缺少的。科学研究表明,青少年每天适宜的活动时间高中生为 1~2 小时,大学生不低于 1 小时。

3.1.2 奠定终身体育的基础

课外体育锻炼有助于培养学生的自我体育意识。在课外体育锻炼中,学生不但可以复习巩固体育课上学到的知识和技能,而且可以从事自己喜爱的活动,体验成功的喜悦和体育锻炼后的满足感,渐渐地产生对体育锻炼的兴趣,并养成锻炼的习惯。通过体育锻炼,学生自我锻炼、自我评价和组织体育活动的能力得到提

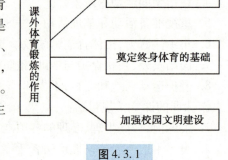

图 4.3.1

高,也为终身体育奠定了基础。

3.1.3 加强校园文明建设

课外体育锻炼是学校文化娱乐生活的组成部分,它可以陶冶情操、充实精神生活,使学生朝气蓬勃、精力充沛,使校园充满活力和生机。它内容丰富,形式多样,为学生所喜爱。小型多样的体育游戏可以培养学生团结友爱、互相帮助、互相合作的团队精神;班级或全校的课外体育锻炼,可以增强学生的纪律观念,体育比赛则可以培养学生遵守比赛规则、奋勇拼搏的竞争意识。所有这些都有利于加强校园文明建设。

3.2 课外体育锻炼的组织形式

学校课外体育锻炼的组织形式有早操、课间操、班级体育锻炼、学校体育节活动、个人自我锻炼、体育俱乐部活动。

3.2.1 早操

早操是起床后,在早饭前进行的体育锻炼。早晨空气新鲜,出早操能够增加机休对氧的摄入量,加快血液循环,促进人体的新陈代谢,改善呼吸系统和心血管系统的功能,增强体质,提高人体的适应能力和健康水平;能够使经一夜仍处于抑制状态的神经系统迅速苏醒过来,进入工作状态。做过早操后,人会感到精神振奋,头脑清醒。每天做早操,不但可以使人精神饱满地开始一天的学习,而且能使我们保持正常的生活作息制度,养成良好的生活习惯。

早操的形式多种多样,一般为广播操、武术、慢跑等运动。早操的时间不宜过长,一般在15~20分钟,运动量不宜过大,以免造成过度兴奋,影响上午的学习。

3.2.2 课间操

课间操是在上午第二节课之后、第三节课之前进行的体育锻炼。课间操一般在室外进行,它能使学生在紧张的学习之后,呼吸新鲜空气和接受阳光的照射,舒展身体,消除局部的疲劳,进行积极地休息,为下一节课注入更充沛的精力,提高学习的效率。课间操还能使眼睛得到休息,有利于消除因连续学习用眼时间过长而产生的眼睛疲劳,预防近视和保护视力。

课间操的形式一般包括广播操、眼保健操、武术、体育舞蹈、慢跑、游戏等活动。课间操的时间一般在10~15分钟,运动负荷不宜过大。

3.2.3 班级体育锻炼

班级体育锻炼是以班级为单位分成若干个锻炼小组,在体育委员、班委或锻炼小组长的带领下,利用课外活动时间进行体育锻炼的一种形式。班级体育锻炼是保证每天1小时以上体育活动的重要组成部分。它对学生身体的正常发育、身体素质和运动能力的发展、身体各器官功能的提高、增强机体对环境的适应能力,都有着重要的作用。班级体育锻炼对于培养体育锻炼积极分子,发展个性,培养和发展学生的领导、组织才能,养成自觉锻炼的习惯,形成学校锻炼风气有着重要的作用。

班级体育锻炼的形式很多,一般包括球类运动、田径、《学生体质健康标准》中规定的练习或与专业有关的运动项目。

3.2.4 个人自我锻炼

个人自我锻炼是指在课余时间和节假日个人或结伴,自发地从事体育锻炼。个人自我锻炼出于学生身心发展的需要和对体育活动的爱好和兴趣,反映了学生对增强体质、增进健康、提高体育素养和自我全面发展的要求。它对培养我们现代的文明生活方式,实现个体的社会化有着积极的作用。

个人自我锻炼的活动空间广阔,内容丰富,活动的内容根据个人的爱好与习惯而有所不同,一般包括球类活动、游泳、武术、健美、登山、远足、徒步旅行、舞蹈、拳击等。

3.2.5 学校体育节活动

学校体育节活动是作息制度中体育活动以外的全校性体育活动。一般有体育周和体育日两种形式。

体育周是集中在一周下午的课外活动时间,组织各种体育宣传、锻炼和竞赛活动,如体育专题报告、体育讲座、体育知识竞赛、体育表演、体育竞赛等。体育节活动能提高学生的体育兴趣,开阔眼界,调动锻炼的积极性。它对增强学生的体育意识,提高体育文化素养,扩大知识面,培养能力有着重大的意义。

体育节是全体学生的重大节日。

3.2.6 参加体育俱乐部

中国的社会体育组织尚不健全,学生自主建立体育组织的经验还不足,一切课余体育组织的建立仍不能完全离开学校行政渠道。目前,我国有不少学校已经建立了各种单项体育俱乐部,采用的均是教育行政渠道(体育部、室)和学生社团渠道两方面结合的方式。

体育俱乐部活动分为高水平和一般水平两个层次,前者是高水平竞技体育,后者是以健身与康乐为目标的大众体育。学校体育俱乐部是面向广大学生的以健身和康乐为目标的大众体育俱乐部。它是以学生中的体育爱好者自发性、自立性的结合为基础,为增进健康和促进相互间的协调和睦而进行持续性体育活动的组织。学校体育俱乐部是学校课余体育的重要组织形式,为学生课余体育活动提供了教师、场地和器材,避免了自己活动的盲目性,为终身体育锻炼奠定了基础。学校体育俱乐部一般分必修俱乐部和课外自由俱乐部两种。必修俱乐部是在确保活动时间的基础上,规定全部学生都必须参加的教育课程。课外自由俱乐部是在课外自由活动的时间,自主地从事体育运动的学生集团。

第4节 课余体育训练

课余体育训练是我国全民健身计划和为奥运增光计划的基础。学校课余体育训练的任务主要是提高学生对体育的认识,使学生掌握一些运动项目的技术和技能,提高其运动能力,形成良好的体育道德风尚,同时培养开展群众体育活动的骨干,为提高我国运动技术水平输送优秀的后备力量。

4.1 学校课余体育训练的性质

4.1.1 学校课余体育训练的概念

学校课余体育训练是指利用课余时间,对部分在体育方面有一定天赋或有某项运动特长的学生,以运动队、代表队、俱乐部等形式对他们进行系统的训练,旨在全面发展他们的体能,提高其身心素质和某项运动的技术、水平,培养竞技体育后备人才。

4.1.2 学校课余体育训练的定位

学校课余体育训练是学校体育的组成部分,是学校贯彻普及与提高要求的重要内容。学校课余体育训练是我国运动训练体制的一个组成环节,是培养体育后备人才的必经之路,是基础训练的一种组织形式。我国大部分在国内、国际比赛中夺取优异成绩的运动员都启蒙于学校课余体育训练。开展学校课余体育训练,对全面贯彻我国教育方针和体育方针,实现学校教育目标和体育目标,推动"全民健身计划"和"奥运争光计划"的实施具有积极的意义。

4.1.3 学校课余体育训练的目标

对具有运动特长的在校学生进行全面身体训练,发展体能,使其掌握参训项目的基本技术和战术,为进一步的专项运动训练奠定身体、心理、技术、战术和思想品质的良好基础,为全面健身运动的广泛开展提供体育骨干。

4.2 学校课余体育训练的特点

学校课余体育训练与一般运动训练相比,有许多共同的方面。

首先,学校课余体育训练与其他运动训练一样,主要目的是提高专项运动的技术水平,创造优异的运动成绩,因此在训练项目、内容、方法和手段等方面具有相似性。

其次,为了使运动员能承受体育竞赛时的极限运动负荷和心理适应能力,在运动训练过程中,需科学地安排生理负荷以及变化的速度和幅度。

再次,参加运动训练的运动员,无论是青少年还是成人,即使是接受相同的训练内容,他们在身体、技术、战术、心理、智力等方面仍存在不同的特点,所以,在训练要求、内容、方法与手段方面,都要做到区别对待。

最后,运动训练的结果就是要使运动员在各类比赛中发挥最佳水平,创造优异成绩。

然而,学校课余体育训练是以在校青少年学生为主的,所以,它与一般运动训练相比,又有其自身的特点。

4.2.1 学校课余体育训练的业余性

学校课余运动训练的显著特点是业余性,即利用课余时间(每天下午文化课学习后以及每年的寒暑假和其他节假日等)进行运动训练。以学期和学年为周期的运动训练,是其他专业训练所没有的。

4.2.2 学校课余体育训练的基础性

学校课余体育训练主要是进行基础训练,这是由在训学生年龄特征、课余训练以及运动训练规律所决定的。学校课余体育训练的参加者都是青少年,他们处于生长发育的重要时期,所以,这一阶段要着重抓好身体素质和基本技术的训练,不宜过早地对他们施以成年人的训练方法和运动负荷。学校课余体育训练的内容既要全面,又要突出重点,即包括身体、技术、战术、思想、心理和智力等方面。

4.2.3 学校课余体育训练的广泛性

学校课余体育训练的广泛性,是指凡是愿意参加课余训练的学生,不分成绩高低、有无运动天赋,都可以参加课余体育训练。如果能以学生体育俱乐部的形式组织课余运动训练的爱好组和提高组,就能扩大训练对象的范围,不断壮大运动训练队伍。

第5节 学校体育竞赛

5.1 学校体育竞赛的意义

学校体育竞赛是学校体育工作的重要组成部分,是实现学校体育工作任务和目标的重要途径。开展学校体育竞赛有利于吸引更多的学生参加体育锻炼,调动学生为祖国的未来而锻炼的自觉性,推动群众性体育活动的深入和普及,同时还有利于发现、选拔和培养优秀的体育人才。学校体育竞赛也是重要的文化教育内容,可以丰富和活跃校园文化生活,是学校精神文明的窗口。开展学校体育竞赛有助于培养学生胜不骄、败不馁、奋勇拼搏的竞争意识,遵守规则、服从裁判的纪律观念和与人合作的团队精神。

5.2 学校体育竞赛的价值

学校体育竞赛具有多方面的价值,它们是竞技价值、健身价值、欣赏价值和宣传价值。这是由学校体育竞赛的特点所决定的。

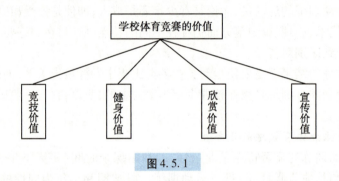

图4.5.1

5.2.1 竞技价值

在体育竞赛中,同学们必须全力以赴,最大限度地发挥自身的体能、技能和智慧等,由此,各种竞技能力得到发挥和锻炼。

5.2.2 健身价值

在体育竞赛中,学生的身体必须承受较大的运动负荷,这有利于促进生长发育,促使身体更加强壮。广播操、太极拳、健美操等群众性健身体育,其健身的价值就更加显著。

5.2.3 欣赏价值

学校体育竞赛中运动员表现出的力量、速度、敏捷性和娴熟的技巧、技能等,可以使学生获得美的享受;运动员巧妙配合的团队精神,敢于承担责任的勇气,顽强的拼搏精神和稳定的心理,又可使学生受到高尚体育人文精神的熏陶和激励,从而振奋精神、增添乐趣,对人生和未来充满信心。

5.2.4 宣传价值

学校体育竞赛在班级与班级、系与系、学校与学校之间进行,可以增加班级与班级、系与系、学校与学校之间的了解,加强学生之间的联系和交流,增进学生之间的友谊,有时也可扩大学校的知名度。

5.3 学校体育竞赛的内容

学校体育竞赛的主要内容是每年春季或秋季举办的全校性田径运动会。其经常设置的项目有短跑、中长跑、接力跑、跨栏跑、跳高、跳远、掷标枪、掷铁饼、扔铅球等。平常开展的单项比赛有广播操比赛、球类比赛、武术比赛;夏季开展的比赛有游泳比赛;冬季开展的比赛有长跑比赛;等等。各种比赛内容非常丰富,形式多种多样。

许多学校除了开展上述常规的体育竞赛外,还根据学生未来职业的特点,积极开展与本专业有密切关系的体育竞赛,具体内容如下图所示:

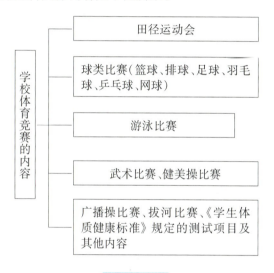

图4.5.2

第6节 小型体育竞赛的组织

学生在学校学习期间,除了参加大型的体育竞赛(如田径运动会、体育节的比赛、游泳比赛)外,平时还会参加在班级之间、年级之间、系与系之间开展的许多小型体育比赛。本节介绍几种组织小型体育比赛的常用方法。

6.1 小型体育竞赛的方法

小型体育竞赛与一般体育竞赛一样,是按照体育竞赛的规则和规程来组织的。其方法主要有淘汰法、循环法等。

6.1.1 淘汰法

淘汰法又称淘汰赛,是指在比赛的过程中,逐步淘汰失败者,最后得出优胜者的一种比赛方法。

淘汰法的优点是：可以在较短的时间内，以较少的比赛场地，安排较多的运动员参加比赛。淘汰法的缺点是：如果安排不当，强手会过早相遇而遭淘汰。为弥补这一缺点，可采用设立"种子"的办法，来克服淘汰赛的不合理性。

淘汰赛又分为单淘汰赛和双淘汰赛两种。下面仅介绍单淘汰赛的比赛方法。

单淘汰赛是失败一次即失掉比赛资格的方法，最后只取一名冠军，所以又称冠军比赛法。该方法多用于乒乓球、羽毛球、网球的单打比赛。其编排方法一般有如下几个步骤：

1. 确定参赛队（人）号码位置数。

采用单淘汰法时，应根据参赛队（人）数，选择与2最接近的、较大的乘方数作为号码位置数。常用的号码位置数有：$2^2=4, 2^3=8, 2^4=16, 2^5=32$ 等。

2. 算出比赛轮次和场数。

轮次数：所确定的号码位置数2的乘方数。

例如：有32人参加比赛，就需要比赛：2~5轮。

场数：参赛队（人）数减1。

例如：有16人参加比赛，就需要比赛：16-1=15（场）。（图4.6.1）

3. 编排比赛次序。

比赛次序排好后，由参赛队（人）抽签填入号码位置，然后将比赛时间、场地等写在表中，即成为正式竞赛次序表。

4. 计算轮空数。

淘汰赛第一轮合适的位置数目应是2的乘方数。如果参赛队（人）没有达到2的乘方数（如5、6、7、9、10、11、12等），则在第一轮比赛设置必要数量的轮空。其计算方法如下：

轮空数：等于或大于参赛队（人）数的乘方数减去参赛队（人）数的差数。

例如：12队（人）参赛，轮空的数量应是：16(2)-12=4队（人）。

编排次序表时，如果有一个轮空队，通常排在最后的位置上；如果有几个轮空队，一般应分别排在各个组的最后，使每个组轮空的机会尽可能相等。（图4.6.2）

图 4.6.1

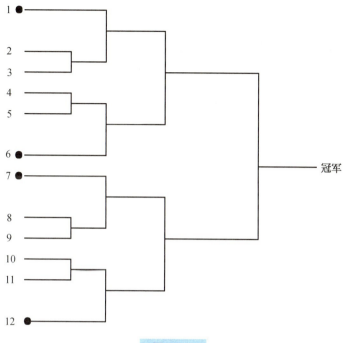

图 4.6.2

如果有的项目(如乒乓球、羽毛球)参赛的人数较多,为了避免强者过早相遇而遭淘汰,一般应先将强者确定为种子,将其均匀地放在相对等的区内,使他们在最后几轮再相遇。

淘汰赛中的种子应为 2 的乘方数。种子的位置通常按运动员的水平顺序安排:1 号"种子"一般放在上半区的顶部;2 号"种子"一般放在下半区的底部;3、4 号"种子"放在上半区的底部和下半区的顶部;5、6 号"种子"放在第 2 和第 3 四分之一区的底部和顶部;7、8 号"种子"放在第 4 和第 1 四分之一区的顶部。这样安排的目的是使同一区的种子相隔最远。

我们也可以用抽签的方法将种子安排在相应的位置上,尽可能使前几轮参赛队(人)的实力相当,使比赛更加精彩。

6.1.2 循环法

循环法又称循环赛,是指参赛者在比赛过程中按一定的顺序,互相轮流进行比赛,最后综合全部比赛的成绩来决定胜负的一种比赛方法。我国足球的甲 A、甲 B 和篮球的 CUBA,以及美国的 NBA 采取的都是这种比赛方法。

循环法是一种较为合理的比赛方法,其优点是使各队(人)都能有互相比赛的机会,产生的名次能较客观地反映各队(人)的实际水平。其缺点是赛程较长,比赛场次较多,有一定的局限性。

循环法可分为单循环、双循环和分组循环等几种形式,下面介绍常用的两种竞赛方法。

6.1.2.1 单循环法

单循环法是指所有的参赛队(人)都要轮流相遇一次,最后根据各队(人)全部比赛的得分决定名次的比赛方法。

单循环法的编排步骤:计算比赛轮数和场次。

轮数：参赛队（人）各赛一场（包括轮空）为一轮。

如果参赛队（人）为奇数，则：轮数 = 参赛队（人）数。

如果参赛队（人）为偶数，则：轮数 = 参赛队（人）数 − 1。

例如：有 10 个队参赛，则轮数为：10 − 1 = 9（轮）。

场数：$\dfrac{队数 \times (队数 - 1)}{2}$。

例如：有 10 个队参赛，则场数为：$\dfrac{10 \times (10-1)}{2} = 45$（场）。

编排比赛次序：

表 4.6.1　8 个参赛队（人）单循环次序表

轮次	第一轮	第二轮	第三轮	第四轮	第五轮	第六轮	第七轮
比赛顺序	1—8 2—7 3—6 4—5	1—7 8—6 2—5 3—4	1—6 7—5 8—4 2—3	1—5 6—4 7—3 8—2	1—4 5—3 6—2 7—8	1—3 4—2 5—8 6—7	1—2 3—8 4—7 5—6

表 4.6.2　7 个参赛队（人）单循环次序表

轮次	第一轮	第二轮	第三轮	第四轮	第五轮	第六轮	第七轮
比赛顺序	1—0 2—7 3—6 4—5	1—7 0—6 2—5 3—4	1—6 7—5 0—4 2—3	1—5 6—4 7—3 0—2	1—4 5—3 6—2 7—0	1—3 4—2 5—0 6—7	1—2 3—0 4—7 5—6

轮次排完后进行抽签，按照抽签号填入队（人）名。最后，将比赛次序编成竞赛日程表。

表 4.6.3　竞赛日程表

轮次	比赛队	比赛时间	比赛场地	裁判员
第一轮	××——×× ××——×× ××——×× ××——××			

6.1.2.2　分组循环法

分组循环法是把参赛的队（人）分成若干小组分别进行单循环赛，各组分出高低来，再根据竞赛规程进行下一阶段的比赛。如世界杯足球赛的小组赛，一般将比赛分成两个阶段，第一阶段为单循环赛，第二阶段把第一阶段各小组名次相同的（或几至几名）重新编组，再进行决定名次的比赛。

例如，12 个队（人）参赛，第一阶段分成两组进行单循环赛，各小组 1~3 名进入第二阶段的 A 组进行单循环赛，决出 1~6 名；各小组 4~6 名进入第二阶段的 B 组进行单循环赛，决出 7~12 名。

6.2 小型体育竞赛的组织

组织一次令人满意的小型体育竞赛,需要经过赛前准备、竞赛中的组织管理和赛后总结等具体而细致的运作过程。

6.2.1 竞赛前的准备

充分而细致的准备工作,是竞赛活动顺利、圆满进行的重要保证。赛前准备主要包括:争取团委、学生会、体育老师和班主任等多方面的支持和配合,利用多种形式进行宣传,聘请裁判员,联系场地,准备器材,制订竞赛表格等。

竞赛前特别要做好下面两项准备工作:

1. 制定竞赛规程。

体育竞赛规程是具体实施一项竞赛的政策和规定,是竞赛的参加者和管理者都必须遵循的法规。

在体育竞赛中,竞赛规则和规程共同协调和制约竞赛的过程。所不同的是,竞赛规则是对技术规范和场地、器材的规定,竞赛规程则着重于竞赛的组织管理。

竞赛规程的内容一般包括:竞赛的名称,竞赛的目的、任务,竞赛的时间、地点、承办单位,参加办法(组队单位、分组办法、限报人数),竞赛办法(竞赛项目、使用规则、录取名额、计分、处罚、奖励办法),报名日期和地点,裁判员和仲裁委员会,特殊规定和注意事项。

2. 进行竞赛编排。

在收到参赛队(人)的报名后,根据竞赛项目的特点和竞赛方法进行竞赛编排。

6.2.2 竞赛中的组织管理

竞赛中的组织管理工作包括组建啦啦队、维持场地秩序、场地器材的管理、现场的宣传鼓动以及必要的医务防护措施等。另外,及时核对每场比赛的结果和累计各队的得分也是竞赛中的重要工作之一。下面介绍几种常用的球类比赛的计分和评定名次的方法。

6.2.2.1 计分方法

表 4.6.4 球类比赛计分方法

计分方法	比赛结果			
	胜	平	负	弃权
A方法	3	2	1	0
B方法	2		1	0
C方法	3	1	0	0

6.2.2.2 评定名次的方法

由于竞赛项目的不同,计分和评定名次的方法也有所不同,但必须在竞赛规程中有明确的规定。

足球计分和评定名次的方法如下:

胜一场得3分,平一场得1分,负一场或弃权得0分,按积分决定名次。

如果两队或两队以上积分相等,按净胜球决定名次;如再相等,按进球总和决定名次;如还相等,可抽签决定名次。如在第二阶段踢成平局,可进行加时赛,可规定加时赛实行"突然死亡法"决定胜负;如还是平局,罚点球决定胜负。

表 4.6.5　足球比赛成绩记录表

队名 比分 队名	01A1	01B1	02A1	02B2	03C1	积　分	进球总和	失球总和	净胜球	名　次
01A1										
01B1										
02A1										
02B2										
03C1										

篮球计分和评定名次的方法如下：

胜一场得 2 分,负一场得 1 分,弃权得 0 分,按积分决定名次。

如果两队积分相等,两队之间比赛胜者在先。

如果三队或三队以上积分相等,按各队之间比赛胜负场数多少决定名次;两队之间比赛胜者在前。如再相等,则按它们相互比赛净胜分数决定名次;如还相等,按它们之间比赛的得失分率(得分之和/失分之和)决定名次,依此类推。

表 4.6.6　篮球比赛成绩记录表

队名 比分 队名	01A1	01B1	02A1	02B2	03C1	积　分	得失分率	总得失分率	名　次
01A1									
01B1									
02A1									
02B2									
03C1									

排球计分和评定名次的方法如下：

胜一场得 2 分,负一场得 1 分,弃权得 0 分,按积分决定名次。

如果两队或两队以上积分相等,按全组胜负局比值(胜局总数/负局总数)决定名次,比值高者列前;如再相等,则按全组总得失分的比值(得分总数/失分总数)决定名次,比值高者列前。

6.2.3　赛后总结

比赛结束后,不可轻视赛后的总结,因为这是吸取经验教训、增长才干的难得的机会。赛后应做的工作有：及时公布比赛结果;奖励优胜和宣传高尚的体育道德作风;整理总结比赛成绩和经验,并报相关部门存档。

1. 学校体育的目标是什么?
2. 有 7 个队参加篮球比赛,请你编写单循环比赛日程表。

第 5 章　大学生的体能锻炼

第 1 节　体　　能

1.1　体能的概念

体能又叫体适能,是一种满足日常生活需要和完成身体各种活动任务的能力。体能作为人体活动所必须具备的能力,是与生俱来的。保持良好的体能可以使我们的身体更加健康、精力更加充沛、生活更加幸福,从而提高我们的生命价值。

良好的体能来自于长期的、坚持不懈的体育锻炼;如果中断体育锻炼,体能就会下降。体育锻炼是提高体能水平的主要途径,但良好体能的获得还与科学的生活方式有关,如科学的饮食方法、良好的口腔卫生、合理的作息习惯、充足的睡眠和锻炼后的恢复等。

1.2　体能的分类

根据体育健康和运动训练的不同需要,体能可分为两类:健康体能和运动体能。健康体能包括心肺耐力、柔韧性、肌肉力量、肌肉耐力、身体成分等。运动体能包括从事运动训练和竞赛所需要的速度、力量、灵敏度、协调性、平衡能力和时空判断能力、反应时等。

健康体能(亦称健康体适能)是面向大众而言的,它以促进身体健康为宗旨,以下对此作具体说明。

1.2.1　心肺耐力

心肺耐力指个体长时间持续进行身体活动的能力。心肺和心血管的功能对于人体所需要的氧和营养物质的输送及分配,对排除体内的废物具有重要的作用。具有良好的心肺功能,可以保证坚持持久的工作和适应紧张的学习及研究工作;从事运动场上的各种活动和竞赛,更需要良好的心肺耐力。

1.2.2　柔韧性

柔韧性是支撑身体运动器官的机能特性,它决定着身体各种活动的幅度和灵活程度。柔韧性可通过经常性的身体练习而得到提高。柔韧性训练是体育锻炼项目中必需的体能训练成分之一。它对于提高身体活动能力、预防运动损伤以及保持优美的体态具有重要的作用。

1.2.3　肌肉力量

肌肉力量是指一块肌肉或一组肌肉群克服阻力的活动能力。人体的任何活动都需要力量的参与。发达强壮的肌肉可以预防关节和韧带的扭伤、肌肉的疼痛和身体的疲劳。在锻炼肌肉力量时,应注意使身体各个部位全面、均衡地发展。

1.2.4 肌肉耐力

肌肉耐力是指一块肌肉或一组肌肉群能够长时间工作的活动能力。耐力与肌肉力量有关;耐力好的人不容易疲劳,学习、科研和工作的效率较高。

1.2.5 身体成分

身体成分包括人体的肌肉、骨骼、脂肪和其他。体能与体内脂肪的关系非常密切。脂肪过多者是不健康的,在活动时常常较常人消耗更多的能量,加重心肺功能的负担。脂肪过多者易患高血压、糖尿病、心血管疾病等。另外,肥胖也使人的心理健康水平下降,寿命缩短。所以,要保持适量的体内脂肪,平时就应注意能量的吸收和能量消耗之间的平衡。经常的体育锻炼是控制脂肪增加的有效手段。

第2节 提高身体素质的原理与方法

身体素质,是指人体在体育运动中和日常生活中所表现出来的力量、速度、耐力、灵敏度和柔韧性等机能能力的总称。它是衡量体质状况的一个重要标志。身体素质取决于肌肉本身的解剖、生理特征与生物化学成分,肌肉工作时的能量供给,各组织的物质代谢,内脏器官的配合和神经系统的调节能力。

2.1 增强力量素质的原理和方法

力量是身体或身体某部分肌肉工作时克服阻力的能力。肌肉收缩是人体运动的动力;在中枢神经系统的统一调节下,肌肉活动构成人体运动的核心;体内其他器官系统的活动,都是为了保证肌肉的工作。

任何动作的完成都需要力量,力量素质是速度、灵敏度等其他素质的基础,力量素质和肌肉的发达程度是一致的。因此,增强力量对塑造良好的体形、促进血液循环、增强体力有着重要的作用。

2.1.1 力量素质的分类

1. 按动力性力量的特征分类,力量可分为最大力量、速度力量(爆发力)、力量耐力3种。

最大力量,又称绝对力量,是指在神经中枢的支配下,肌肉任意收缩所产生的力量,如举重、投掷等。

速度力量,又称爆发力,是指人体在最短时间内表现出最大力量的能力。爆发力的大小,是以肌肉快速收缩,使重量恒定的人体和器械获得加速度与所需要时间的比值来确定的。体育运动中大多数动作都是在快节奏或爆发性用力的情况下完成的,如跳跃、投掷、短距离的起跑、冲刺等动作,都要发挥速度力量。

力量耐力,是人体(或某一肌群)在长时间力量运动中机体对抗疲劳的能力,如长距离跑、引体向上、俯卧撑、游泳等动力性的练习,以及屈臂悬垂等静力性的练习。

2. 按人体表现出来的力量与体重的关系分类,力量可分为绝对力量和相对力量。

绝对力量是在不考虑本人体重因素情况下所表现出来的最大的力量数值,如投掷、划船、举起杠铃的最大重量,用握力计、拉力器测量出来的最大的力量数值等。

相对力量是指每千克体重所表现出来的力量(相对力量=绝对力量/自身体重)。

2.1.2 增强力量素质的方法

1. 超负荷练习。

力量素质只有在对肌肉不断地进行强烈刺激,并且每一次刺激的强度超过前一次时,才会得到发展。所以,训练时要不断地增加负荷,大负荷能够使更多的肌肉群参加工作,刺激人体内环境产生一系列的生理生化适应性变化,增强肌肉力量。小负荷或中等负荷对发展肌肉体积有利,对增加力量的效果则不如大负荷。

2. 各种力量的练习方法。

发展力量耐力可采用小负荷(最大负荷的40%强度)、重复次数多(每组15~30次以上,6~10组)的间歇(休息1~5分钟)练习。

表5.2.1 发展力量的方法

练习要求	力量性质	绝对力量	速度力量	力量耐力
强度		大(80%~100%)	中(60%~80%)	小(40%~60%)
组数		少(2~4组)	中(4~6组)	多(6~10组)
次数		少(1~5次)	较多(5~15次)	多(15~30次)
速度		混合速度	快速	快速或慢速
密度		较小	中等	较大

2.1.3 增强力量素质的注意事项

1. 准备活动要充分,锻炼时注意力要集中,要循序渐进,重量由轻到重,速度由慢到快。

2. 发展力量的一般规律是从最大负荷的40%开始,增加次数和组数——增加重量——再增加次数和组数——再增加重量。如此循环往复,每周3次,坚持6周以上就有一定的效果。

3. 力量练习,要经常坚持,如果中断练习3~5天,力量就会消退。所以,锻炼要坚持不懈。

4. 试验表明,隔日训练的力量增长率较高。

5. 发展力量素质要和速度练习和放松练习相结合,包括上肢力量、下肢力量和躯干力量。进行力量练习时,身体各个部位和各种动作练习交替进行效果较好。

6. 要全面发展身体各个部位的力量。先大肌肉群,后小肌肉群,全面交替锻炼。要防止部分肌肉重复锻炼,以至造成过度疲劳和畸形发展。

7. 力量练习极限用力时,需要憋气,使肌肉更能紧张用力。憋气会对心血管机能产生不良影响,增加胸膜腔内压,减少回心血流和心血流输出量,导致暂时性脑贫血。所以,力量练习除短时间外,尽量不要憋气,或用声门慢慢呼气;完成动作练习前,不要做深吸气,一般以中度吸气为宜。

2.2 增强速度素质的原理和方法

速度素质是人体在最短的时间内完成快速动作的能力。发展速度素质能够提高大脑皮层兴奋与抑制过程转换的灵活性和中枢神经系统的协调性。速度素质对短距离跑、游泳、球类等运动项目起直接的决定性作用。

2.2.1 *发展速度素质的分类*
速度分为反应速度、动作速度和移动速度。

1. 反应速度指人体对外界各种刺激反应快慢的能力,如短跑项目的起跑,拳击、击剑等对抗性运动中的出击躲闪、反击动作等。
2. 动作速度指人体完成某一个动作快慢的能力,如起跑速度、投掷项目中的出手速度、跳跃运动的踏跳速度等。动作速度与机体的准备状态,动作技术、技能的熟练程度和爆发力等因素密切相关。
3. 移动速度是指单位时间内人体移动的距离。一般指周期性的运动项目。

2.2.2 *发展速度素质的方法*
1. 运用各种突发信号,进行反应速度的练习。
2. 以最快的速度,在最短的时间内反复进行练习,如50米、100米跑。
3. 利用外界特定的条件,减轻器械的重量反复进行快速练习等。
4. 通过掌握正确的预备姿势,形成较大的工作距离,发展动作速度。

2.2.3 *发展速度素质的注意事项*
1. 发展速度的练习应在体力充沛、精神饱满、运动欲望强烈的状态下进行。
2. 动作速度取决于中枢神经系统的协调性、灵活性与力量、灵敏度、耐力等因素。周期性动作的每个动作效果(如跑步的步幅、游泳的划幅)是提高移动速度的重要因素。
3. 静力练习、慢速力量练习和机械的单一练习,对提高速度效果不大。

2.3 增强耐力素质的原理和方法

耐力是人体长时间进行肌肉活动的能力,也可看作长时间克服疲劳的能力,是有机体生理机能和心理素质的综合表现。发展耐力素质对提高人的健康水平和增强人的体质有着重要的作用。它可提高中枢神经系统支配有机体长时间参加肌肉活动的协调性,提高心血管系统和呼吸系统的机能活动能力,提高人体物质能量供给的能力。人们通常把耐力和力量作为体力的主要标志,它也是人体健康和体质强弱的一个主要标志。

2.3.1 *耐力素质的分类*
1. 按运动的表现形式,耐力可分为速度耐力和力量耐力。
速度耐力指人体在较长时间内保持快速运动的能力。
力量耐力指人体在较长时间内保持用力的能力。
2. 按运动对机体的影响,耐力可分为肌肉耐力和心血管耐力。
肌肉耐力指人体在较长时间内肌肉持续收缩的能力。
心血管耐力指人体心血管系统和呼吸系统持续工作的能力。
3. 按运动时能量供应的特点,耐力可分为有氧耐力和无氧耐力。

有氧耐力指机体长时间在有氧供能充足的情况下进行工作的能力。运动能否维持长时间的有氧分解供能,取决于人体内糖和脂肪的储备是否充足。

无氧耐力指身体在缺氧的状态下克服疲劳的能力。快速运动时,存储在肌肉内的ATP(三磷酸腺苷)供应能量,CP(磷酸肌酸)随即分解,补充ATP的再合成,这个过程非常快,不需要氧也不会产生乳酸。研究表明,全身肌肉的ATP-CP供能仅够维持8秒钟左右,恢复的时间不少于30秒钟,其强弱与肌肉运动的加大速度有关。当快速运动持续8~10秒钟时,ATP-CP不能继续供能,需要动用糖原进行分解,又称乳酸供能,其最大持续时间为33秒左右,恢复时间为2~3分钟。乳酸供能的强弱主要与速度耐力有关。

耐力素质与心脏功能的强弱有关。耐力的训练可以使心率减缓,心容积增大,心肌收缩有力,每搏输出量增加,大大提高心脏的功能和健康水平。

2.3.2　发展耐力素质的方法

发展耐力主要采用长时间持续负荷法。多采用走、跑、游泳等周期性动作和长时间从事某些内容的身体锻炼。匀速和变速的长跑(或游泳)锻炼是发展有氧耐力的最好方法。人体的锻炼应以发展有氧耐力为主,但因个人的情况不同,锻炼时一定要因人、因地、因时制订计划,利用时间(持续或间歇)、距离和强度3个因素,控制好运动量。对健康的学生来说,每次锻炼的负荷时间不少于5分钟,一般应在30分钟左右,心率应达到140~160次每分钟,每周坚持3~4次。这样一般都能取得良好的效果。

2.3.3　发展耐力素质的注意事项

1. 耐力练习不但是身体素质的训练,而且是意志品质的培养过程,所以进行耐力训练,除了要采用多种多样的练习手段,增加锻炼的兴趣外,还要有意识地克服畏难情绪,强调坚韧不拔和绝不放弃的意志品质的培养。

2. 耐力练习要结合本专业的特点,以适应未来工作的需要。

2.4　增强灵敏素质的原理和方法

灵敏素质,是指人体在突变和复杂的情况下,灵活、快速而准确地完成动作的能力。它是人体对动作技能的掌握和运动素质的发展在运动中的综合表现。发展灵敏素质对提高大脑皮层神经过程的灵活性,对发展人的反应能力,提高速度和动作的准确性、协调性以及学习掌握各种各样的动作都有积极的作用。

2.4.1　发展灵敏素质的方法

1. 灵敏素质的发展取决于大脑皮层神经过程的灵活性和协调性。锻炼时,要求采用多种多样的练习方法和手段,如体操、球类活动、游戏、武术以及一些对抗性项目的锻炼。对各种动作的技能掌握得越多越熟练,就会显得越灵敏。

2. 在各种变化和复杂的条件下进行练习,能提高反应能力,发展灵敏度。

3. 灵敏素质的发展还有赖于其他素质的发展,因而可采用发展其他素质的方法来发展灵敏度。

2.4.2　发展灵敏素质的注意事项

1. 发展灵敏素质应该在准备活动之后,大脑比较兴奋、体力比较充沛时进行。

2. 发展灵敏素质要结合掌握的技术动作,与发展其他素质一起进行。

3. 要求遵循从易到难、从简到繁、不断地变化练习的形式,要增加练习的积极性和趣味性,以达到锻炼的预期目的。

2.5 增强柔韧素质的原理和方法

柔韧素质,是指人体关节的活动幅度、肌肉和韧带的伸展转动的能力。发展柔韧素质对充分表现身体各部位的动作幅度,提高动作的美感和质量,减少伤害事故有积极的作用。

2.5.1 发展柔韧素质的方法

1. 采用静力性和动力性拉长肌肉和结缔组织的方法。

静力性是指做相对静止的一些练习,并保持一定的时间,逐渐拉长肌肉和结缔组织,如压腿、压肩的练习。

2. 用主动和被动相结合的方法。

主动的形式是自己控制肌肉伸展收缩和关节的范围。被动的形式是在别人的帮助下,迫使肌肉伸展收缩和关节活动的范围增大。实践证明,采用主动和被动相结合的锻炼形式效果较好。

2.5.2 发展柔韧素质的注意事项

1. 准备活动要充分,动作要由小到大、由慢到快、循序渐进,以防止肌肉撕裂或拉伤肌纤维、韧带组织。实践证明,锻炼40~60分钟后,练习柔韧性最好。同时,要注意与放松练习交替进行,以保持肌肉原有的弹性和伸缩能力。

2. 发展柔韧素质比发展其他素质容易见效,但也容易消退,因而需要坚持锻炼。

3. 发展柔韧素质时还应注意发展速度和力量,要求在加大动作幅度的同时,加大动作的速度和力量。

第3节 "超量恢复"

我们都有这样的体会,在体育锻炼中身体要消耗掉大量的热量和能量,经过一段时间后,我们还会感到疲劳。通常经过适当的休息,体育锻炼中消耗掉的物质才会得到补充,能量物质和身体各器官系统下降的机能才能恢复到运动前的水平,甚至超过以前的水平,这种规律被称为超量恢复(亦叫超量补偿)。

研究表明,超量恢复的程度和出现的早晚与所完成的运动量有密切关系。在一定的限度内,运动量大时,消耗的能源物质多,出现的超量恢复程度就大;运动量小时,消耗的能源物质少,出现的超量恢复程度就小。如果运动量过大,会使恢复期延长,甚至造成过度疲劳,损害健康。如果运动量过小,超量恢复不明显,则影响锻炼的效果。

超量恢复是提高体能,增进健康的客观规律,我们应在体育锻炼的实践中,科学地加以利用。在体育锻炼中,运用超量恢复的规律指导身体锻炼应注意以下两种情况:

3.1 超量恢复的生理与实践意义

1. 能正确运用超量恢复原理,使身体锻炼、训练的效果更佳。一般来讲,在超量恢复阶段进行下一次锻炼或训练效果最好,运动成绩提高最快。因为在这个阶段体内能量物质最充足,机能水平也高,并可以适当加大运动负荷,形成更高一层次的超量恢复。下次运动时间过早或过晚都会影响运动效果,甚至导致无效。

2. 在一定生理范围内,可以最大限度提高人体机能和健康水平。运动负荷是施加于身体的一种综合刺激,根据刺激与反应的生物学原理,在一定的生理范围内,运动负荷越大,人体的机能反应也越大,能量消耗也越多,引起的超量恢复越明显,锻炼或训练效果就越好。所以,超量恢复是人体从事大运动负荷(极限负荷)的十分重要的生理学依据。

3. 不同性质的身体运动,可以引起不同营养物质和机能的超量恢复。力量型练习,主要是促使肌肉中蛋白质的超量恢复,肌纤维增粗,力量增大;速度型练习,主要促使肌肉中磷酸的超量恢复,使肌纤维的收缩速度加快;耐力型练习,主要促使肝糖原的超量恢复,可以提高身体机能的耐久力。上述三种能源物质中,肌肉中的磷酸肌酸出现超量恢复最快,因此速度素质有时候提高较快,但消失也快;肝糖原较磷酸肌酸超量恢复慢;蛋白质的超量恢复出现最慢,但消失的速度也最慢。

3.2 超量恢复的运用及其注意事项

1. 身体进行不同性质的运动时,要注意有严格的间歇时间。要强调是在超量恢复阶段进行下一次身体运动。有资料证明,跑100米后磷酸肌酸在2~5分钟时可出现超量恢复;在进行大负荷耐力练习后,肌糖原约在第15分钟时便出现超量恢复;力量练习后蛋白质到第3、第4天出现超量恢复;马拉松跑后,脂肪要在第3、第4天才出现超量恢复;大负荷的游泳练习后,整个身体机能在第5~8天后才会出现超量恢复。

2. 并非是无原则的运动负荷越大,超量恢复越明显。无论是哪种性质的身体运动都要在生理"极限"范围内进行大负荷练习,负荷过小,则练习无效果;负荷超生理"极限",则可能伤害身体,影响健康。生理"极限"要根据个人的特点,做到心中有数。

3. 身体运动后的恢复手段要正确。如果运动后恢复手段不得力,一方面形成不了超量恢复,另一方面可能形成疲劳积累,导致明显的机能下降,影响锻炼效果和身体健康。

4. 初次起步参加身体运动,特别是青少年身体基础较差者,不得急于求成。在这种条件下,首先要掌握一些超量恢复的原理和相关知识;另外在追求超量恢复效果时,要注意循序渐进,掌握各种练习技能。

第4节 运动技能形成的机制

随着体育锻炼的不断深入、锻炼习惯的养成,我们对体育运动的兴趣会越来越浓。

运动技能是指人体运动中掌握和有效完成专门动作的能力。这种能力包括大脑皮层主导下的不同肌肉的协调性运动,因而它又是在准确的时间和空间正确地运用肌肉的能力。

运动技能是怎样形成的呢? 科学研究表明,人的一切随意活动,都是反射。而随意运动的生理机制是以大脑皮质为活动基础的暂时性神经联系。因此,学习和掌握运动技能,其本质就是建立运动条件反射的过程。

运动技能的形成可分为泛化、分化和巩固三个阶段。

4.1 泛化阶段

在学习任何动作的初期,通过老师的讲解和示范,人们还只能获得一种感性认识,对运动技能的内在规律并不完全理解。此时,大脑皮质中的兴奋和抑制呈现扩散状态,使条件反射暂时的联系不稳固,出现泛化现象。

这一阶段往往肌肉僵硬、不协调、出现多余的动作,完成动作很费力。

4.2 分化阶段

随着不断的练习,初学者对动作技能的内在规律有了初步的认识,逐渐消除了一些不协调和多余的动作。此时,大脑皮质中的兴奋和抑制呈现逐渐集中状态,特别是分化抑制过程加强,大脑皮质便进入了分化阶段。此时,错误动作得到纠正,能比较顺利地完成动作。初步建立了动力定型(暂时建立了条件反射),但还未得到巩固。一遇到新异刺激,仍会出现错误和多余的动作。此时,应仔细体会动作的要领和细节,使动作更加熟练和准确。

4.3 巩固阶段

经过进一步的反复练习,完成动作的成功率越来越高,动作越来越准确、优美。这表明建立的运动条件反射已经得到巩固,大脑皮质中的兴奋和抑制在时间和空间上越来越集中和精确。这时还会出现动作自动化,比如在场上运球,我们可以把主要的注意力放在观察同伴和对手的位置上。

运动动力定型越巩固,完成动作就越轻松自如。运动实践表明,掌握的基本动作越多、越熟练,学习新的运动技能就越快。

运动动力定型巩固后,还需勤奋练习,精益求精。如果中断练习,巩固了的动力定型还会消退,动作越复杂,消退越快。

第 5 节 体能的自我评价

在开始进行体育锻炼时,有必要对自己的体能和健康状况作出正确的评价,这有助于我们了解自己的身体,设置合理的目标,制订适合自己的体育锻炼计划,更加科学地进行锻炼。

本节介绍一组体能状况的自测方法,这些方法简便实用,学生完全可以自己掌握,并据此进行自我评价。自测的内容包括与健康有关的体能成分:心肺耐力、柔韧性、肌肉力量、肌肉耐力、身体成分等。

5.1 锻炼前的健康状况评价

在参加体育锻炼前是否需要进行体格检查,目前的观点认为:

1. 20 岁以下的大学生无须体检就可参与中低强度的身体练习。
2. 30 岁以上的人在参与体育锻炼前应进行体格检查,特别是肥胖和脑力劳动者更为需要。

3. 参与锻炼前需注意以下几点:
（1）18～29岁（男、女）在参与锻炼前两年内应进行体检,并完成自评量表5.5.1。
（2）30～39岁（男）、30～44岁（女）：在参与锻炼前一年内应进行体检,并完成自评量表5.5.1。
（3）40岁和40岁以上（男）或45岁和45岁以上（女）：在参与锻炼前一年内应进行体检,并接受在医生指导下的重点测试（如运动心电图）。

表 5.5.1　健康状况自评量表

1. 在运动时或运动后,你是否有胸部疼痛或受压的感觉?
2. 在爬楼梯、迎冷风行走或参加任何体育活动时,你是否有胸部不适感?
3. 你的心脏是否曾经不规则地跳动或悸动或早搏?
4. 在无明显原因的情况下,你是否有过心律突然加快或减慢的经历?
5. 你是否有规律地服用过药物?
6. 医生是否曾经告诉过你,你的心脏有问题?
7. 你是否有诸如哮喘这样的呼吸疾病,或在从事轻微的体力活动时是否呼吸短促?
8. 你是否有关节或背部的疾患,从而使你在运动时感到疼痛?
9. 你是否存在下列心脏病的隐患:（1）高血压;（2）高胆固醇;（3）超过标准体重的30%以上;（4）长期吸烟;（5）近亲在55岁以前曾经有心脏病史。

5.2　评价心肺耐力

心肺耐力是反映人的心肺功能的适应能力。测量心肺功能的适应能力最精确的方法是对人的最大吸氧量进行评价。常用的方法有12分钟跑测试和哈佛台阶试验两种。

5.2.1　12分钟跑测试

12分钟跑测试是目前世界上最简单的评价心肺耐力的方法之一。运动生理学的研究表明,心肺耐力好的人要比心肺耐力差的人在12分钟内跑更长的距离。

12分钟跑测试注意事项如下:
1. 测试最好在田径场跑道上进行。做好准备活动,尽量快跑。
2. 12分钟测试跑对积极参加体育锻炼的大学生非常合适,但不适合30岁以上的脑力劳动者。
3. 应选择在气温适宜的季节进行12分钟跑测试,尽量不要在非常热和非常冷的天气条件下进行。

表 5.5.2　用12分钟跑测试评价心肺耐力的参考标准（千米）

适应能力等级	年　龄 13～19	年　龄 20～29
男		
很差	<2.08	<1.95
较差	2.08～2.15	1.95～2.10
一般	2.19～2.49	2.11～2.39

续表

适应能力等级	年龄 13～19	年龄 20～29
较好	2.50～2.75	2.40～2.62
良好	2.76～2.97	2.63～2.82
优秀	>2.98	>2.83
女		
很差	<1.60	<1.54
较差	1.60～1.89	1.54～1.78
一般	1.90～2.06	1.79～1.95
较好	2.07～2.29	1.96～2.14
良好	2.30～2.41	2.15～2.32
优秀	>2.42	>2.33

5.2.2 哈佛台阶试验

肺活量指数＝肺活量(毫升)/体重(千克)

脉搏比指数＝定量运动负荷后的脉搏(次/分)/运动前的安静脉搏(次/分)

说明：该公式通过人体在定量负荷后的脉搏与运动前的安静脉搏的比值来反映心脏机能水平。该数值的大小可以说明心脏机能最大动员程度的潜力如何。数值越大，健身锻炼的水平越高。

哈佛台阶试验指数＝[台阶运动持续时间(秒)/2×恢复期3次脉搏之和]×100

说明：此指数可以量化评定心血管机能水平，有效地、客观地了解和评定心血管机能状况和工作能力，指数值越大，心血管机能水平越高，经常参加锻炼的人、心血管机能强的人，在运动时表现为心跳次数少，脉搏频率低。

方法如下：

受试者以每分钟30次的频率上下台阶(男：台阶高40厘米，女：台阶高30厘米)持续5分钟，共上下台阶150次。要求腿要伸直，做完后，测出恢复期第2、3、5分钟前30秒的脉搏数，然后按公式计算指数。

握力指数＝最大握力(千克)/体重(千克)，反映肌肉力量与体重的关系，表示肌力的大小。

5.3 评价柔韧性

通过柔韧性测试，可以了解自身各关节的柔韧程度。柔韧性程度越好，关节的活动的幅度范围越大，人的关节灵活性就越强。一般来说，年龄越小，柔韧性越好；随着年龄的增大，柔韧性就越来越差。柔韧性对不同年龄的人都是非常重要的。

每个人对柔韧性的需要是不同的。运动员为了完成复杂的动作和身体造型，提高运动成绩，需要良好的柔韧性。普通人虽然对柔韧性的需求较低，但是为了满足日常生活、工作的需要,也需要具有一定水平的柔韧性。

柔韧性是根据关节的骨结构、关节周围组织的体积、髋关节韧带、肌腱和皮肤的伸度性来衡量的。迄今为止,尚无单一的测试方法来评价整个人体的柔韧性,通常采用测量躯干和肩部柔韧性的方法。

5.3.1 躯干柔韧性测试

坐位体前屈测试主要是评价躯干柔韧性水平,这一方法牵拉的是背部浅层肌肉和大腿后部的肌肉。

坐位体前屈测试的方法:受试者上体垂直坐着,两腿伸直,腿跟并拢,脚尖分开约10~15厘米,用整个脚底面顶着盒子。两手并拢,两腿和手伸直,渐渐使上体前屈,并尽可能地用两手指指尖轻轻推动标尺上的游标向前滑动,直到不能继续前进为止,保持这一姿势3秒钟。测量3次,取最好的成绩。记录的成绩以厘米为单位,数据精确到小数点后一位。

特别需要注意的是,在测试前,受试者应做短时间的牵拉练习作为热身运动。为了减少受伤,应避免在测试时快速运动。测试时,应有一个同伴帮助你保持腿伸直和记录得分。完成测试后,查看表5.5.3,确定柔韧性等级,负值表明你不能摸到自己的脚趾,而正值显示手指可超过脚趾。

表5.5.3 坐位体前屈测试评价躯干柔韧性的参考性标准

单位:厘米

年　龄	性　别	1分	2分	3分	4分	5分
20~24岁	男	-3.5~1.7	1.8~8.9	9.0~14.1	14.2~20.1	>20.1
20~24岁	女	-2.1~2.8	2.9~9.4	9.5~14.3	14.4~20.2	>20.2
25~29岁	男	-5.5~0.9	1.0~7.8	7.9~13.4	13.5~19.7	>19.7
25~29岁	女	-3.5~1.9	2.0~8.2	8.3~13.9	14.0~19.7	>19.7
30~34岁	男	-7.0~-0.1	0.0~6.4	6.5~11.9	12.0~18.3	>18.3
30~34岁	女	-4.0~1.6	1.7~7.9	8.0~13.3	13.4~19.2	>19.2
35~39岁	男	-8.7~-2.4	-2.3~4.9	5.0~10.7	10.8~17.1	>17.1
35~39岁	女	-8.7~-2.4	-2.3~4.9	5.0~10.7	10.8~17.1	>17.1

注:表5.5.3选自《国民体质测定标准手册　成年人部分》,2003年。

5.3.2 肩部柔韧性测试

肩部柔韧性测试评价的是肩关节的活动范围。测试的方法是:身体直立,举起右手,前臂向体后下放弯曲,并尽量向下伸展,同时,用你的左手去触及右手,尽可能使两手手指重叠。完成右手在上的测试后,再进行左手(相反方向)在上的测试。一般来说,两侧的柔韧性总是存在差异的。

两手手指所重叠的距离就是肩部柔韧性测试的得分。测量手指重叠,如果一指重叠,应记为2.5厘米;如果两手重叠,应记为5厘米。反之,如果两手手指不能重叠,得分应记为-2.5厘米;如果两手手指刚好碰到,得分应为0。

测试前,应有一个短时间的伸展练习作为热身活动,并且为了预防受伤,应避免在测试中快速移动,完成测试后,根据表5.5.4,确定肩关节柔韧性的等级。

表 5.5.4　评价肩关节柔韧性的参考标准

右手在上得分	左手在上得分	柔韧性等级
<0	<0	很差
0	0	较差
+2.5	+2.5	一般
+5	+5	较好
+7.5	+7.5	好
+10	+10	优秀

注：表 5.5.4 选自 Power,S. K. Total Fitness,1999。

5.4　评价肌肉力量

肌肉力量是肌肉紧张或收缩时表现出的一种能力,是人体运动的首要素质。

评价肌肉力量可采用一次重复最大量(1RM)测试,即测试一次举起的最大重量。

一次重复最大量测试的方法已被广泛使用,但由于这种测试易导致损伤,被测者应在经过几周力量练习,并在技术和力量方面都有所提高的情况下进行测试,以避免受伤。一般来说,高职学生只需要 1~2 周的力量练习便可参加 1RM 测试。1RM 测试旨在测试选定的肌肉群力量,测试方法如下：

先做 5~10 分钟有关肌肉群的准备活动,然后,选择毫不费力举起的重量进行练习,并逐渐增加重量直到只能举起一次。

测试上体肌肉群力量可用负重屈肘、肩上举和仰卧推举三种方法,测试下肢腿部肌肉群力量采用坐蹲腿的方法,表 5.5.5 是中、高职学生年龄段的测试成绩标准,计算测试成绩的方法是：

用你的 1RM 重量除以体重再来乘以 100,即为你的肌肉力量分数。例如,假定一位 60 千克的男同学,他的仰卧推举为 75 千克,那么他的肌肉力量分数为：

肌肉力量分数 = 1RM/体重 ×100

即：肌肉力量分数 = 75/60 ×100 = 125

根据下表,这位男同学的仰卧推举的肌肉力量得分为 125,属于"较好"的等级。

表 5.5.5　一次重复最大量测试中肌肉力量得分的参考标准

练习方法	力量等级					
	很差	较差	一般	较好	好	优秀
男						
仰卧推举	<50	50~59	100~110	1~130	130~149	>149
负重屈肘	<30	30~40	41~54	55~60	61~79	>79
肩上举	<40	41~50	51~67	68~80	81~110	>110

续表

练习方法	力 量 等 级					
坐蹬腿	<160	161~199	200~209	210~229	230~239	>239
女						
仰卧推举	<40	41~69	70~74	75~80	81~99	>99
负重屈肘	<15	16~34	35~39	40~55	56~59	>59
肩上举	<50	51~46	47~54	55~59	60~79	>79
坐蹬腿	<100	101~130	131~144	145~174	175~189	>189

注：表5.5.5选自Power, S. K. Total Fitness, 1999。

5.5 评价肌肉耐力

肌肉耐力是指人体长时间工作的能力，即抗疲劳能力。日常生活中有许多工作需要肌肉的反复收缩，所以提高肌肉耐力对工作和健康都有益处。

有许多种方法可以测量肌肉耐力，其中俯卧撑、仰卧起坐和仰卧起身是三种简易的方法。

5.5.1 俯卧撑测试

俯卧撑测量的是肩部、胸部和臂部的肌肉耐力。

规范的俯卧撑测试应按下面方法进行：受测者身体呈俯卧姿势，两手撑地，手指向前，两手间距与肩同宽，两腿向后伸直，两脚撑地。然后屈臂使身体平直下降，使肩与肘部接近同一平面，躯干、臀部和下肢应伸直。当胸部离地2.5~5厘米时，撑起恢复到预备姿势为完成一次。俯卧撑测试步骤如下：

（1）测试前，先做一些俯卧撑练习来热身，休息2~3分钟正式开始。

（2）找一个同伴计数、计时（1分钟）。听到"开始"的口令后开始做俯卧撑。同伴要高声地数俯卧撑的次数，并提示剩余时间（每隔15秒）。只有完成规范的动作，才能被计入总数。因此，要规范完成每一个俯卧撑动作。

（3）完成测试后，根据表5.5.6评价自己的肌肉耐力等级。

表5.5.6 俯卧撑测试评价肌肉耐力的参考标准（男）

单位：次

年龄组（岁）	根据1分钟俯卧撑的次数判定肌肉耐力的等级				
	1分（差）	2分（一般）	3分（较好）	4分（好）	5分（优秀）
20~24	2~12	13~19	20~27	28~40	>40
25~29	4~10	11~17	18~24	25~35	>35
30~34	4~10	11~15	16~22	23~30	>30
35~39	3~6	7~11	12~19	20~27	>27

注：表5.5.6选自《国民体质测定标准手册 成年人部分》，2003年。

5.5.2 仰卧起坐测试

仰卧起坐是应用最广泛的评价腹肌耐力的方法。测试前,受测者仰卧在垫子上,两腿稍分开,屈膝成 90°,两手交叉置于脑后,请同伴压住受测者的两踝关节处。起坐时,以两肘触及或超过两膝为完成一次。仰卧时,两肩胛必须触及垫子。

在仰卧起坐过程中,主要是腹肌在起作用,同时腿部肌肉(如髋部屈肌)也参与了工作,因此,这种测试既评价了腹肌的耐力,也测量了髋部肌肉的耐力。

仰卧起坐测试过程中,应考虑到安全,在测量时需注意以下 3 点:

首先,在起身阶段应避免对颈部产生过大的压力,也就是说,应腹肌用力而不是颈部用力;其次,在恢复原位的时候,应避免头后部敲击地面;最后,禁止用肘部撑垫或借助臀部上挺和下落的力量起坐。到 1 分钟时,受测者虽然坐起,但两肘还未触及或超过两膝时,不记该次数。仰卧起坐测试的步骤如下:

(1) 请一位同伴计时、计数,同伴压住受测者踝部,将其固定在地板上。

(2) 首先做几个仰卧起坐来热身,休息 2~3 分钟后开始。听到"开始"的口令后,即做仰卧起坐 1 分钟。同伴高声记数并提示剩余时间(每隔 15 秒)。只有完成规范的动作才能被计入总数。

(3) 完成测试后,根据表 5.5.7 评价自己的肌肉耐力等级。

表 5.5.7　1 分钟仰卧起坐测试评价肌肉耐力的参考性标准

单位:次

年　龄	性　别	1 分	2 分	3 分	4 分	5 分
20~24 岁	女	1~5	6~15	16~25	26~36	>36
25~29 岁	女	1~3	4~11	12~20	21~30	>30
30~34 岁	女	1~3	4~10	11~19	20~28	>28
35~39 岁	女	1~2	3~6	7~14	15~23	>23

注:表 5.5.7 选自《国民体质测定标准手册　成年人部分》,2003 年。

5.5.3 仰卧起身测试

仰卧起身与仰卧起坐的不同之处在于,首先前者在上升阶段时,上体与垫子的角度不超过 30 度~40 度(即肩部抬起 15~25 厘米);其次仰卧起身避免了背部承受过大的压力,因此,仰卧起身在国外逐渐地取代仰卧起坐,成为更常用的评价腹肌耐力的方法。

仰卧起身的方法是:仰卧于垫子上,两腿稍分开,屈膝成 90 度,两臂伸直,在指尖处贴一胶带,靠近脚后跟的方向再贴一条平行于第一条的胶带(间隔为 8 厘米)。仰卧起身就是抬起你的上身使指尖触及第二条胶带,返回原来的位置。仰卧起身的测试前步骤如下:

(1) 找一个同学帮助你计数,受测者屈膝 90 度躺在垫子上。

(2) 仰卧起身测试没有时间限制,但要在一个较慢的、每分钟 20 个动作的节奏下完成,这个节奏由每分钟 40 次敲击的节拍器引导(身体上升一次敲击,下落时紧接着一次敲击)。

(3) 听到"开始"的口令后,按照节奏完成仰卧起身的动作,请尽量达到 75 次的目标。

(4) 根据下表,判定自己的肌肉耐力等级。

表 5.5.8 仰卧起身测试评价肌肉耐力的参考性标准

年龄组（岁）	根据完成仰卧起身次数评价肌肉耐力的等级				
	差	一般	较好	好	优秀
男					
<35	15	30	45	60	75
35~44	10	25	40	50	60
≥45	5	15	25	40	50
女					
<35	10	25	40	50	60
35~44	6	15	25	40	50
≥45	4	10	15	30	40

注：表5.5.8选自Powers,S. K. Total Fitness,1999。

5.5.4 如何评价肌肉耐力

肌肉耐力的等级范围由差到优秀。如果测试的成绩是"差"或"一般"，说明你现在的肌肉耐力水平要低于同龄人的平均值；如果测试成绩"较好"，则意味着你目前肌肉耐力的水平要高于平均值；如果测试成绩是"好"，则表示你的肌肉水平相当出众；要达到"优秀"可不是轻而易举的事，只有15%的个体才能达到此标准。

如果你的肌肉耐力测试的成绩很差，不要气馁和灰心，只要树立信心，坚持锻炼，3~4周后，你一定能提高这方面的能力。

5.6 评价身体成分

现在有许多评价身体成分的实地技术，这些技术既快速又方便。下面仅介绍两种目前广泛使用的技术。

5.6.1 腰围—臀围比例测试

这一测试的基本原理是，过多的腹部脂肪与疾病（如高血压和心脏病等）的发生是直接相关的。因此，腹部有大量脂肪的人腰围—臀围比例高，他们比腰围—臀围比例低的人更容易患心脏病和高血压。测量腰围—臀围比例的方法如下：

（1）测量的工具是无弹性的卷尺。站立，不要穿宽大的衣服，否则，会使测量发生偏差。测量时，卷尺紧紧地贴在皮肤上，但不能陷入皮肤，测量数据精确到毫米。

（2）测量腰围时，把卷尺放在肚脐水平处，并在呼气结束时测量。

（3）测量臀围时，把卷尺放在臀部最大周长处。

（4）完成测量后，用腰围除以臀围，得出腰围—臀围比例等级。

表 5.5.9 腰围—臀围比例的等级评价

等级（病的危险）	男	女
高危险	>1.0	>0.85
较高危险	0.90~1.0	0.80~0.85
较低危险	<0.90	<0.80

注：表5.5.9选自Power,S. K. Total Fitness,1999。

5.6.2 体脂指数（Body mass index，BMI）测试

BMI 测试是一种辅助性的测试身体成分的方法，容易被大多数人接受，体脂指数反映了个人身体成分的状况，其计算公式为体重除以身高的平方。

BMI = 体重(KG)/身高的平方(m^2)

例如，如果一个人重 65 千克，身高 1.70 米，那么此人的 BMI 比值为：BMI = 65(KG)/$(1.70m)^2$ = 22.5

计算出你的 BMI 后，用表 5.5.10，评价你的体脂程度。

BMI 的测试原理是：低百分比体脂者的 BMI 也低。根据这一原理，男性和女性的 BMI 分别小于 25 和 27 的属于"不肥胖"类；相比较而言，男性和女性的 BMI 超过 40 的为极度肥胖；小于或等于 20 的为体重过轻；BMI 在 25.1~30 的为体重过重；20.1~25.0 的为标准体重范围。

表 5.5.10 体脂程度分类

肥胖指数	BMI(体重/身高^2)	
	男	女
最佳体脂	<25	<27
较高体脂	25~30	27~30
高体脂	31~40	31~40
极高体脂	>40	>40

注：表 5.5.10 选自 Power,S. K. Total Fitness,1999。

5.6.3 身体成分评价

研究表明，男性理想的体脂在 10%~20% 范围之内；女性理想的体脂在 15%~25%。在此范围内称最适范围，在这个范围内，与体脂有关的各种疾病的发生率较低。体脂如果高于最适范围，则容易产生疾病。

值得指出的是，体脂的百分比如果低于最适范围，同样对人体不利。研究表明，体脂所占的比例低也会出现各种健康问题，这是因为体脂所占比例低往往与营养不良和肌肉内能减弱有关。

思 考 题

1. 提高身体素质的原理是什么？
2. 利用"12 分钟跑测试评价标准"制订自己的锻炼计划。

第6章　科学锻炼身体的方法

第1节　体育锻炼应遵循的原则

对于每一个参加体育锻炼的人来说,要想达到增强体质、促进身心健康的目的,就必须科学地进行体育锻炼。若不掌握锻炼规律而蛮干,不但收不到良好的效果,相反还有可能造成伤害事故,有损健康。因此,要想获得理想的锻炼效果,就必须遵循人体生理变化的规律,了解和掌握体育锻炼的一般原则、安全原则。

体育锻炼应遵循的原则有:自觉积极原则、循序渐进原则、持之以恒原则、全面锻炼原则、恢复性原则、安全原则。

1.1　自觉积极原则

自觉积极原则,是指参加体育锻炼的人,必须有明确的锻炼目的,了解"生命在于运动"的科学道理,自觉积极地进行体育锻炼。毛泽东在《体育之研究》中指出:"欲图体育之有效,非动其主观,促其对于体育的自觉不可。"体育锻炼是一个自我锻炼、自我完善的过程,大多要求克服自身的惰性,战胜各种困难。如果锻炼者不是自觉自愿,是无法坚持下来的。

如何才能提高体育锻炼的自觉积极性呢?

1. 不断提高对体育锻炼的重要意义的认识。了解体育锻炼是现代人类生活不可缺少的一个组成部分,树立正确的锻炼观,把体育锻炼作为学习、生活的自觉需要,激发锻炼的主动性和自觉性,从而调动锻炼的积极性。

2. 培养兴趣。兴趣是人们认识某种事物或从事某种活动的倾向。当一个人对某项体育活动发生兴趣时,就会对这项体育活动产生极大的热情,表现出极大的主动性和自觉性。

1.2　循序渐进原则

循序渐进原则是指在体育锻炼时,必须遵循人体生理机能活动的规律,科学地安排运动负荷,在渐进的基础上有节奏地进行训练,提高锻炼水平。体育锻炼的过程,是人体对内、外环境变化适应的过程,是一个缓慢的由量变到质变的过程。肌肉活动时对机体的刺激,使各器官、系统的结构机能逐步适应,取得平衡。所以,体育锻炼不能急于求成,只有逐步提高,才能获得良好的锻炼效果。

那么,怎样贯彻循序渐进原则呢?

1. 必须根据自身的实际情况来确定运动负荷的大小,做到量力而行。

在体育锻炼过程中,运动负荷的大小直接影响着人体机能的变化。负荷是否适宜,对锻炼效果的好坏有着很大的作用。负荷的大小要因人、因时而异。即使同一个人,在不同的机能状态下,对负荷的承受能力也不尽相同。因而,确定运动负荷的大小,要充分考虑到锻炼者的年龄、性别、健康状况、体质水平、项目特点和锻炼目的等诸多因素。

2. 运动负荷应由小到大,逐渐提高。开始从事体育锻炼或中断体育锻炼后恢复锻炼时,强度宜小,时间宜短,密度不宜过大。

3. 要注意提高人体已经适应的一定负荷,使体能保持不断增强的趋势。加强自我监督,密切注意身体机能的不良反应。

4. 开始锻炼时,准备活动要做充分,然后逐渐加大运动负荷。锻炼结束后,应做好放松整理活动。

5. 缺乏一定体育锻炼基础的人,或中断体育锻炼过久的人,不宜马上参加大强度的体育锻炼。

1.3 持之以恒原则

体育锻炼在于养成良好的锻炼习惯,能够持之以恒。体育锻炼是对机体给予刺激的过程,每次刺激都产生一定的作用痕迹。连续不断的刺激作用,可产生痕迹积累。这种积累使机体结构和机能产生新的适应,体质就会不断增强,动作技能形成的条件反射也会不断得到强化。如果"三天打鱼,两天晒网"间断进行,当前一次的作用消失时,下一次作用的积累就小。长时间停止锻炼,身体各器官系统的机能和动作技能形成的条件反射就会慢慢消退。这是"用进废退"的规律。所以,体育锻炼只有持之以恒,才会收到良好的效果。

如何才能使体育锻炼持之以恒呢?

1. 养成习惯。习惯的力量是巨大的。把体育锻炼安排到作息制度中去,每天保证一定的体育锻炼时间,把体育锻炼作为生活的重要组成部分。

2. 确定一个通过一定努力能够实现的锻炼目标,并制订一个切实可行的锻炼计划。

3. 把坚持体育锻炼作为培养毅力、锻炼意志、陶冶情操的手段和过程,排除各种因素和干扰。

1.4 全面锻炼原则

全面锻炼原则是指体育锻炼必须追求身心全面协调发展,使身体形态、机能、各器官系统功能以及心理品质等诸方面都能获得全面和谐的发展。

人体是一个复杂的生命有机体,各器官系统相互影响、相互制约。任何局部机能的提高,都必然促进机体其他部位机能的改善,当某一机能得到发展时,其他机能也会不同程度地有所发展。但每一项活动又都有一定的局限性,如果锻炼的内容和方法单一化,机体就不能获得良好的整体效应。比如,长期进行力量锻炼和健美活动,心肺系统的功能就不会得到较大的发展;长期从事长跑锻炼,虽然心肺系统的功能能够获得较大的提高,但力量、速度和上肢的发展却要受到一定的影响。所以,我们在锻炼时,应以一些功效大而且较有兴趣的运动项目为主,再选一些其他的项目为辅进行全面的锻炼。

如何才能做到全面锻炼呢?

1. 在选择体育锻炼的内容和方法时,要考虑到身体的全面发展,努力掌握多种运动技能。
2. 要注意全身的活动,不要限于局部。
3. 在全面锻炼的基础上,有目的、有意识地加强专业实用性的体育锻炼。

1.5 恢复性原则

恢复性原则是指锻炼者在进行体育锻炼时,承受了一定的运动负荷,身体必然会产生疲劳。因此,要想从锻炼中获得较好的效果,在下一次锻炼之前应注意休息,消除疲劳,使体力得以充分恢复。人体机能的提高就是通过负荷、疲劳、恢复、提高这样一个循环往复的过程而实现的。

如何运用恢复性原则呢?

1. 大、中、小运动量要交替地、有节奏地进行。两次大运动量之间要有足够的休息。对大多数人来说,1~2天就可以了。
2. 注意自我监督,防止过度锻炼产生的疲劳综合征。过度锻炼是指在锻炼过程中总负荷超过了机体所能正常承受的能力。一般的过度锻炼表现为在锻炼后的第二天早上,锻炼者感觉肌肉酸痛僵硬或感到疲劳,出现"锻炼的延续效应"。严重的过度锻炼开始会产生一些心理症状,如注意力涣散,容易激动,而后又睡眠不好、夜间盗汗、食欲不振等。
3. 缓解过度锻炼症状的方法是增加两次锻炼之间的休息时间和锻炼时降低运动强度。对于严重的过度锻炼者来说,还要增加营养,接受理疗、按摩,使机体得以恢复。
4. 运动量过大是引起过度锻炼症状的主要原因,但饮食和营养不平衡也可能引起"锻炼的延续效应"。如果饮食时没有足够的糖、脂肪、蛋白质、维生素和矿物质等营养物质,就会引起慢性疲劳。

1.6 安全原则

安全原则是指在体育锻炼的过程中始终注意保护自己,做到安全第一。其主要内容包括:不要盲目参加超过能力的活动;每次练习前必须做好充分的准备活动;饭后、饥饿或疲劳时应暂缓锻炼;生病初愈不宜进行较大强度的锻炼;每次锻炼后,要注意做好整理放松活动。在制订或实施自己的锻炼计划前,如果患有某种疾病或有家族遗传病史,需要找医生咨询,一定要经过体检和医生的认可,在有医务监督的情况下按照体育教师和医生的建议进行锻炼。

第2节 运动处方和锻炼计划的制订

2.1 运动处方的制定

运动处方是20世纪50年代美国生理学家卡渡维奇提出来的。最初是作为体育医疗的一种措施,近年来,随着大众体育的开展,已发展为指导一般体育锻炼和对锻炼者的医务监督。

运动处方类似医生给病人开的医疗处方,按照锻炼者的年龄、性别、健康状况、身体机能水平和锻炼的经历,用处方的形式,规定适当的运动内容、锻炼方法和运动量。

对每一个学生来说,只有按照合理的运动处方进行训练,才能有效地保持健康和提高体能。

2.1.1 运动处方的组成

一份运动处方应包括锻炼目标、准备活动、锻炼模式和整理活动。

1. 确立锻炼目标。确立锻炼目标对设计一份运动处方十分重要。目标可以使你清醒地把握自己,促使自己去实施锻炼的方案。当实现目标后,能增加你的成就感、提高你的自信心,从而激励你终身从事体育锻炼。

锻炼目标可分为短期(8~10周)、中期(18~20周)和长期(50周左右)3种,具体制定时,可随个体的情况、需要和环境的变化而进行调整,但不应该频繁变动。

表6.2.1 设置短期、中期和长期锻炼目标

体能成分	目前状况	短期目标	中期目标	长期目标
心肺功能	差	一般	好	很好
肌肉力量	差	一般	好	很好
肌肉耐力	很差	一般	好	很好
柔韧性	很差	一般	好	很好
身体成分	肥胖	较胖	正常	很好

设置目标最重要的原则是具体和现实,应该是通过努力能达到的,切忌好高骛远,因为实现不了的目标会使人灰心丧气。

2. 选择锻炼模式。锻炼模式包括锻炼方式、频率、运动强度和持续时间。

(1) 锻炼方式指个体进行锻炼时所从事的身体练习活动(又称运动项目)。例如,为了提高心肺机能和耐力,你可以选择跑步、游泳;为了增强力量,你可以选择练习杠铃、哑铃等。锻炼方式应根据个人的需要和目标来选择。选择时,应因人而异,充分考虑到个体的年龄、性别、健康、体能和身体结构等状况。

(2) 锻炼的频率是指每周锻炼的次数。为了提高与健康有关的体能水平,每周应锻炼3~5次。

(3) 运动强度是指锻炼时人体承受的生理负荷量。运动强度可分为大、中、小三级。测量心率是判断运动强度的标准方法。在运动处方中应规定锻炼应达到而不应超过的心率,心率标准应根据锻炼者的实际情况而有所不同。

(4) 持续时间是指用在主要锻炼内容上的总时间,不包括准备活动和整理活动所花费的时间。运动持续时间在很大程度上取决于运动强度,运动强度愈低,持续时间愈长;运动强度愈大,持续时间愈短。据此,运动强度大时,持续时间应稍短,如此才可产生良好的锻炼效果。

表6.2.2 运动强度和持续时间的配合

运动强度(心率)%	运动持续时间(分钟)				
	5	10	15	30	60
小	70	60	60	50	40
中	80	75	70	60	50
大	90	85	80	70	60

采用同样运动负荷时,体质好的人宜选择强度大、持续时间短的练习;体质弱的人宜选择强度小、持续时间长的练习。研究表明,如果要有效地提高身体健康和体能,每次锻炼的时间应不少于20~30分钟。

2.1.2 制定运动处方的程序

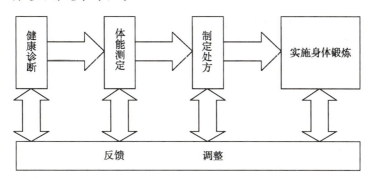

图6.2.1

制定运动处方之前,首先要对身体进行系统的健康检查,在做健康诊断之后,再进一步做体能测定。体能测定目前大多采用12分钟跑(或哈佛台阶试验)的方法。根据健康诊断和体能测定的情况,开出处方,再按照处方进行实际锻炼。经过一阶段的锻炼,然后再通过诊断和测定,检查和评定锻炼的效果,为重新修订运动处方提供依据,使之更符合现阶段锻炼的实际要求。

表6.2.3 青少年12分钟跑测验评价表(单位:米)

体能等级	男 生	女 生
一级(优秀)	2 800以上	2 600以上
二级(良好)	2 400~2 790	2 200~2 590
三级(一般)	2 000~2 390	1 800~2 190
四级(差)	1 600~1 990	1 500~1 790
五级(极差)	1 600以下	1 500以下

2.1.3 运动处方的格式

运动处方可根据不同的需要确定其格式。常用的运动处方一般分为正面(内容)和背面(自我监督的情况)。

表 6.2.4(a)　运动处方格式举例(正面)

姓名：　　　　　　　　性别：　　　　　　　　年龄：

健康诊断：
体能测定：　　　12 分钟跑　　　哈佛台阶试验
结果：
准备活动：
锻炼内容：
锻炼时最高心率(次/分)：　　　　每周运动次数：
每次锻炼持续时间：
整理活动：

注意事项：　　　　禁忌运动项目：
复查日期：　　　　自我监督项目：

表 6.2.4(b)　运动处方格式举例(背面)

日　　期	锻炼情况	身体反应情况

签名＿＿＿＿＿＿＿

2.2 锻炼计划的制订

要坚持经常性的体育锻炼，就应有一个锻炼计划。锻炼计划可以保证我们有系统、有步骤、有目的地进行体育锻炼，从而有效地增强体质。制订锻炼计划的程序如下：

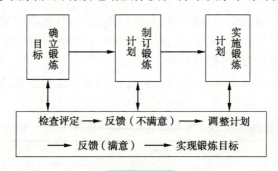

图 6.2.2

制订个人锻炼计划要注意下面几点：

1. 要从个人的实际出发。制订计划要从自己的实际情况出发，根据自己的健康状况、身体特点、制订出切实可行的计划。选择合理的锻炼内容、方法和时间去进行体育锻炼。

2. 锻炼的内容要合理搭配。应把课外体育锻炼的内容和体育课的学习内容结合起来，把个人兴趣和全面发展的需要结合起来，既要发展、提高自己有兴趣或擅长的项目，又要注意锻炼自己的弱项和不足之处。

3. 时间适宜。早操一般在 30 分钟左右，锻炼的强度宜小，以不感到疲劳为度。课外活动大约在 1 小时左右，锻炼在晚饭前半小时结束。晚自习后的体育锻炼，不宜过于激烈，以免影响睡眠。

4. 合理安排运动量。运动量是体育锻炼中人体所能完成的生理负荷量。锻炼的强度和练习的时间是需要重点掌握的问题。

表 6.2.5　渐进跑步锻炼计划

周次	准备活动	锻炼内容	整理活动	练习时间（分钟）
1	伸展运动或柔韧活动 5 分钟	快速步行 10 分钟，途中尽量不停	慢步行走 3 分钟，伸展 2 分钟	20
2	伸展运动或柔韧活动 5 分钟	快速步行 5 分钟～慢跑 1 分钟，重复一轮	慢步行走 3 分钟，伸展 2 分钟	22
3	伸展运动或柔韧活动 5 分钟	快速步行 5 分钟～慢跑 3 分钟，重复一轮	慢步行走 3 分钟，伸展 2 分钟	26
4	伸展运动或柔韧活动 5 分钟	快速步行 4 分钟～慢跑 5 分钟，重复一轮	慢步行走 3 分钟，伸展 2 分钟	28
5	伸展运动或柔韧活动 5 分钟	快速步行 4 分钟～慢跑 5 分钟，重复一轮	慢步行走 3 分钟，伸展 2 分钟	28
6	伸展运动或柔韧活动 5 分钟	快速步行 4 分钟～慢跑 6 分钟，重复一轮	慢步行走 3 分钟，伸展 2 分钟	30
7	伸展运动或柔韧活动 5 分钟	快速步行 4 分钟～慢跑 7 分钟，重复一轮	慢步行走 3 分钟，伸展 2 分钟	32
8	伸展运动或柔韧活动 5 分钟	快速步行 4 分钟～慢跑 8 分钟，重复一轮	慢步行走 3 分钟，伸展 2 分钟	34
9	伸展运动或柔韧活动 5 分钟	快速步行 4 分钟～慢跑 9 分钟，重复一轮	慢步行走 3 分钟，伸展 2 分钟	36
10	伸展运动或柔韧活动 5 分钟	快速步行 4 分钟～慢跑 13 分钟	慢步行走 3 分钟，伸展 2 分钟	27
11	伸展运动或柔韧活动 5 分钟	快速步行 4 分钟～慢跑 15 分钟	慢步行走 3 分钟，伸展 2 分钟	29
12	伸展运动或柔韧活动 5 分钟	慢速步行 4 分钟～慢跑 17 分钟	慢步行走 3 分钟，伸展 2 分钟	31
13	伸展运动或柔韧活动 5 分钟	步行 2 分钟～缓慢跑 2 分钟～慢跑 17 分钟	慢步行走 3 分钟，伸展 2 分钟	31
14	伸展运动或柔韧活动 5 分钟	步行 1 分钟～缓慢跑 3 分钟～慢跑 17 分钟	慢步行走 3 分钟，伸展 2 分钟	31
15	伸展运动或柔韧活动 5 分钟	缓慢跑 3 分钟～慢跑 17 分钟	慢步行走 3 分钟，伸展 2 分钟	30

注：本表选自 Greenberg, J. S., et al. Physical Fitness and Wellness, 1999。

第 3 节　体质与健康的评价

3.1　体质概念

体质是指人体的质量，是人体在先天的遗传性与后天的获得性基础上所表现出来的形态结构、生理机能、心理素质、身体素质和适应能力等方面的综合的、相对稳定的特征。体质在很大程度上由先天因素所决定，但后天的影响也很大，如人的适应能力和心理因素与环境有关，体质可以通过体育锻炼得到提高。

3.2 体质与健康评价的意义

进行体质与健康的评价,有助于锻炼者了解掌握自己体质与健康变化的情况,激发锻炼的自觉性和积极性,减少锻炼的盲目性,科学地制订体育锻炼计划,有的放矢地选用适合自己的锻炼内容和方法,达到增强体质与健康的目的。

3.3 体质与健康评价的内容和方法

3.3.1 体质与健康的评价内容

体质与健康评价包括大学生的身体形态发育、生理机能、身体素质与运动能力、适应能力和心理机能的发育健康状况等。

3.3.2 体质与健康的评价方法

1. 身体形态发育的评价。

身体形态发育的评价一般采用身高、体重、胸围3个身体形态指标和体重胸围指数。

身高体重指数 = [体重(千克)/身高(厘米)] × 100

身高胸围指数 = [胸围(厘米)/身高(厘米)] × 100

2. 身体机能的评价。

身体机能的评价,通常采用肺活量、12分钟跑、哈佛台阶试验等指标和肺活量指数、脉搏比指数。

肺活量指数 = 肺活量(毫升)/体重(千克)

脉搏比指数 = 定量运动负荷后的脉搏(次/分)/运动前的安静脉搏(次/分)

说明:该公式通过人体在定量负荷后的脉搏与运动前的安静脉搏的比值来反映心脏机能水平。该数值的大小可以说明心脏机能最大动员程度的潜力如何。数值越大,健身锻炼的水平越高。

哈佛台阶试验指数 = [台阶运动持续时间(秒)/2 × 恢复期3次脉搏之和] × 100

说明:此指数可以量化评定心血管机能水平,有效地、客观地了解和评定心血管机能的状况和工作能力,指数值越大,心血管机能水平越高。经常参加锻炼的人、心血管机能强的人,在运动时表现为心跳次数少,脉搏频率低。

3. 身体素质的评价。

(1) 体格、体能。

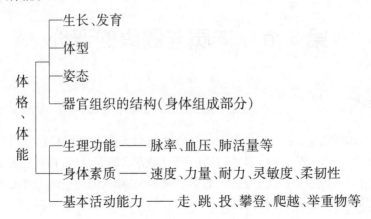

（2）身体素质的评价可以选择反映代表速度、力量、耐力、灵敏、柔韧素质的指标。

女生：50米跑、立定跳远、网球掷远、坐位体前屈、10米×4往返跑、握力、背力、纵跳、闭眼单脚站立、反应时、1分钟仰卧起坐、800米跑。

男生：50米或100米跑、立定跳远、网球掷远、坐位体前屈、10米×4往返跑、握力、背力、纵跳、闭眼单脚站立、俯卧撑、反应时、1 000米跑。

4. 适应能力的评价。

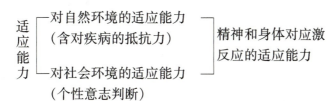

学生可在体育教师的指导下，选择简单实用、适合自己的评价方法，获得自己体质与健康的第一手资料，有针对性地开展体育锻炼。

3.4 体质与健康评价的实例

下面的表格可供学生在评价自己的体质与健康时进行评价和比较。最好每学期做两次：学期开始时做一次，学期结束时做一次。每学期的评价都要与上学期做比较，以便及时了解和掌握自己的体质与健康状况，坚持或修正自己的锻炼计划。

表 6.3.1 体质与健康评价卡片

班级_____ 学号_____ 姓名_____

	身体形态				身体机能				身体素质						适应能力		综合评价
	身高	体重	胸围	身高体重指数	身高胸围指数	脉搏	血压	肺活量	肺活量指数	脉搏比指数	哈佛台阶试验指数	50(100)米跑	立定跳远	网球掷远	坐位体前屈	10米×4往返跑	1 000(800)米跑	对社会环境的适应能力	对自然环境的适应能力	
一年级（上）																				
一年级（下）																				
二年级（上）																				
二年级（下）																				
三年级（上）																				
三年级（下）																				

3.5 体质与健康的评价标准

表 6.3.2　哈佛台阶试验指数评价身体机能标准

单位：平均次数

年　龄	性　别	1 分	2 分	3 分	4 分	5 分
20~24 岁	男	42.1~46.1	46.2~52.0	52.1~58.0	58.1~67.6	>67.6
20~24 岁	女	40.9~46.1	46.2~52.2	52.3~58.0	58.1~67.1	>67.1
25~29 岁	男	42.1~46.1	46.2~51.9	52.0~58.3	58.4~68.1	>68.1
25~29 岁	女	40.7~46.8	46.9~53.2	53.3~59.1	59.2~68.6	>68.6
30~34 岁	男	41.4~46.1	46.2~52.2	52.3~58.3	58.4~68.1	>68.1
30~34 岁	女	39.5~47.0	47.1~53.7	53.8~59.9	60.0~69.1	>69.1
35~39 岁	男	41.3~46.1	46.2~52.2	52.3~58.7	58.8~68.1	>68.1
35~39 岁	女	37.0~46.8	46.9~53.8	53.9~60.3	60.4~69.7	>69.7

注：表 6.3.2 选自《国民体质测定标准手册　成年人部分》,2003 年。

表 6.3.3　身体形态评价标准（男）

指标	年龄	标准等级	下	中下	中	中上	上
身高 （厘米）	15		156.0 以下	156~160.2	160.3~169.3	169.4~173.4	173.5 以上
	16		160.0 以下	160.1~163.6	163.7~171.6	171.7~175.2	175.3 以上
	17		161.7 以下	161.8~165.3	165.4~173.1	173.2~176.7	176.8 以上
	18		162.2 以下	162.3~165.7	165.8~173.6	173.7~177.1	177.2 以上
	19		162.6 以下	162.7~166.1	166.2~173.8	173.9~177.3	177.4 以上
体重 （千克）	15		41.0 以下	41.1~45.2	45.3~54.5	54.6~58.7	58.8 以上
	16		44.9 以下	45.0~48.8	48.9~57.5	57.6~61.4	61.5 以上
	17		47.4 以下	47.5~51.1	51.2~59.4	59.5~63.2	63.3 以上
	18		48.5 以下	48.6~52.2	52.3~60.5	60.6~64.3	64.4 以上
	19		49.7 以下	49.8~53.2	53.3~61.1	61.2~64.6	64.7 以上
胸围 （厘米）	15		72.3 以下	72.4~75.3	75.4~82.1	82.2~85.1	85.2 以上
	16		75.5 以下	75.6~77.9	78.0~84.5	84.6~87.3	87.4 以上
	17		77.6 以下	77.7~80.3	80.4~86.2	86.3~88.8	88.9 以上
	18		78.7 以下	78.8~81.3	81.4~87.1	87.2~89.7	89.8 以上
	19		80.4 以下	80.5~82.8	82.9~88.2	88.3~90.6	90.7 以上

注：国民体质健康标准,2007 年版。

表 6.3.4　身体形态评价标准（女）

指标	年龄\标准等级	下	中下	中	中上	上
身高（厘米）	15	149.9 以下	150～153.1	153.2～160.3	160.4～163.5	163.6 以上
	16	151.0 以下	151.1～154.2	154.3～161.3	161.4～164.5	164.6 以上
	17	151.3 以下	151.4～154.5	154.6～161.7	161.8～164.8	164.9 以上
	18	151.4 以下	151.5～154.6	154.7～161.7	161.8～164.9	165.0 以上
	19	152.1 以下	152.2～155.3	155.4～162.3	162.4～165.4	165.5 以上
体重（千克）	15	39.2 以下	39.3～42.6	42.7～50.2	50.3～53.7	53.8 以上
	16	40.9 以下	41.0～44.4	44.5～51.9	52.0～55.3	55.4 以上
	17	41.7 以下	41.8～45.2	45.3～52.9	53.0～56.3	56.4 以上
	18	42.2 以下	42.3～45.7	45.8～53.4	53.5～56.9	57.0 以上
	19	43.4 以下	43.5～46.8	46.9～54.4	54.5～57.7	57.8 以上
胸围（厘米）	15	70.0 以下	70.1～72.7	72.8～78.7	78.8～81.3	81.4 以上
	16	71.2 以下	71.3～73.8	73.9～80.1	80.2～82.2	82.3 以上
	17	71.8 以下	71.9～74.4	74.5～80.2	80.3～80.3	80.4 以上
	18	72.5 以下	72.6～75.1	75.2～80.8	80.9～80.9	81 以上
	19	73.6 以下	73.7～76.3	76.4～82.1	82.2～82.2	82.3 以上

注：国民体质健康标准，2007 年版。

表 6.3.5　肺活量/体重指数评价标准

	上	中上	中	中下	下
男	84.0 以上	76.0～83.9	68.0～75.9	60.1～67.9	60.0 以下
女	71.0 以上	63.0～70.9	55.0～62.99	47.1～54.9	47.0 以下

注：国民体质健康标准，2007 年版。

表 6.3.6　身高体重指数/身高胸围指数评价标准

指标标准特征	性别	男生					女生				
	年龄	15	16	17	18	19	15	16	17	18	19
身高体重指数	粗壮型	335	351	359	366	369	329	341	349	352	356
	匀称型	302	320	330	337	342	298	310	317	320	324
	细长型	269	289	301	308	319	267	279	285	288	292
身高胸围指数	阔胸型	50.9	51.8	52.3	52.8	53.1	52.1	52.7	53.0	53.1	53.1
	匀称型	48.6	49.4	49.9	50.5	51.4	49.4	49.9	50.2	50.3	50.5
	窄胸型	46.3	47.0	48.2	48.2	49.7	46.7	47.1	47.4	47.5	48.0

注：国民体质健康标准，2007 年版。

思　考　题

1. 请你按时认真填写"体育与健康评价卡片"。
2. 请你制定自己的运动处方。

第7章 提高对自然环境的应变能力

教育的根本目的不是发文凭而是帮助青少年学会生存,使他们真正拥有今天的幸福和明天的发展。

在"以人为本"和"健康第一"的教育价值理念指导下,人类更加重视自身的生存环境和生存能力,越来越认识到生存的紧迫性及生存教育的重要性。

生存,是人类一个古老而又崭新的课题,学习则是一切渴望进步的人们的法宝,更是现代人的安身立命之本。面对高新技术和知识经济的挑战,面对人口爆炸和环境恶化的压力,大学生的基本任务依然是学会生存。然而,生存的意义却早已超越了工业革命时代的狭隘范畴。科学技术的迅速发展,社会分工的深刻变化,个人作用在信息社会的充分展现,全球经济一体化的趋势,这些都极大地改变了工作方式、生活方式和思维方式,这就要求我们不断地更新与完善思想观念,树立更加积极的生存态度,掌握更多的生存能力,拓展生存空间。

大学生是祖国的未来和希望,是新时期的建设者。面对变化万千的社会,安全自救、学会生存是他们在现代社会的必备知识及技能。本章旨在普及安全、自救防灾知识,使每一个大学生都学会自我保护的知识和技能,在工作和生活中面对突发事件时,能很好地生存下来。

第1节 校园安全

1.1 常见事故灾害风险排序

日常在校园的学习生活中出现危险是难免的,问题在于遭遇此类危险的概率究竟有多高。从科学意义上讲,如果危险频率低于十万分之一,我们尚可坦然处之;如果危险频率高于万分之一,我们就必须非常小心了。根据统计,现代社会的危险可做如下排序:

校园内外受伤的频率:1/3
车祸的频率:1/12
心脏病突发的频率:1/77
在家中受伤的频率:1/80
突然死于心脏病的频率:1/400
死于中风疾病的频率:1/1 700
死于道路交通车祸的频率:1/5 000

因坠落摔死的频率：1/20 000
行人被汽车撞死的频率：1/40 000
死于火灾的频率：1/50 000
溺水而死的频率：1/50 000
死于手术并发症的频率：1/80 000
因中毒而死的频率：1/86 000
骑自行车死于车祸的频率：1/130 000
吃东西噎死的频率：1/160 000
死于飞机失事的频率：1/250 000
突然被空中坠落的物体砸死的频率：1/290 000
触电而死的频率：1/350 000
被冻死、热死的频率：1/1 500 000
被动物咬死的频率：1/2 000 000
被龙卷风刮走摔死的频率：1/2 000 000

1.2 校园事故的特点

校园是青少年学习和生活的地方，对每一个学生来说，一天24小时或大部分时间都是在校园中度过的。学生与老师相处的时间一般都超过和自己父母家长相处的时间。安全是老师、家长、学生共同关心的问题。但不容乐观的事实是，在校园中各种意外事故仍然时有发生，校园已成为青少年意外事故的多发区。

某地在进行青少年意外事故死亡原因调查中发现：按3～6岁、7～11岁、12～17岁年龄段统计，中小学生发生意外事故的比率随年龄的增长而成比例上升。

意外伤害是儿童和青少年致伤、致残的最主要原因。据2000年国家儿童少年"安康计划"公布的数字显示，我国每年约有1.6万名中小学生因意外伤害而非正常死亡，平均每天有40多人，相当于每天"消失"一个班的学生。

案例之一：

2009年湖南省湘潭市辖区内的湘乡市某私立中学发生一起伤亡惨重的校园踩踏事件。据称，12月7日21时晚自习下课之际，学生们在下楼梯的过程中，因一名学生骤然跌倒，引发拥挤，造成8人罹难、26人受伤。

案例之二：

2013年，湖北省襄阳老河口市薛集镇某小学也发生一起踩踏事件。2月27日清晨6点，一栋四层高的临时住宿楼里，因只有一个出入口，值班老师未能按时打开铁栅门，导致学生拥挤踩踏，其中4人死亡，7人受伤。

青少年学生正处在生长发育时期，体力和智力发育不成熟，独立能力差，依附性强，遇事容易偏激。据分析，青少年发生意外事故的心理因素有：

1. 受自尊心和虚荣心的驱使，做事易争强好胜；
2. 侥幸心理，认为事故不会发生在自己身上；
3. 不自量力，认为自己无所不能，遇事偏激蛮干；
4. 受情绪驱使，容易激动，容易受外界刺激而轻举妄动。

1.3 学校体育课及体育活动的安全对策

体育课是在室外操场上进行的,参加人数多,互相干扰大,体育活动和体育竞赛对抗性强,身体接触多,稍有疏忽,很容易发生伤害事故。

学生在进行体育活动时,由于主、客观多种原因,往往发生一些不同程度的损伤或病害事故。常见的急性运动伤害有:擦伤、扭伤、撕裂伤、肌肉拉伤、挫伤、关节脱位、骨折、脑震荡和溺水等。另外,运动性腹泻、运动中暑、重力性休克、运动性肌肉痉挛等亦很常见。有的伤害十分严重,如处理不及时,就会造成终身残疾,甚至死亡。无论发生哪类损伤或伤害事故,都会给学生本人及家庭带来痛苦,甚至造成终身遗憾。因此,我们必须重视体育运动中的安全教育和预防工作。

1.3.1 体育活动中的危险案例

案例一:

2016年10月20日,四川南充市营山县某学校一名15岁的初三女学生体育课后死亡。通过监控调查发现,该女生死前与全班同学一起慢步绕篮球场跑了7圈,总共不到400米,经卫生院专家诊断鉴定为心源性猝死。

案例二:

2016年11月25日下午,无锡某中学初三年级学生赵晋(化名)在体育课练习400米跑后出现了双手支撑膝盖并趴伏在地面的情况,同学们发现他的脸上磕出了血,随即呼喊上课的体育老师,并对小赵展开了心肺复苏、人工呼吸,还第一时间拨打了120电话。小赵在被送到医院后,14点40分左右曾经一度恢复了心跳和呼吸,但是在14点55分又停止了呼吸和心跳,死因为心源性猝死。

案例三:

2016年1月9日下午,成都某中学初三学生杨某与另两名同学未经学校许可,私自进入学校职工篮球场打篮球。打球过程中,篮球卡到了篮板与篮圈夹缝中,三人没报告老师,就将球场边上的桌子搬到了篮球架下,去取卡在那里的篮球。取完篮球后,三人无视安全,站在桌子上扣篮,而且又进一步模仿NBA球员把手吊在篮圈上扣篮,并在扣篮的过程中将身体吊在篮圈上悬空摇晃。杨某在完成第一次扣篮后又进行第二次扣篮。此时意外发生,篮球架倒塌并将杨某砸中身亡。

案例四:

有些学生在准备活动尚不充分的情况下,就进行体操中的支撑分腿腾越,结果造成会阴部肌肉和韧带撕裂。

有些学生在准备活动尚不充分的情况下,就进行体操中的鱼跃前滚翻,结果造成颈部肌肉扭伤。

案例五:

有些学生在激烈的运动之后,不做整理活动,造成"重力性休克"。

案例六:

有些学生在游泳时违反课堂规则,跳水,结果头部触击池壁,造成下肢瘫痪,终身残疾。

1.3.2 体育活动中的安全防范

为了防止以上种种悲剧发生,使体育活动真正达到促进健康、增强体质的目的,我们应该学习并掌握体育锻炼中的安全知识和自我保护的技能。

1. 在体育课、课间操、课外活动和体育竞赛中,应认真遵守课堂规则,接受老师的管理和教育,明确体育锻炼的目的和意义,掌握科学的锻炼方法。

2. 应学习并掌握生理卫生常识,懂得锻炼和自我保护的方法以及可能发生的意外事故和正确的处理方法。

3. 在游泳时,首先要对所选用的水域进行调查。理想的水域应是沙底、水位较浅、流速较慢、岸边坡度较小的水域。

4. 开展游泳活动要有领导、有组织地进行。事先要向学校请示,得到允许和安全保障后才可进行。

第 2 节 自然灾害与自救

自然灾害是人类的天敌。它毁坏财物、吞噬生命、肆意践踏人类文明。面对自然灾害,必须学会自救和避险,通过科学有效的自救手段,最大限度地减少灾害带来的损失。

2.1 地震灾害与自救

2.1.1 地震灾害的破坏性及危害

地震是对人类危害较大的自然灾害。地震造成的山崩地裂,致使房屋倒塌,煤气泄漏,发生大火,造成人民生命财产的巨大损失。

1933 年 8 月 25 日四川叠溪发生 7.5 级地震,造成大规模山崩。崩塌的巨石堵塞了江流,致使江水断流。45 天后,天然堆石坝溃决,高达 60 多米的水流,横扫过来,席卷沿江城镇乡村,冲毁农田 9 000 多亩,1 600 多人死亡,无家可归者更是不计其数。

1976 年 7 月 28 日河北唐山市发生 7.8 级地震,在电闪雷鸣、地动山摇的震撼中,这座百万人口的工业城市顿时化为废墟。这次地震有 24 万多人死亡,16 万人受伤致残,在全国范围内造成了巨大、持久的社会影响,教训极为深刻。

2008 年 5 月 12 日四川汶川县发生大地震,震中位于中国四川省阿坝藏族羌族自治州汶川县境内、四川省省会成都市西北偏西方向 90 千米处。根据中国地震局的数据,此次地震的面波震级达 $8.0M_S$、矩震级达 $8.3M_W$,破坏地区超过 10 万平方千米。地震烈度可能达到 11 级。地震波及大半个中国及多个亚洲国家及地区。北至北京,东至上海,南至中国香港、泰国、中国台湾、越南,西至巴基斯坦均有震感。5·12 汶川地震共造成 69 227 人死亡,374 643 人受伤,17 923 人失踪,是中华人民共和国成立以来破坏力最大的地震,也是唐山大地震后伤亡最严重的一次地震。

经国务院批准,自 2009 年起,每年 5 月 12 日为全国"防灾减灾日"。

据统计,全球每年平均发生造成损失的地震 1 000 次,其中里氏 7 级以上的地震 20 次。20 世纪死亡万人以上的大地震国外有 32 次,中国有 8 次。

2.1.2 比地震更具危害性的地震谣传

唐山大地震后,南京某学校正在上课,建筑工人正在三楼卫生间施工。大约上午 10 点半,两个工人将抬上来的砖头放在地上,由于不小心,砖头推倒在地上,发出一声巨响,正在上课的学生中有人惊呼:"地震!"顷刻间,整幢楼秩序大乱,学生纷纷从教室里冲出来,在楼梯里挤作一团,许多学生受伤,有的学生从楼上跳下来,摔伤了腿。事后,大家才知道是一场虚惊。

有人统计,一次波及全国的大谣传所造成的国家经济损失超过一次6级地震。

2.1.3 怎样在地震时脱险自救

1. 如果你住在平房里,应迅速钻到桌子底下、床下或蹲到墙根下。如果房屋、围墙不高而院子又比较宽敞,可头顶被褥、枕头或安全帽,到院子中心躲避。切记,不要在窗旁停留。

2. 如果在楼房里,那么除了钻到桌子下、床下外,也可躲进厨房、卫生间。因为厨房、卫生间的开间小,顶板与四周墙体咬接比较紧密,而且上下管道可起到支撑作用。

3. 在大地抖动一阵之后的短暂平息时间里,要迅速切断电源,关闭煤气、液化气阀门,然后,带上准备好的提袋、提箱(可用它们保护头部),按照地震前选好的疏散路线转移。高层楼房的居民下楼时切记不要乘电梯。

4. 如果地震发生时你正在影剧院里,而且所坐的座位离安全门较远,那么你就不要挤进蜂拥在门口的人群里。因为影剧院里的观众数以千计,平时散场也要好几分钟,一旦发生混乱,你推我挤,既容易被倒塌物砸伤,又容易被混乱的人群挤伤踩伤。此时,可先躲在排椅下或舞台下,等到晃动和混乱过后再行动。同样的道理,地震发生时如在其他公共场所,如体育场馆、商店、展览厅、舞厅、饭店,当出入口拥挤不堪、乱作一团时,千万不要加入进去。

5. 如果不幸被倒塌的建筑物压埋,首先要尽量设法自救,自己若实在无力脱险,则要尽量减少体力消耗,不要呼喊乱叫,应耐心静听外面的动静,当有人经过时,再呼喊或敲击出声音求救。

6. 地震发生时,如果你恰巧在室外,或迅速行动已经到了室外,那么,应在室外找个安全的地方躲避。

7. 地震发生,总共只有几秒或十几秒,要当机立断,能逃则逃,能躲则躲,首先应保全自己。切记,在地震时去顾及他人往往是愚蠢的,道德原则更多的应表现在震后的抢救中。

2.2 洪水灾害与自救

洪水灾害指因暴雨、山洪或河水泛滥而引起的灾害。我国的大江、大河每几年就会发生一次大洪水,洪水灾害所造成的损失在各类自然灾害中最大,大约占总损失额的40%。原西德MR保险公司的报告指出:"地震虽然以破坏力大被公认,但从全世界长期的调查结果看,由暴雨及洪水所造成的生命和财产损失要远大于地震。"

山洪暴发时应如何自救呢?

1. 迅速离开低洼的地区,避开已经被洪水淹没的地区,往高处跑。
2. 不要试图徒步涉过水已达膝盖的流水小溪。
3. 如若开车,在穿越公路凹处时,应先了解它的水深。水下的道路可能已经遭到损坏。如果轮子陷住,应立即弃车,寻找较高的地区。否则,迅速上涨的洪水会吞没汽车和乘客,并把他们卷走。
4. 一次洪灾过后,要密切注意水源支流和主要河流的情况,以免大范围洪水在稍晚的时候再次出现。

2.3 气象灾害与自救

请记住如下防雷守则：

1. 打雷时，除了特殊情况外，不要冒险外出。
2. 不要靠近金属管道、暖气片、金属门窗、插上电源的电器和导线，暂停电话、管道、金属制品或建筑钢材等安装工作。
3. 拔掉电器的电源插头，不得使用插上电源的电吹风、电动剃须刀等电器设备。
4. 迅速离开水和小船，不要靠近拖拉机，不要扛着金属物品露天行走。建筑物和客车是最安全的地方。在没有掩蔽所时，可以蹲在低洼处，与高大物体的距离是其高度的两倍。
5. 当你的头发竖起或皮肤发生颤动时，可能要发生雷击，应立即倒在地上。受到雷击的人可能被烧伤或休克，但身上并不带电，可以立即救援和处理。

第3节 人为灾害与自救

现代灾害研究及分析表明，人为灾害在各种灾害中的比重正在上升。人为灾害是学生身边的杀手，它虽然不如地震、洪水、台风、雷电那么突然，但事故及灾害的后果严重。所以，人类必须负起责任，防止发生在校园及家庭中的事故。

3.1 火灾与自救

火灾一向被列为灾害之首。人们常说"水火无情"，现代社会的火灾更具有明显的时代特征。世界上最大的人为纵火烧死3万人（日军于1938年在长沙制造）；最大的爆炸引起的火灾炸掉了半个海港，死伤4 500人（1944年印度孟买）；最大的地下煤火在两年内白白烧掉3 700万吨煤。从应急管理部消防救援局获悉：2018年全国共接报火灾23.7万起，死亡1 407人，受伤798人，已统计直接财产损失36.75亿元，同2017年相比，火灾起数下降15.8%，亡人上升0.9%，伤人下降9.6%，损失上升1.8%；其中，发生较大火灾67起，较上年增加2起，重大火灾4起，较上年减少1起，特别重大火灾1起，较上年增加1起。

3.1.1 灭火原理及方法

长期以来，我国人民在同火灾做斗争中积累了丰富的经验，并逐步总结出了一套灭火的方法。通常的灭火方法主要有：隔离法、窒息法、冷却法。

3.1.2 灭火器材的种类及使用灭火器的基本方法

灭火器是扑灭初起火灾的重要武器，一旦发生火灾，它就能发挥重要的作用。在日常生活中，通常使用的灭火器有以下几种：

1. 泡沫灭火器：主要用于扑灭可燃液体和一般固体火灾，尤其对有油类初期火灾的扑灭效果较佳。但泡沫灭火器不能用来扑灭忌水的化工产品，如金属钠、镁铝粉等。在扑救电器火灾时，必须先切断电源。

使用方法如下：使用时，颠倒筒身，使两种药液混合而发生化学反应，产生泡沫由喷嘴喷出。

2. 干粉灭火器：适用于扑灭可燃液体火灾、带电设备火灾，特别适用于扑灭可燃气体火灾，但对固体火灾的扑灭效果不大。

使用方法如下：使用时，先取下喷枪，打开粉管，再抬起进气压杆，使二氧化碳进入罐中，用手持枪，使枪口对准火焰根部，由近及远将火扑灭。

3. 二氧化碳灭火器：二氧化碳是不会燃烧的气体，对绝大多数物质没有破坏作用，且不留痕迹，没有毒害。它适用于扑灭各种易燃液体和那些受到水、泡沫、干粉等灭火剂沾污后易损害的贵重设备、精密仪器的火灾。二氧化碳不导电，还能扑灭电压600伏以下的各种带电设备的火灾。

使用方法如下：先将灭火器铅封去掉，手提提把，翘起喷筒，再将手轮按逆时针方向旋转开启，高压气体即自行喷出。

4. 1211灭火器：新型高级灭火剂，效果是二氧化碳的5倍，具有不导电、无腐蚀性、灭火后不留痕迹的特点。它适用于扑灭油类、带电及精密机械、仪表、文物、图书馆档案等贵重物品的火灾。

使用方法如下：拔出保险销，压下手把，灭火剂即从喷嘴喷出。

3.1.3 发生火灾后怎么办

发生火灾后，应立即报警；扑灭初起火源。

对大学生而言，在紧急情况下，应迅速脱离火场，选择逃生。请记住以下自救方法：

1. 平时应考虑好几条不同的逃生路线；
2. 起火时，不要钻进阁楼、床下、家具内；
3. 火势不大时，要披上浸湿的衣服迅速冲出去；
4. 生命是最重要的，不要留恋财物，逃出现场后，切不可再跑回去；
5. 在浓烟中避难逃生，应放低身体，匍匐前进，用湿毛巾捂住口鼻；
6. 如果身上起火，不可乱跑，应就地打滚将火熄灭或果断脱掉衣服；
7. 不要盲目跳楼，可用绳索或床单撕成条状连起来，并紧绑在门窗上滑下；
8. 若逃生之路被火封锁，在无奈的情况下，退回卫生间，关闭门窗，不断向门窗泼水；
9. 充分利用阳台、天窗自救。

3.2 交通事故与自救

交通事故指陆、海、空交通工具在运行中发生的人员死亡和物质财产损失的事故。它是20世纪才有的灾害，但已成为一种严重的社会灾害。据不完全统计，自1899年在美国发生全球第一起汽车交通事故以来，至今一百二十年，全世界死于车祸的无辜者已达3 200万人，受伤致残者4亿~6亿人；海难、空难死亡的风险度更高，但发生概率低，每年死亡在1万人左右。正因如此，人们把交通事故称为"交通战争"，而且是"永不休止的战争"，称汽车是"流动的杀手"。

人们在交通事故中受到伤害，从行为上说，主要有三方面的原因：

1. 在乘坐各种交通工具时，由于驾驶员操作不当等所造成的相撞、起火爆炸、坠崖等事故。
2. 骑自行车因车祸、意外而造成的伤害。
3. 在马路上行走所发生的交通事故。

发生交通事故时,应如何自救呢?

1. 在乘坐汽车和飞机时,系牢安全带。世界交通事故调查显示,英国安全带使用率提高为92%,死亡人数比率减少24%。

2. 车、船发生事故,而自己又在其中时,首先应保持镇定、清醒。迅速辨明方向,寻求应付的办法。车、船发生事故时,往往会因撞击给人身造成伤害。如果在撞击的短暂时刻发现险情,应迅速紧握面前的扶手、椅背,同时,两腿弯曲用力向前蹬地,手臂用力前推,使撞击力尽可能消耗在自己的手腕和腿弯之间,减缓身体前冲的速度,从而降低身体受伤的程度。

3. 如果你所乘的车不幸发生翻滚,应迅速两手抱头,两腿弯曲团身,不要死死抓住某个部位。

4. 骑车、行路时,自觉遵守交通规则,提高安全意识,消除侥幸心理。

3.3 常见意外事故与自救

3.3.1 触电的急救

1. 要脱离电源。电流作用于人的时间愈长,后果愈严重。脱离电源应采用最快的方式,同时保护救护人员的安全。断绝电源可采用以下方法:

(1) 关闭电源开关:这是一种简便、安全、有效的方法。在关闭电源开关时,应再将保险盒打开,将总电闸挑开,这样更稳妥。

(2) 斩断电路:在野外或其他地方,因碰到被刮断的电线而致触电,却又不便用挑开电线法时,可用装有干燥木柄的刀、斧、铁锹斩断电线,或用包有橡皮、塑料绝缘物的工具斩断电线,使电流中断。

(3) 挑开电线:触及垂下或刮断的电线而触电,附近又无法找到电源开关时,可用干燥的木棒、竹竿等绝缘物将触及人体的电线挑开。

(4) 拉开触电者:当上述方法都不易实施时,可用本方法。用大的干木棒将触电者拨离触电处;也可用绳子、衣服拧成带子套在触电者身上,将其拉开。此时,救护者脚下应垫干燥的木板或站在棉被等绝缘物上。

救护者在抢救中一定要注意自身的安全,绝不能用手直接去拉触电人,尽管这种常识极为普遍,但在紧张的情况下,因用手直接去拉触电人,而使救护人也触电的事屡见不鲜。曾有一起触电事例,先后有7人因直接用手去拉触电人而均累及。

2. 要进行现场急救。经验证明,在脱离电源后立即采取行之有效的急救措施,是伤员复苏成功的关键。现场急救的主要方法是口对口人工呼吸,同时做胸外心脏按压。

3. 要立即送医院抢救。在对触电者不中断人工呼吸、胸外心脏按压情况下,立即将他送至医院,采取各种急救措施。

3.3.2 急性中毒的急救

尽快排除毒物是急性中毒中紧急处理的首要选择。

1. 吸入性中毒,如煤气、天然气、氯气中毒,要立即关闭中毒气体源的开关,迅速把中毒者搬到室外空气流通的地方,使中毒者马上能吸入新鲜空气和氧气。解开中毒者的衣领、腰带,注意保暖。症状轻、不昏迷的,可以喝热浓茶,数小时后即会好转,不必去医院。原有煤气的屋子要开门窗通风换气。

2. 中毒者神志不清昏迷的,应及时备车急送医院抢救。护送中要尽可能清除病人口中的呕吐物及痰液,有活动的假牙要取出,将中毒者的头偏向一侧,以免呕吐物阻塞呼吸道。

3. 中毒者呼吸不匀或微弱,可行口对口人工呼吸;呼吸、心脏都已停止时,应现场立即做人工呼吸和胸外心脏按压,不能放松抢救。在运送医院途中,仍应坚持抢救。

4. 皮肤黏膜沾染毒物,应立即用大量清水彻底冲洗,污染的衣服及时脱去,以免重复中毒。清洗时不要用热水,以免血液循环加速使皮肤中毒。冲洗的时间为 15~30 分钟。腐蚀性毒物冲洗的时间应长一些,可用中和性液体冲洗,眼睛如被强碱、强酸沾染,一定要用清水彻底冲洗,有条件时应用生理盐水冲洗,若眼角膜被腐蚀,极易引起失明。

5. 中毒食物,采用催吐、洗胃、导泻等方法排除毒物。昏迷、抽风以及误服汽油、柴油、腐蚀性毒物的中毒者禁用催吐方法。洗胃一般要在医院进行,服毒 6 小时内洗胃最有效,超过 6 小时毒物大多数已被吸收入血液,但仍需积极洗胃,如此才能保证抢救成功。

3.3.3 日常应急救护的"十不准"

1. 敌敌畏、敌百虫中毒时,不准用热水或酒精擦洗,热水擦洗会促进毒物吸收,而应用冷水冲洗。

2. 有人触电,不能用手拉。应立即切断电源,拉开电闸或用木棒挑开电线,或用木把斧砍断电线。

3. 急性腹痛时不应服止痛药,因止痛药能掩盖病情。急性腹痛应立即送医院检查。

4. 心脏病患者发生气喘时,不准平卧,平卧会增加肺淤血及心脏负担,使气喘加剧,而应采用两腿下垂坐位的姿势。

5. 脑出血者不得随意搬动。突然跌倒,昏迷不醒或半身不遂者有可能发生脑出血,随意搬动会增加出血的范围。应立即平卧,头部抬高,及时送医院。

6. 小而深的伤口,不得马虎包扎。伤口缺氧,破伤风杆菌容易生成,应立即清洗伤口,注射破伤风抗毒素。

7. 昏迷病人,不得进食饮水。昏迷病人进食饮水会使食物误入气管,引起窒息和肺炎。昏迷病人的头应偏向一侧,防止呕吐物进入气管。

8. 外伤内脏不得还纳。因脱出的内脏已经被感染,应立即用干净的纱布覆盖,急送医院。

9. 止血带不能长时间结扎,长时间结扎会导致上下肢体缺血坏死;应每隔 1 小时松开 15 分钟。

10. 抢救病人不得拖延时间。时间就是生命,应争分夺秒尽快送医院。

1. 在体育活动中应如何注意安全防范?
2. 谈谈你对安全防范的认识。

第 8 章 终身体育

第 1 节 终身体育概述

体育锻炼以它特有的功能和魅力,对维持健康、增强体质、延缓衰老、提高生活质量起着重要的作用。正因如此,它吸引了成千上万人的参加,已成为现代人的一种生活方式和生活态度。

1.1 终身体育的概念

终身体育是指一个人终身进行体育锻炼和接受体育指导与教育。终身体育不仅是体育价值观念的问题,而且是从事体育锻炼的实践过程。

1.2 终身体育的形成

你知道终身教育吗?

在 20 世纪 60 年代,终身体育还只是一种体育思潮。它的出现直接受到终身教育思想的影响。终身教育是法国人保罗·郎格郎在 1965 年召开的联合国教科文成人教育会议上提出来的,是指"人们的一生中所受到的各种培养的总和"。它包括人从出生到死亡所受到教育的总和。实际上,人的一生中所获取的知识、技能、能力,其大部分都是在离开学校后的社会生产实践中得到的。

终身教育思想认为,教育和训练的过程不应随着学校学习的结束而终止,而是应该贯穿人的生命的全过程。长期以来,传统的观念认为,人的生活分为 3 个阶段:学习阶段、工作阶段和老年阶段。在学校学习的知识可以终身受用,学校的学习成绩可以决定人生的未来。但是,现代科学技术突飞猛进,生产、管理市场的结构以及人们的社会生活已随之发生了急剧的变化,这种传统的教育观念在急剧的变化面前,显得陈腐和落后,已跟不上社会发展的需要。那种认为取得高学历就一劳永逸的观念,不仅落后于当代世界教育改革的潮流,而且与我国现阶段社会经济的发展需要也不相适应。

终身体育作为 20 世纪出现的一种完整的、现代的体育思想,是在终身教育思想的影响下形成的,它还受到体育本身功能、人体发展变化规律、体育锻炼对身体积极作用的影响以及现代社会发展对人提出的更高要求等方面的影响。

1.2.1 体育锻炼对人体发展各阶段具有积极作用

人的一生要经历 3 个时期,即生长发育期、成熟期和衰老期。体育锻炼如能遵循人体发展的规律,控制、协调好人体的发展,就可起到增进健康、增强体质的积极作用。体育锻炼应根据人体发展各个时期的特点,提出不同的要求。在生长发育期,应提出促进正常生长发育的要求;在成熟期,应提出保持旺盛精力和充沛体力的要求;而在衰老期,则应提出延缓衰退、延长工作年限和延年益寿的要求(图8.1.1和图8.1.2)。

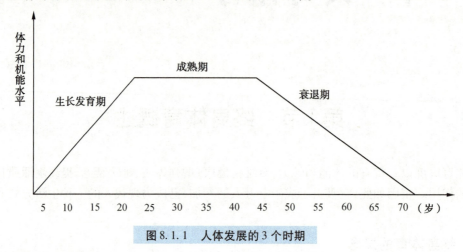

图8.1.1　人体发展的3个时期

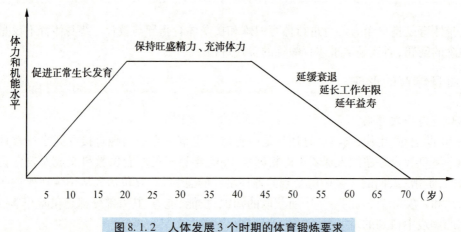

图8.1.2　人体发展3个时期的体育锻炼要求

综上所述,人体发展的不同时期,对身体锻炼提出了不同的要求,体育锻炼的目标、内容和方法也随之有所不同。为了保持身体健康,体育锻炼应伴随人的一生。

1.2.2　终身体育是现代社会发展的需要

目前,世界上经济发达的国家普遍采取了积极的体育手段,把参加体育锻炼、开展各种有益于健康的运动,作为现代生活的重要内容,以防止各种"文明病"的发生。近二十年来,我国经济飞速发展,人民的物质文明和精神文明水平不断提高,体育锻炼也越来越成为社会发展和日常生活的重要内容。大学生是祖国现代化建设的未来,担负着中华民族在21世纪伟大复兴的历史重任。只有体魄强健,才能精力充沛地从事学习和工作,才能为伟大祖国做出自己的贡献。为了适应社会发展的需要,要保持身体经常处在最佳状态。这种伴随人的一生发展的体育——终身体育,既是现代生活方式的一个重要内容,又是人类文明发展的必然。

1.2.3 发展终身体育对社会进步的实践意义

世界卫生组织(WHO)曾指出,健康是基本人权,尽可能达到健康水平,是世界范围内的一项重要的社会目标。终身体育,标志着社会的发展与进步,对社会进步与发展具有实践意义。

> 一身动,则一身强;一家动,则一家强;一国动,则一国强;天下动,则天下强。
> ——(清)颜元

在人的一生中,从生到死,始终坚持体育锻炼,是满足社会发展对自身要求的重要手段。如果全民族都能做到经常自觉地坚持体育锻炼,养成体育锻炼的习惯和自我意识,那么全民族的体质就能进一步提高。人人都能适应社会工作,提高劳动生产率,那么一个国家的物质和精神文明程度就会得到提高,就会促进社会的进步与发展。

第2节 学校体育是终身体育的基础

终身体育意味着体育锻炼伴随着人的一生,从出生的婴儿时期一直到老年时期,它包括了家庭体育(婴幼儿)、幼儿园体育(幼儿)、学校体育(儿童、少年、青年)和社会体育(成年至老年)这几个组成部分(图8.2.1)。其中,学校体育阶段处在人的6~21岁,是一生中的黄金时期,因而更是人的发展的关键时期。学校是培养人的场所,现代人一般都要经历学校教育阶段,学校体育对于形成终身体育思想占有非常重要的地位。在这一时期,通过有目的、有计划、科学系统地接受体育教育,全面地锻炼身体,增强体质,促进身心健康,掌握体育锻炼的知识、技术和技能,培养对体育锻炼的爱好和兴趣,养成自我锻炼的习惯,对每个人都是非常重要的。在这个时期,身体生长发育得如何,直接影响着人一生的健康。在学校养成的自我体育意识也将影响到一个人离开学校后的行为,决定他能否终身从事体育锻炼。由此可见,学校体育在终身体育的体系中起着承上启下的重要作用。学校体育是我们奠定终身体育的关键的基础时期。

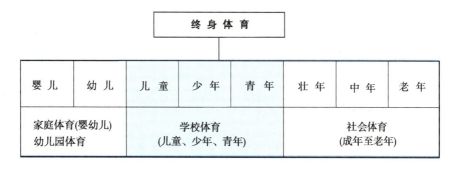

图8.2.1

第3节　大学生终身体育的特点

大学生终身体育的特点取决于大学生生理和心理的年龄特征、大学生社会化的进程、大学生在学校中学习和工作的方式。

从大学生生理年龄特征来看,大学生的神经系统功能已经发展得极为健全;心肺系统功能也基本完善;运动器官系统稳定,已接近成年人的水平;生殖系统已经成熟。但由于个体差异及性别差异、城市与农村差异以及地区差异,大学生运动能力和身体素质的发展还存在着不均衡性。从大学生心理年龄特征来看,大学生的自我意识不断加强,个性逐渐形成,情感丰富而有理性,智力水平较高,性意识增强。从社会学的角度看,现在的大学生年龄一般在 16～21 岁,已经成人。其社会化已经基本完成,意味着他们已具备了一个社会成员的基本条件和资格,具备了参与社会交往及社会活动的能力。从大学生的生活方式看,他们在学校的主要活动内容就是学习。现代科学技术的发展以及各种信息的迅速传播,社会竞争的加剧及就业的压力,使大学生的学习压力日益加重,从某种意义上说,脑力劳动已成为大学生的主要的活动内容。这些都决定了大学生终身体育的特点。

3.1　自我体育意识较强,具备从事自我体育锻炼的能力

自我体育意识是指从本人自身的需要出发,按照自己的兴趣和爱好,自觉地从事体育锻炼。体育锻炼中的自我体育意识乃是对自己存在的察觉,即自己认识自己,包括生理状况、心理状况、运动技能及自己与他人的关系。总之,自我体育意识就是自己对于属于自己身心状况的认识。

经过多年的小学、中学的学校体育教育,大多数大学生已培养起对体育锻炼的爱好、兴趣和习惯,进入大学后,由于其文化素质进一步提高,对体育的价值观和体育态度更趋理性。大学生自主能力较强,可以合理地支配自己的时间。因此,根据自己的身体情况及周围的环境特点和客观条件,结合自己的兴趣、爱好和职业(学习专业)的特点,应努力学习自我体育锻炼的知识和技能,发展自我体育锻炼的能力,养成终身体育锻炼的习惯。

3.2　有计划、有组织的教育过程

教育部 2002 年颁布的《全国普通高等学校体育课程教学指导纲要》指出:体育课程是大学生以身体练习为主要手段、通过合理的体育教育和科学的体育锻炼过程,达到增强体质、增进健康和提高体育素养为目标的公共必修课程;体育课程是寓促进身心和谐发展、思想品德教育、文化科学教育、生活与体育技能于身体活动并有机结合的教育过程;是实施素质教育和培养全面发展的人才的重要途径。

3.3　体育锻炼的方法、手段和内容可灵活多样、丰富多彩

大学生体育锻炼的方法、手段灵活多样,方式和内容丰富多彩,一般包括竞技性的体育活动、职业实用性的体育活动、健康娱乐性的体育活动、无数保健性体育活动、医疗性的体育活动及健身锻炼等。

第4节 大学生终身体育锻炼与专业学习相结合

由于学习专业的差异和未来从事职业的不同,大学生在发展终身体育时应该考虑到所学专业和未来职业的需要,学习并掌握未来职业所需要的身体锻炼的知识手段、技能和方法,掌握具有职业实用性的运动技能,提高未来职业所需要的体能和身体素质,培养未来职业所需要的心理素质和对外界环境的适应能力、对疾病的抵抗能力。所以,大学生在发展终身体育时应注意与专业学习和未来职业的需要相结合,从应掌握的体育知识、主要的运动项目和技能、技巧、运动能力方面入手。

根据学习专业和未来职业的活动特点,文科、师范院校大部分专业的学生所应掌握的体育知识包括体育理论、卫生健康、运动保健、自我锻炼的原则和方法、自我监督与自我评价;应该掌握的主要运动项目包括球类(足球、篮球、排球、羽毛球、乒乓球、网球等)、游泳(掌握一至两种姿势)、体操(垫上运动、单双杠)、有氧运动(健身操、慢跑等)、民族传统体育项目(如武术)、娱乐休闲体育等。应全面发展运动能力和健康体能,重点发展腰背肌、上肢力量。值得指出的是:由于文科职业工作需长时间地伏案和在办公室活动,极易造成脊椎病和"办公室"综合征,影响身体健康和工作效率,因此可自编有针对性的体操,以防止或缓解这一症状的发生。师范专业的学生要为人师表,应养成端正的行、走、坐、立身体姿势。

理工科专业的学生应该掌握的体育知识包括体育理论、卫生健康、运动保健、自我锻炼的原则和方法、自我监督与自我评价;应该掌握的主要运动项目包括球类(足球、篮球、排球、羽毛球、乒乓球、网球等)、游泳(掌握一至两种姿势)、体操(垫上运动、单双杠)、有氧运动(健身操、慢跑等)、民族传统体育项目(如武术)、娱乐休闲体育(如登山、健美、保龄球)。

法律、公安、警察专业的学生,应该掌握的体育知识主要包括人体生理学、解剖学知识,自我防卫知识;应该掌握的主要运动项目包括拳击、摔跤、擒拿、格斗、武术、散打、射击、驾驶;应该具备的运动素质和能力主要是力量、速度、耐力、灵敏度和攀爬、格斗能力、快速奔跑和长距离奔跑的追击能力。

医学专业的学生,应该掌握的体育知识主要包括人体生理学、解剖学知识,运动医学、医疗体育、保健康复、自我锻炼的原则和方法,自我监督与自我评价的方法;应该掌握的主要运动项目包括球类(足球、篮球、排球、羽毛球、乒乓球、网球等)、游泳(掌握一至两种姿势)、体操(垫上运动、单双杠)、有氧运动(健身操、慢跑等)、民族传统体育项目(如武术)、娱乐休闲体育(如登山、健美、保龄球);应该具备的运动素质和能力主要是全面发展健康体能,重点发展灵敏协调的能力、快速反应判断能力等身体素质,上肢各个部位的力量,指力、腕力、臂力及手眼的协调配合能力。

航海、水产、水上运输和水上作业等专业的学生,应该掌握的体育知识主要包括自我锻炼知识和海上航行及救护的知识;应该掌握的主要运动项目包括游泳(爬泳、蛙泳、蝶泳、仰泳、侧泳、反蛙泳)、潜水、跳水、水上救护、划船、驶风、浪木、伏虎、旋梯、爬绳、爬杆。应该具备的运动素质和能力主要是全面的运动素质,尤其是平衡能力、上肢力量及耐久力。

航空和建筑专业的学生,应该掌握的体育知识主要包括自我锻炼知识和救护的知识;应该掌握的主要运动项目包括体操、伏虎、旋梯、爬绳、爬杆、秋千等各种发展前庭分析器的练习;应该具备的运动素质和能力主要是全面的健康体能,同时应重点发展力量、速度、灵敏协调的素质。

地质、矿产、石油、野外勘探、林业、农业等野外专业的学生,应该掌握的体育知识主要包括旅行知识、自我救护知识、野外生存知识和自我锻炼的知识;应该掌握的主要运动项目包括旅行、登山、攀爬、攀岩、越野跑、野营、游泳、泅渡和结合自然力的锻炼;应该具备的运动素质和能力主要是力量和耐力、长时间走和跑的能力,以及对恶劣环境条件的适应能力,如对高温、高湿、高寒、高山缺氧及阳光辐射的适应能力。

思 考 题

1. 什么是终身体育?
2. 简述终身体育对专业学习的影响。

保健与休闲篇

第9章 体育保健

体育保健是指通过体育运动,保持健康和增进健康。其主要目的是促进体育运动参加者的身体发育,提高身体素质,增进健康,提高生活质量。同时,使体育运动参加者运用体育保健的知识和方法,科学地进行体育锻炼,促进生长发育,提高免疫机能,增强身体素质。

第1节 保健按摩

保健按摩是通过对人体特定部位施行各种手法,疏通经络,调和气血,促进新陈代谢,以增进健康和治疗疾病的一种方法。它是我国古老的传统健身术之一。

1.1 面部按摩

1.1.1 摩面
两手洗净,搓热,从发际到下颌,从下颌到发际往返按摩面部10~20次。

此功可以改善面部血液循环,持之以恒,可少生皱纹,保持健美。上下往返进行,是为了使面部肌肉得到全面锻炼,不向下坠。

1.1.2 摩太阳穴
用两手拇指指腹揉按太阳穴10~20次,再由眉梢稍用力捋至太阳穴10余次。此功有助于防治头痛、头晕、眼疾等。

1.1.3 摩眼
两中指对搓热,闭目,从内眼角向外微用力摩至外眼角为1次,可摩10~20次。

用两食指分别点按丝竹空穴(眉外梢处)、攒竹穴(眉内梢处)、精明穴(眼内角处)、四明穴(眼卜处)各10~20次。

向一方向转眼球10次,再向反方向转10次。如可能,遥望天空片刻。人称此功为运眼功。

摩眼不仅有助于防治各种眼病,而且中医认为眼是人体阳气之窗口,肝开于目,因此此功还有助于增进全身健康。

1.1.4 摩鼻
两手食指对搓发热后,由上而下、由下而上往返摩鼻两翼10~20次。

久练此功有利于分泌正常的鼻黏液(即鼻涕,在正常的鼻黏液中含有杀菌物质),也可促进鼻黏膜上皮细胞的纤毛摆动,从而将混合在分泌液中的灰尘、细菌从咽部排出,增强抗病能力。它能预防感冒和鼻炎等。

1.1.5 按印堂

用一指尖掐按人中穴(两眉之间),按顺时针和逆时针方向各揉转 30～50 次,然后再用手指点 10～20 次。

刺激人中穴既可使呼吸中枢兴奋,增加呼吸频率和深度,又能使内脏血流量增加,改善全身血液供应,特别是能使脑血管扩张,改善脑供血情况,有抗休克、防治脑贫血和低血压等功效。但高血压患者不宜练此功,或者减轻刺激强度和次数。

中医理论认为,人中穴是女性生殖器官在面部的投影,因此点按此穴可增强女性生殖系统的功能,有助于防治女性生殖器的病变(如月经不调、痛经等)。

1.2 头部按摩

1.2.1 按头

用两手指甲尖均匀地轻啄和点按整个头部。轻啄是用指甲一啄即起;点按是用指甲微用力点按片刻,使头部感到有些微痛为止。如此反复进行。

此功能起到一定的头针疗法的作用,长久坚持,对脑源性疾病所引起的肢体瘫痪、麻木、失明、失语等症有一定疗效。

1.2.2 捋头

两手拇指分别按在两太阳穴,其他四指则同时经头顶、头后捋至颈两侧为止。如此 10 次左右,有助于防治高血压。

1.2.3 点风池

用拇指或中指按后脑风池穴和颈下大椎穴。点按风池穴有助于降血压和防治后头痛。点按大椎穴,有助于防治背颈痛,还有一定的退热消炎作用。

1.2.4 头部按摩作用

头是中枢神经系统所在的部位,大脑支配着人体的一切生命活动,因此大脑组织血管和神经纵横交错,异常丰富,其代谢率也高,耗氧量约占全身的 20%,血流量约占全身的 16%,加上大脑神经细胞对供氧不足极为敏感,所以脑组织必须经常保持充足的血液供应。坚持头部和脸部按摩,可以促进大脑和脑神经的血液供应,增强其功能。

1.3 耳部按摩

1.3.1 鸣天鼓

两手心紧按两耳,食指在上,中指在下,使二指相叠后食指骤然滑下弹击后脑 10 余次,然后两手心骤然抬离两耳 10 余次,如此一开一闭以震动耳膜,加强听觉。

1.3.2 擦耳壳

两手掌同时摩擦两侧耳壳(可使耳壳前后对折)20～30 次,至耳壳发热为止。

1.3.3 揉耳窝

两手食指指腹同时按揉两侧耳壳的耳甲艇(耳轮脚上面的凹窝)10～20 次,再按揉耳甲腔(耳轮脚下面的耳窝)10～20 次。

1.3.4 拉耳轮

两手拇指和食指分别同时由耳轮上端向下端捋两侧耳垂20~30次,也可揉摩耳轮几十次;然后,紧握两耳分别向上、向外、向下用力提拉耳轮各3~5次。

1.3.5 耳部按摩的作用

耳壳的神经、血管和淋巴分布丰富,特别在耳腔、三角窝处交叉吻合成丛。中医理论认为,各条经络都直接或间接经过耳部,因此耳与脏腑有密切联系,人体各部位或内脏的生理、病理情况都直接和耳有关,所以在耳壳的一定反应点上进行刺激和点按,可以调整和恢复人体相应部位的生理机能,有助于防治疾病。

1.4 嘴部按摩

1.4.1 按嘴边

用一个或几个手指指腹揉按嘴的四周,力达齿龈,以加强齿龈的血液循环,可防治牙周病,加固牙齿。

1.4.2 叩齿

上下牙互相叩击20~30次。叩齿有助于咽鼓管和鼻组管的通畅,可震动耳鼓膜,轻微刺激大脑,所以有助于提高听力和预防耳鸣等,同时又能醒脑清神。此功还可促进牙周膜、齿龈等部位的血液循环,增加牙齿的营养供应,所以能固齿,并防止牙病发生。例如,有的人坚持早晚各叩齿200次,竟治好了牙周炎。

1.4.3 搅舌

舌头在口腔内部和牙齿外面各转动10~20周。搅动时,两颊肌肉要随之配合用力推动。搅动时,口内分泌的唾液必然增加,可以分几次咽下。每次咽前,都要鼓漱10~20次,然后分3次小口咽下,臆想咽到了丹田。古人称此功为咽津或鼓漱。

坚持叩齿、搅舌和按摩嘴四周,两颊肌肉必随之配合用力活动,所以咬肌不易萎缩,面颊部不易塌陷;咀嚼有力,牙齿不易松动和脱落;此外,唾液内含淀粉酶、溶菌酶和分泌性抗体等物质,既可帮助消化食物,又有杀菌、抗病毒等作用,有助于清洁口腔,提高口腔黏膜的功能。所以,古人高度重视"咽津"功,许多古代医学著作中均推荐此功。

此功可在饭后立即进行。晨起可先用水漱口后再叩齿、搅舌等。

1.5 颈部按摩

1.5.1 摩颈

左手掌横放在后颈部,向左前方摩擦,以左下颚骨下方到喉部止,如此做10~20次。

1.5.2 摩喉

1. 一手拇指、食指揪住喉部肌肉用力拉起,然后放开,一揪一放为1次,共做10~20次。

2. 仰头,两手手指微屈成轻握拳,用食指、中指、无名指和小指的指背摩擦喉部,至发热为止。

3. 左手拇指按在喉左侧,其余四指按在喉右侧,由上而下轻轻摩擦10~20次;再换右手照此法做10~20次。

1.5.3 颈部按摩的作用

喉黏膜是人体最弱、最易受到病菌侵害的部位之一,所以感冒多患喉炎。多练此功有助于喉部的血液循环,可增强抗病能力,有人用此功治好过多年不愈的慢性喉炎。

1.6 上肢按摩

1.6.1 敲指

两手五指分开,先对敲两手虎口10~20次;然后,再两手十指交叉对敲两手四指指根部10~20次。此功称"敲入邪",能防治手指麻木。

1.6.2 敲劳宫穴

一手半握拳,敲另一手手背(背劳宫穴)和掌心(内劳宫穴),两手各敲10~20次。

1.6.3 敲腕

两手半握拳,掌根对敲(大陵、腕骨二穴),再对敲腕背(阳池穴),再敲打第一、二掌骨之间(合谷穴),再敲打第五掌骨外侧(后溪穴),各10~20次。

1.6.4 拍臂

一手握拳从腕拍打至肩,要拍遍整个上肢(两臂均拍)。

1.6.5 揉肩

两手搓热,右手按在左肩端用力一握一松,揉摩10~20次,然后换右肩同样做10~20次。此功可防治肩病和肩周炎等。

1.7 胸腹按摩

1.7.1 捋胸

两手搓热,贴于胸前,十指顺肋间(骨缝)用力捋擦10~20次,然后两手交替从喉部向下捋擦到膻中穴(心窝处)或大腿根10~20次。

1.7.2 按胸

两手十指指甲尖用力点按整个胸部,每点按一处停片刻,有病的部位(如肝、心、肺有病的部位)可以较长时间点按。

1.7.3 揉腹

两手搓热,一手绕肚脐(丹田)逐渐扩大回旋范围,揉摩10~20次。此功的作用是:第一,揉中脘穴,有健脾和胃、化湿降逆等作用,能调节胃肠的蠕动和分泌功能,有助于防治食物郁积、胃溃疡、胃肠神经官能症、便秘、神经性腹泻以及结肠功能紊乱等。第二,揉气海、关元穴,除可防治肠道疾病、增强腹肌张力外,还有助于加强阴益气、温阴固脱、调节冲脉和经脉、理胞宫、调气摄血等作用。据报道,刺激气海、关元穴还能增强机体免疫功能,提高抗体效能,强壮身体,补肾益气,提高泌尿生殖系统功能。它还有助于防治胃脱垂、子宫脱垂、直肠脱垂、遗尿、遗精、阳痿、早泄等,也可防治女性月经不调等症。

1.7.4 按腹

右手中间三指或拇指伸直,左手扶在右手背上,按满腹各处,次数不限,重要的是每点按一处,要下按到能忍受的程度,停片刻再慢慢抬起。一处可按2~3次。这种点按必然可按到腹部诸穴,使内脏血液加大循环。

按腹多采取仰卧姿势,一般循任脉(腹正中线)及其两侧点,按七八处即可。

按腹的作用是:第一,可直接按摩、牵拉腹内脏器,特别是肠胃、肝脾等。加快其血液循环,调节胃液、胆汁、胰液和肠液的分泌量,提高消化和吸收功能,防治各种疾病。第二,能大大减少腹腔和内脏中的淤血。第三,有显著的催眠作用,点按几个穴位后,常会在不知不觉中入睡。

腹部按摩时应注意:第一,女性腹臂较软,脂肪较厚,肌层较弱,盆腔内又有女性生殖器官,因此按摩时应用力轻些,多采用仰卧位,或向上揉按时多用些力,向下揉按时少用些力。第二,腹内有恶性肿瘤或胃肠穿孔,内脏出血、阑尾炎或腹膜炎等症者,绝对禁忌按摩腹部。第三,不要在过饱或过饥时进行腹部按摩。第四,夏天汗多,或腹部有皮肤病者,可选练点按或轻叩方法,也可按揉各穴位来代替。第五,按摩后,胃肠蠕动增强,往往会出现腹内发响(肠鸣音)、放屁、嗳气、热感或饥感等现象,这是正常反应。

第 2 节　运动保健

八段锦是我国民间广泛流传的一种健身体操,据有关文字记载已有几百多年的历史,深受劳动人民的喜爱,被比作精美的锦(丝织品),故名八段锦。人们在日常生活和劳动中往往会改变人体姿势,影响内脏和神经的功能,损害健康。八段锦的动作大多有助于纠正这类病态。我国古代的一些健身法,大多有明确的健身目的,某一动作可有益某一脏腑,或防治某一脏腑、经络的疾病,都有具体的规定和说明。八段锦也是如此,几乎每个动作的名称都注明了专门增强哪一脏器。譬如"提地托天"可以"理三焦","单举手"可以"调理脾胃","两手攀足"可以"去心火"等。八段锦的作用是综合性、全身性的。各节动作综合起来,才能起到调脾胃、理三焦、去心火、固肾腰的全面健身作用。

由于八段锦动作简单完整,较为全面,主要用祖国医学理论来解释动作对人体的作用,动量可大可小,老弱皆宜,既可防病,又能治病,特别是一些慢性病,因而深受人们的喜爱。

2.1　提地托天理三焦(图 9.2.1)

预备势:立正。

1 动,左脚向左侧横上一步,两腿屈膝成马步;同时两臂侧平举,高度同肩;然后两臂屈肘,两掌经脸前平摆至胸前,掌指相对,掌心朝下;目视前方。

2 动,上动略停,两脚伸膝站起;同时两掌内旋翻腕,沿面前向头上托起,掌指相对,掌心朝上;目视两掌。

要点:两掌心尽力上托,并与伸膝协调一致。

3 动,上动略停,两脚屈膝成马步,上体前俯;同时两臂屈肘,两掌经面前下按,高度同踝,掌指朝前;目视两掌。

4 动,上动不停,两掌向左,经前,向右,再向后沿顺时针方向划平圆 3 次;然后两掌变拳,拳心朝后;上体抬起;目视前方。

要点:划圆时,应以腰带臂,动作柔和连贯。

5动,上动略停,两腿伸膝站起,同时两臂屈肘上提,至胸前两拳变掌,两掌经面前内旋上托,至头顶上方,掌指相对,掌心朝上,目视两掌。

要点:两臂屈肘上提如提物状,并与两腿蹬伸协调配合。

6、7、8动与3、4、5动同,唯8动当两臂屈肘上提至胸前变掌后略停。

还原,左脚收回至右脚侧,同时两掌经面前向上、向两侧分开下落至两大腿外侧成预备势,目视前方。

"三焦"是指人体躯干的上、中、下3个部位的内脏。上焦指的是胸腔,中焦指的是腹腔,下焦指的是盆腔。

图 9.2.1

2.2 左右开弓似射雕(图 9.2.2)

预备势:立正。

1动,上体左转,左脚向左上一步屈膝成左弓步;同时两臂前平举,右手握拳、拳眼朝上,左手拇指跷起,其余四指第1、2指节回屈(如拉弓弦状),手心朝左;目视前方。

2动,上动不停,上体右转,腿屈右膝成马步,同时右臂屈肘向右侧平拉,左臂沉肩,直臂外撑;目视左方。

3动,上动略停,两腿略伸膝站立,同时上体略左转,两臂放松略前伸;目视左前方。

图 9.2.2

4动,上动不停,上体略右转;两腿屈膝成马步,同时,右臂屈肘向右侧平拉,左臂沉肩,直臂外撑;目视右方。

要点:前撑后拉需用力,并应尽量拉开。

5、6、7、8动与1、2、3、4动同,唯方向相反。另外,左右交替时需经过预备势。

还原:左右各做2次,然后还原成预备势。

2.3 调整脾胃臂单举（图9.2.3）

预备势：立正。

1动，上体左转，左脚向左上一步屈膝成左弓步；同时左掌外旋上提收至腰侧，掌心朝上，右掌经前左上摆动，至左肩前成摆掌，掌心朝下；目视前下方。

2动，上动略停，上体右后转，左脚蹬地、右腿屈膝成右弓步；同时，右掌随转体经前、右，向后搂摆，左掌沿耳侧向头上方撑出，掌指朝右；目视左掌。

要点：右掌搂摆时，上体略前俯，以加大搂摆幅度；左臂尽量撑直，并与左腿成一条直线。

3动，上动略停，上体略左转，左右肩臂略放松回撤；目视前方。

4动，上动不停，上体左转，同时，两掌用力向外撑出；目视右掌。

5、6、7、8动与1、2、3、4动同，唯方向相反。另外，左右交替时，前举之臂需先屈肘摆掌后，再向前搂摆。

还原：左右各做2次，还原成预备势。

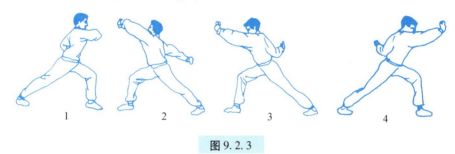

图9.2.3

2.4 "五劳七伤"向后瞧（图9.2.4）

预备势：立正。

1动，上体左转，左脚向左上一步屈膝成左弓步；同时，左掌外旋上提收至腰侧，掌心朝上，右掌经前向左上摆，至左肩前成摆掌，掌心朝下；目视前下方。

2动，上动略停，上体右后转，左脚蹬地右腿屈膝成右弓步；同时右掌随转体经前、右，向后搂摆，左掌沿耳侧向头上方撑出；掌指朝右；然后，头用力右后转，并略停片刻；目视左脚跟。

要点：两掌尽量外撑，腰部拧紧，头尽量向右转摆。

3动，上动略停，头左转还原向前方；左臂屈肘于胸前，左掌下落至右肩前成摆掌，掌心朝下，同时右臂屈肘，右掌外旋上提收至腰侧，掌心朝上；目视前下方。

图9.2.4

4 动与 2 动同,唯方向相反。

还原:左右各做 2 次,然后还原成预备势。

"五劳七伤"指的是 5 种脏器的劳损。中医认为:"心劳血损,肝劳神损,肺劳气损,脾劳食伤,肾劳精损。"其病因是"久视伤血,久卧伤气,久坐伤肉,久立伤骨,久行伤筋"。

2.5 摇头摆尾去心火(图 9.2.5)

预备势:立正。

1 动,左脚向左横上一步,略宽于肩,两脚尖朝前;上体前俯,两手分别抓握左右踝关节,拇指在里;目视两脚中间。

2 动,上动略停,右腿略屈膝,左腿向右蹬伸,使臀部向右侧摆;同时头部向左侧摆动。目视左脚外侧。

图 9.2.5

3 动,上动不停,右腿伸膝蹬直,臀部回摆至原位,同时头部也摆回原位。目视两脚中间。

要点:摇头、摆尾应与腿部的屈伸协调一致。

4、5 动与 2、3 动同,唯方向相反。

还原:左右交替各做 4 次,然后起身还原成预备势。

2.6 双手搬足除心疾(图 9.2.6)

预备势:立正。

1 动,左腿屈膝提起,两手抓握左脚掌。目视左脚。

2 动,上动略停,右腿膝略屈、重心略下降;同时,左腿缓缓伸膝向前蹬出,高度同髋,脚尖朝上。目视前方。

要点:双手搬足要抓紧脚掌;外蹬要缓慢并与支撑腿的屈膝、重心的下降协调配合。

3 动,上动略停,左腿屈膝回收并下落,当左脚下落至垂直面时,双手松开,左脚继续下落至地面支撑成预备势。

图 9.2.6

4、5 动与 1、2 动同,唯搬右足。

还原:左右交替各做 2 次,然后还原成预备势。

2.7 攒拳怒目增气力(图 9.2.7)

预备势:立正。

1 动,左脚向左横上一步,两腿屈膝成马步;同时两臂屈肘上提,两掌变拳抱于腰间,拳心朝上。目视前方。

2 动,上动略停,两腿伸膝蹬直;同时上体略前俯,两拳变掌经下、向前伸出,高与肩平,掌心朝下。目视两掌。

3 动,上动不停,两腿屈膝成马步,上体抬起;同时,两臂屈肘快速后拉,两掌边后撤边变拳握紧至腰侧成抱拳,

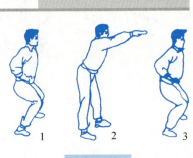

图 9.2.7

拳心朝上。目视前方。

要点：两拳要握紧，并与马步协调一致。马步抱拳时，两目尽量睁大，怒视前方。

4、5、6动与1、2、3动同，唯方向相反。

还原：左右交替各做2次（交替时需经过预备势），然后还原成预备势。

2.8 马上七颠百病消（图9.2.8）

预备势：立正。

1动，左脚向左横上一步，两腿屈膝成马步；同时，两掌外旋，两臂前平举，高度同肩，然后，两臂屈肘，使大小臂折叠，大臂下落至垂直，两掌在屈肘的同时变拳，停于肩前，拳心朝后。目视前方。

2动，上动略停，两脚伸膝站起，两脚前脚掌着地，脚跟抬起，上体略向前俯；两拳变掌边内旋边向前平伸，高于肩干，手背相对。目视前方。

图9.2.8

3动，上动不停，两脚屈膝下蹲全脚着地、成马步；同时，两臂屈肘回拉，两掌外旋，并变拳收至胸前，左前右后如勒马式。目视前方。

要点：上肢的勒马式与下肢的骑马式协调配合。

4动，上动略停，两脚前脚掌着地，脚跟提起，然后，迅速落下。目视前方。

要点：两脚跟提慢落快；全身保持放松。

还原：如此重复进行，共颠7次后，还原成预备势。

第3节 运动损伤的预防和处理

3.1 运动损伤概述

运动损伤指在体育运动过程中所发生的各种损伤。它的发生与体育健身安排、运动项目与技术动作、体育锻炼水平、运动环境与条件等因素有关。

3.1.1 运动损伤产生的原因

造成运动损伤的原因是多方面的，既与锻炼者的运动基础、体质水平有关，也与运动项目的特点、技术难度及运动环境等因素有关。

1. 运动前准备活动不充分，特别是缺乏有针对性的准备活动，致使运动器官、内脏器官机能没有达到运动状态，造成损伤。

2. 运动情绪低下，或在畏难、恐惧、害羞、犹豫以及过分紧张时发生伤害事故。有时因缺乏运动经验、缺乏自我保护能力致伤。例如，体操运动中由于紧张、恐惧发生落地时用肘部或直臂撑地，造成肘关节或尺骨、桡骨损伤。

3. 身体素质差、技术动作不正确。例如，短跑容易发生肌肉拉伤，原因就是下肢或腰部力量不足。此外，缺乏技术训练、动作要领掌握不好，很容易发生因错误动作引起的损伤，如篮球、排球运动中易引起手指关节挫伤。

4. 教学、训练中运动量安排不合理、组织方法不当。在组织教学、训练过程中,不遵守训练原则,不从实际出发,没有充分认识到不同年龄、性别、解剖生理及心理特点、健康状况及身体素质、运动能力等的差异,而是千篇一律对待。运动量安排需从小到大、从简单到复杂循序渐进,逐步提高。

5. 运动场地狭窄,地面不平坦,器械安置不当或不牢固,锻炼者拥挤或多种项目在一起活动,容易造成各种损伤。

3.1.2 运动损伤的分类

运动损伤的分类方法很多,概括起来主要有以下几种。

1. 按受伤部位及组织的种类与结构分类

这可分为皮肤损伤,如皮肤的擦伤、撕裂伤、切伤及刺伤等;肌肉、韧带损伤,如挫伤、拉伤、扭伤、断裂等;骨和关节损伤,如骨折、骨裂、关节脱位、软骨及骨骺损伤等;神经损伤;血管损伤;内脏器官损伤;等等。

2. 按受伤组织是否有伤口与外界相同分类

（1）开放性损伤

受伤后的皮肤、黏膜完整性不复存在,受伤组织有伤口与外界相通,可见出血、渗液等异常现象。

（2）闭合性损伤

受伤后的皮肤、黏膜依然保持完整,受伤组织未见有伤口与外界相通。

3. 按运动损伤发生的缓急程度分类

（1）急性损伤

急性损伤是指遭受一次直接或间接外力作用而造成的损伤。其特点是起病急,病程短,伤后明显。

（2）慢性损伤

慢性损伤又可分为:陈旧性损伤,指急性损伤后因处理不当而反复发作的损伤;劳损,指由于某局部运动负荷长期过度,超出了组织所能承受的能力,致使该部位微细损伤逐渐积累而造成的损伤。其特点主要为发病缓慢,症状渐起,病程迁延。

4. 按运动能力丧失的程度分类

受伤后仍能按照教学、训练计划进行体育锻炼或训练的为轻度伤;受伤后不能按照教学、训练计划进行体育锻炼或训练而需要停止伤部活动的为中度伤;伤后完全不能运动的则为重度伤。

3.1.3 运动损伤的预防

1. 认真做好准备活动,对可能发生运动损伤的环节和易伤部位,要及时采取预防措施。
2. 合理组织安排锻炼,合理安排运动量,防止局部运动器官负担过重。
3. 加强保护与帮助,特别要提高自我保护能力。例如,摔倒时,立即屈肘低头,团身滚动,切不可用直臂或肘部撑地。
4. 加强场地、器械安全监督。严格实施场地、设备卫生监督,场地、器械和防护用品要定期进行卫生安全检查,及时维修。禁止穿不合适的服装(鞋)进行活动。

3.2 运动损伤的急救

3.2.1 运动损伤的急救处理

发生运动损伤时,要及时进行合理而有效的急救,分秒必争地采取急救措施,然后把受伤者安全迅速送到医院。运动损伤发生时,如果处理不当,轻则会加重损伤,导致感染,增加病人的痛苦,重则致残或危及生命。

3.2.2 急救原则

现场急救比较复杂,必须抓住主要问题。如发现休克,应先抗休克——针刺人中、内关穴,并及时进行人工呼吸。如伴有出血,应同时施行止血,再做其他处理。

急救人员必须分工明确,并具有高度的责任感和救死扶伤的崇高品德;要临危不惧,判断正确,有条不紊地抢救;要有熟练、正确的抢救技术和丰富的临场经验。

3.2.3 急救方法

3.2.3.1 止血法

1. 冷敷法。冷敷可以使血管收缩,减少局部充血,降低组织温度,抑制神经感觉,从而达到止血、止痛和减轻局部肿胀的作用。

冷敷止血法常用于急性闭合性软组织损伤。最简便的方法是:用冷水冲洗或用冷毛巾敷于伤处,或将冰块装入热水袋(或塑料袋)内进行外敷,用冰块在治疗部位来回移动,每次20～30分钟。有条件的可使用氯乙烷喷射。

2. 抬高伤肢法。将受伤肢体抬高,让出血部位高于心脏,从而使出血部位的血压降低,减少出血。此法适用于四肢毛细血管及小静脉出血。

3. 压迫法。可分为止血带法、包扎法、指压法等。

(1)止血带法。常用的止血带有皮管、皮带、布条、毛巾等。采用此法止血时,应先将患肢抬高,然后在患处上方缚扎止血。缚扎时最好加垫,以防缚扎太紧,造成肢体组织坏死。这种方法不能缚扎时间太长,一般2～3小时即可解掉。

(2)包扎法。主要有绷卷包扎法,如环形包扎法(图9.3.1)、螺旋形包扎法(图9.3.2)、反折螺旋形包扎法(图9.3.3)、"8"字形包扎法(图9.3.4)。

图9.3.1 环形包扎法

图9.3.2 螺旋形包扎法

图9.3.3 反折螺旋形包扎法

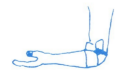

图9.3.4 "8"字形包扎法

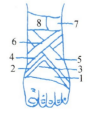

(3)指压法。分为直接指压法和间接指压法。

直接指压法:即用指直接压迫出血部位,最好敷上消毒纱布后进行指压。

间接指压法:即用指腹压迫在出血动脉近心端搏动的血管处,压迫在相应骨面上,阻止出血,达到止血目的。

头部出血,压迫点在耳屏前方,用手摸到搏动处后将该动脉压向颞骨面(图9.3.5)。

面部出血,压迫点在下颌角前面约1.5厘米的地方,用手指摸到搏动处后正对下颌压迫(图9.3.6)。

肩部和上臂出血,压迫点在锁骨上方,用手指将该动脉向后内正对第一肋骨压迫(图9.3.7)。

图9.3.5 头部止血法　　图9.3.6 面部止血法　　图9.3.7 肩部和上臂止血法

前臂及手部出血,压迫点在上臂内侧下端肱动脉处(摸到有搏动处)(图9.3.8)。

大腿、小腿部出血,压迫点在腹股沟皱纹中点搏动处股动脉,用手掌或拳向下方的股骨面压迫(图9.3.9)、胫骨前动脉压迫(图9.3.10)。

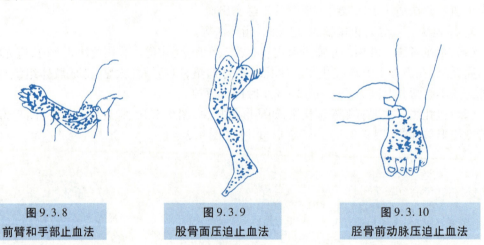

图9.3.8 前臂和手部止血法　　图9.3.9 股骨面压迫止血法　　图9.3.10 胫骨前动脉压迫止血法

3.2.3.2 人工呼吸法

人工呼吸法有口对口呼吸法和仰卧心脏胸外挤压法两种(图9.3.11)。

1. 口对口人工呼吸法。进行时,将患者仰卧,头部后仰,托起下颌,捏住鼻孔,压住环状软骨(即食道管),防止空气吹入胃中;急救者随即深吸一口气,两口相对,将大口气吹入患者口中,吹气后将捏鼻子的手松开。如此反复进行。吹气频率每分钟16~18次,直至患者自主恢复呼吸为止。

2. 心脏胸外挤压法。进行时,将患者仰卧,急救者两手上下重叠,用掌根置于患者的胸骨下半段处,借助于体重和肩臂力量,均匀而有节律地向下施加压力,将胸壁下压3~4厘米为度,然后迅速地将手松开,使胸壁自然弹回。如此反复进行。每分钟以 60~80 次的节律进行,直至恢复心脏跳动为止。

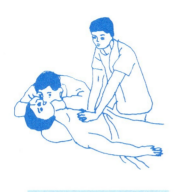

图 9.3.11 人工呼吸法

图 9.3.12 使溺水者倒水法

3.2.4 溺水及急救

溺水时,水经口鼻进入肺内,造成呼吸道阻塞,或因吸水的刺激引起喉痉挛,使气体不能进出,引起窒息,时间稍长,就有生命危险。

急救步骤:

1. 立即将溺水者救到岸上,清除口腔中的分泌物和其他异物,并迅速进行倒水。急救者一腿跪地,另一腿屈膝而立,将溺水者匍匐在膝盖上,头部下垂,按压其腹、背部,使溺水者口、嘴及气管内的水排出(图9.3.12)。

2. 立即进行人工呼吸。若心跳已停止,应同时施行人工呼吸和心脏胸外挤压。人工呼吸和心脏胸外挤压以 1∶4 的频率进行,急救者之间应密切配合,积极而尽心地抢救,必要时及时送医院。

3.2.5 休克及急救

运动损伤中并发的休克多见外伤性休克,主要是损伤引起剧烈疼痛所致,多见于脑脊髓损伤、骨折、睾丸挫伤等。另外,损伤引起大量出血,如腹部挫伤、肝脾破裂时的腹腔内出血,会使血容量突然降低。

主要症状:表情淡漠、反应迟钝、面色苍白、四肢厥冷、脉搏细速、尿量减少和血压下降。休克严重时可出现昏迷,甚至死亡。

休克应采取急救措施,使患者安静平卧或头低脚高仰卧(呼吸困难者不宜采用);保暖,但不要过热,以免皮肤血管扩张,影响生命器官的血液灌注量;保持呼吸道通畅,昏迷患者,头应侧偏,并将其舌牵出口外,必要时可给氧或进行人工呼吸;针刺或按摩"人中""百会""涌泉""内关""合谷"等穴;如有外伤出血,应及时采用适当的方法止血,疑有内脏出血者应迅速送医院抢救。

3.3 运动损伤及处理

3.3.1 软组织损伤

软组织损伤可分为开放性损伤和闭合性损伤两种。前者有擦伤、撕裂伤、刺伤、切伤等;后者有挫伤、肌肉拉伤、肌腱腱鞘炎等。

1. 擦伤。运动时皮肤受到粗糙物体相互摩擦而引起损伤,如跑步时摔倒,体操运动时身体擦磨器械受伤。擦伤后,皮肤会出血,或有组织液渗出。

小面积擦伤,采用红药水涂抹伤口即可。大面积擦伤,应先用生理盐水洗净伤口,然后涂抹红药水,再用消毒布覆盖,最后用纱布包扎。

2. 撕裂伤。在剧烈、紧张运动,或受到突然强烈撞击时,会造成肌肉撕裂。其中包括开放性损伤和闭合性损伤。常见的有眉际撕裂、跟腱撕裂等。开放性损伤会顿时出血,且伤口周围肿胀。闭合性损伤触及时凹陷,剧烈疼痛。

轻度开放性损伤,用红药水涂抹伤口即可。裂口大时,需止血和缝合伤口,必要时,可注射破伤风抗毒血清,以防破伤风症。如肌腱断裂,则需手术缝合。

3. 挫伤。因撞击器械或练习者之间相互碰撞而造成挫伤。单纯挫伤在损伤处出现红肿,皮下出血,并有疼痛。内脏器官损伤时,则出现头晕、脸色苍白、心慌气短、出虚汗、四肢发凉、烦躁不安,甚至休克。

发生挫伤后,在24小时内,可冷敷或加压包扎,抬高患肢或外敷中药;24小时后,可按摩或理疗。进入恢复期,可进行一些恢复性锻炼。如果怀疑内脏损伤,应迅速送医院检查和治疗。

4. 肌肉拉伤。通常在外力直接或间接作用下,肌肉过度主动收缩或被动拉长时会引起肌肉拉伤。肌肉拉伤对于准备活动不充分,动作不协调,以及肌肉弹性、伸展性、肌力差者更易发生。肌肉拉伤后伤处肿胀、压痛、肌肉痉挛,触诊时可摸到硬块。严重的肌肉拉伤是肌肉撕裂。

发生肌肉拉伤时,轻者应即刻冷敷,抬高患肢,局部加压包扎,24小时以后以轻手法按摩及理疗。肌肉大部分或完全断裂者,在加压包扎急救后,应立即送医院手术治疗。

3.3.2 关节扭伤

1. 踝关节扭伤。踝关节外侧副韧带最容易扭伤。在跑、跳练习中,运动者处于腾空阶段时,足就自然有跖屈内翻的倾向。如果落地重心不稳,向一侧倾斜或踩在他人的脚上,或发生踩球、陷入坑内等情况,就会以足的前外侧着地、内翻,从而导致外侧副韧带扭伤。

主要症状:伤后疼痛、肿胀,外侧副韧带明显有压痛、皮下淤血,行走困难,严重者外侧韧带完全断裂,患肢不能持重,出现跳跃式跛行。

发生关节扭伤后,应立即冷敷,抬高伤肢,用绷带固定包扎,制动4~7天,配合新伤药消肿、止痛。轻者24小时后可进行按摩;较重者,用石膏固定3~4周,并配合按摩、外敷与内服舒筋活络中药、针灸、理疗等治疗,但要加强功能锻炼,以免出现肌肉力量减弱。

2. 膝关节扭伤。常见的有膝关节侧副韧带扭伤及十字韧带扭伤。膝关节的稳定性,主要靠两侧副韧带及前后十字韧带维持。当膝关节伸直时,两侧副韧带即紧张维护膝关节;当膝关节屈曲(约130°~150°),小腿突然外展外旋,或足及小腿固定,大腿突然内收内旋时,会使内侧韧带扭伤。如踢足球时"二人对脚";跳箱落地不正确,身体失去平衡;或关节外侧受到暴力冲击等,均可造成内侧韧带扭伤。当膝关节屈曲,小腿突然外旋时,可能发生外侧副韧带扭伤。

主要症状:膝关节疼痛、肿胀、压痛,严重者发生韧带断裂,患肢不能持重,不能行走,有可能伴有半月板撕裂,膝关节活动障碍、膝不稳、软弱无力,甚至倒在地上。

轻微扭伤者,疼痛、肿胀不明显,停止活动2~3天,外敷新伤药,24小时后进行按摩。

严重扭伤者,应制动2~3天,冷敷、加压包扎,抬高患肢休息2~3天,外敷新伤药,48小时后进行按摩、理疗,加强托板固定。加强股四头肌静力收缩的练习,每日做2~3次。10天后加强力度按摩手法,并做直腿抬练习。2~3周以后解除托板固定,开始练习走路。

3. 急性腰扭伤。人体在负重活动或体位变换时,腰部肌肉、韧带、筋膜、滑膜等受到牵扭、扭转,或肌肉骤然收缩,使少数纤维被拉断,扭转或小关节微动错缝,称急性腰部扭伤。运动时,身体重心不稳定或肌肉收缩不协调,引起的腰部扭伤,多数是因腰部负荷过重,脊柱运动时超过了正常生理范围,如挺身式跳远中展体过大,举重上挺时过分挺胸塌腰、技术动作错误、直膝弯腰提重物等。

主要症状:肌肉轻度扭伤,患处隐疼,随意运动受限,24~48小时后疼痛达最高峰,棘上韧带与棘间韧带扭伤,受伤当时即感到局部突然撕裂样疼痛,过度前弯时疼痛加重,伸展时疼痛较轻。疼痛点比较表浅,在棘突与棘突之间。腰背筋膜扭伤,多发生在骶棘肌鞘部和髂脊上、下缘,伤处有明显压痛点,弯腰和腰扭转时疼痛加重。

发生腰部急性扭伤后,应让患者平卧硬板床休息,但腰部要垫一薄枕放松腰肌。冷敷制动后,敷新伤药,24小时后轻按摩,逐日按摩加重,理疗、针灸,轻者休息2~3天,较重者需休息一周左右。加强腰腹的力量与伸展性练习,达到功能恢复和预防的效果。

4. 肘关节扭伤(标枪肘)。前臂突然被迫外展、旋后,或屈手肌群和旋前圆肌突然收缩,使肘部肌肉、韧带受到牵拉,纤维断裂受伤,如投标枪、投手榴弹、击打垒球时易引起肘内侧副韧带扭伤,体操倒立支撑时肘关节易受伤。

主要症状:肘内侧疼痛,肘关节伸展活动受限,肘关节生软、局部肿胀、皮下淤血,前臂抗阻力疼痛加重。

发生肘关节扭伤后,应对患肢即刻冷敷、加压包扎,敷新伤药,24小时后进行按摩、理疗,疼痛严重者,局部注射强的松龙治疗。

3.3.3 关节脱位

关节脱位是指关节面失去正常的联系,俗称为脱臼。根据脱位的程度可分为半脱位和完全脱位;前者关节面部分错位,后者关节面完全脱离原来位置。运动中发生的关节脱位,一般是由间接外力所致,如摔倒时手撑地,俯卧式跳高时落地姿势不对,可引起肘关节脱位或肩关节脱位。

主要症状:受伤关节疼痛、压痛和肿胀,关节功能丧失,畸形;关节脱位时伴有软组织损伤、出血或周围神经受牵扯等。如肩脱位时呈"方肩",则伴有肢体缩短。

对伤者应立即用夹板和绷带在脱位所形成的姿势下固定伤肢,保持伤员静止,尽快送医院处理。肩关节脱位时,取三角巾两条,分别折成宽带,一条悬挂前臂,另一条绕过伤肢上臂,于肩侧腋下缚结。肘关节脱位时,将铁丝夹板弯成合适的角度,置于肘后,用绷带缠稳,再用小悬臂带挂起前臂。如无铁丝夹板,可直接用大悬臂带包扎固定。

3.3.4 骨折

骨的完整性和连续性遭到破坏性损伤,称为骨折。骨折根据损伤处周围软组织的病理情况,可分闭合性骨折和开放性骨折。运动中发生的骨折大多为闭合性骨折。造成骨折的原因主要是身体某部位受到直接或间接的暴力撞击,如在踢足球时,小腿被踢造成胫骨骨折;摔倒或跪倒时,手臂直接撑地,引起尺骨、桡骨骨折或髌骨骨折等。常见的骨折有肱骨骨折、前臂骨骨折、手骨骨折、大腿骨骨折、小腿骨折、肋骨骨折、脊柱骨骨折等。

主要症状：患处立即出现肿胀，皮下淤血，有剧烈疼痛（活动时加剧），肢体失去正常功能，肌肉产生痉挛。有时骨折部位发生变形。移动时，可听到骨摩擦声。严重骨折时，伴有出血和神经损伤、发烧、口渴、休克等全身性症状。

发生骨折后，为了避免骨折端造成新的损害（刺伤血管、神经及周围软组织），预防休克，减轻疼痛，便于转送，要对损伤部位做适当的固定。

有休克症状者，应先抗休克。抗休克的措施是：取头低脚高平卧位，保暖；迅速请医务人员到现场给氧气或服镇痛药。休克期过去，用长短合适的夹板固定伤肢。

1. 锁骨骨折固定法：用3条三角巾折成宽带，两条做成环套于肩，另一条在背部将两环拉紧打结（图9.3.13）。

图9.3.13　锁骨骨折固定法　　图9.3.14　肱骨骨折固定法　　图9.3.15　前臂骨折固定法

2. 肱骨骨折固定法：取一合适夹板，置于伤肢外侧（最好内侧同时置放一块），用叠成带状的三角巾固定骨折的上下两端，再用小悬带将前臂吊起，最后用三角巾把伤肢绑在躯干上加以固定（图9.3.14）。

3. 前臂骨折固定法：伤员前臂掌心和掌背侧各放一块夹板，用三角巾宽带绑扎固定后，以大悬臂带悬挂胸前（图9.3.15）。

4. 股骨骨折固定法：用三角巾5～8条，折叠成宽带，分段放好。取长夹板两块，分别置于伤肢的外侧和内侧。外侧夹板自腋下至足底，内侧夹板自腹股沟至足底。放好后用上述宽带固定夹板，在外侧打结（图9.3.16）。

5. 小腿骨折固定法：夹板两块，一块在外侧，自大腿中部至足部，另一块在内侧，自腹股沟至足部，然后用宽带4～5条分段固定（图9.3.17）。

图9.3.16　股骨骨折固定法　　图9.3.17　小腿骨折固定法

6. 脊柱骨折临时固定与搬运：由3～4人同时托住头、肩、臀和下肢，把伤员身体平托起来。放上平板担架，最好使伤员俯卧后搬运。绝对不能抱头、抬脚，以免脊柱极度弯曲，加重对脊髓的压迫和损伤（图9.3.18）。

7. 颈椎骨折时的搬运：应由3人搬运，其中1人专管头部牵拉固定，使头部与身体呈直线位置，将伤员仰放在硬板床上，在颈下放一小垫，不用枕头，头颈两侧用沙袋或衣服垫好，防止头部左右摇动（图9.3.19）。

图9.3.18 脊柱骨折固定法

图9.3.19 颈椎骨折固定法

3.3.5 脑震荡

由于头部受到暴力直接打击或撞击,如在体育运动中,头部被棒(垒)球棒击打或从器械上摔倒时头部撞击地面后发生脑震荡。此外,头部遭受间接的冲击力,如从高处摔下,臀部先着地反作用力传到头部,也可发生脑震荡。

主要症状:伤后当即昏迷,病人出现短时间的意识丧失,轻者数秒钟,重者可达几分钟或半个小时。昏迷时,呼吸表浅,脉搏缓慢,四肢松弛无力,瞳孔稍扩大,皮肤和肌腱等神经反射减弱或消失。伤后数日内,可出现较明显的头痛、头晕现象,当情绪紧张、活动头部或变换体位时,症状加重;还会出现恶心、呕吐、情绪不稳、易激动、注意力不集中、耳鸣、失眠等一系列植物神经功能紊乱的症状,一般数日消失。

发生脑震荡后,应对伤者立刻急救,让其平卧、安静、头部冷敷,身上保暖,对昏迷者可掐"人中""内关"穴。呼吸发生障碍时,可施行人工呼吸。

伤员昏迷时间超过4分钟以上,或两瞳孔大小对称,或耳、鼻、口内出血及眼球青紫,或伤员清醒后剧烈头痛、呕吐,或再度昏迷者,损伤较严重,应该立即送医院进行处理。在转送医院时,伤员要平卧,头部两侧要用枕头、衣服垫起使之固定,避免颠簸振动。意识不清醒者要注意保持呼吸道的通畅,使伤员侧卧,以防止呕吐物吸入气管或舌头后坠而发生窒息。密切观察病情的变化。

思 考 题

1. 止血法有几种?
2. 简述人工呼吸和心脏胸外挤压的操作方法。

第 10 章　体育休闲

在社会、经济不断发展、市场竞争日趋激烈的今天，随着工作压力的增大，忙里偷"闲"已成了人们振奋精神的调节剂。现代人运动观念的加强，使休闲运动应运而生。

集休闲、娱乐及刺激于一身的休闲运动为都市的人们提供了一股融入自然、回归自然、挑战自我、享受生活的甘美清泉。

如今，在欧美各国及许多发展中国家，体育休闲已成为都市青年最流行、最持久的时尚，正悄然改变着现代青年人的生活方式。

本章主要介绍几项人们较为熟悉且参与者较多的体育休闲运动。

第 1 节　网　球

中国网球之最

李娜(1982 年 2 月 26 日生)，2011 年 6 月 4 日，在法国巴黎西部蒙特高地的罗兰·加洛斯体育场内获得法网女单冠军，成为有史以来第一个获得大满贯网球赛事冠军的亚洲人。

在 2014 年的澳大利亚网球公开赛上，李娜捧起了职业生涯的第二座大满贯奖杯，她曾经分别在 2011 年和 2013 年澳大利亚网球公开赛上获得亚军。李娜职业生涯里共获得了 9 个冠军，并创造了总战绩 503 胜 188 负的纪录。她的职业成就以及人格魅力，对网球在中国的普及产生了变革性的影响。超过 1.16 亿人收看了她在 2011 年法网的决赛，她在役期间，中国人对网球这项运动的参与度和兴趣度不断飙升。2019 年 1 月 21 日，李娜正式入选国际网球名人堂，成为亚洲网坛第一个享受此项荣誉的球员。

网球运动是一项受人们喜爱又富于乐趣的体育活动。它的锻炼价值很高，既是一种消遣、一种增进健康的手段，也是一种艺术追求和享受，还是一种扣人心弦的竞赛项目。

网球运动老少皆宜，各人可根据自身的体力情况进行锻炼。打网球可以提高人们在速度、力量、耐力、灵敏度等方面的素质，还可增进友谊，加强团结，促进社交活动。

1.1　起源与发展

网球运动的起源与发展可以用四句话来概括：孕育在法国、诞生在英国、开始形成与普及、高潮在美国,现盛行全世界,被称为世界第二大球类运动。

网球运动最早起源于 12～13 世纪,于 1358—1360 年间从法国传入英国。英国国王爱德华三世(1312—1377)对此项运动极感兴趣,把它引入宫内,并专门下令在宫内建造了一处室内网球场。1399 年,"tennis"这个表示网球的词首次出现,1496 年发现了残存在巴黎的最早建造的古代室内网球场;15 世纪发明了穿线的网拍;16 世纪古代室内网球成为法国的国球。

近代网球运动的兴起可追溯到 1873 年,英国少校沃尔特·克洛普顿·温菲尔德创造了草地网球场,使网球运动成了室内、室外兼宜的运动。从 1875 年起,英国人的运动兴趣从棒球转向网球,于 1877 年将全英棒球总会改名为全英棒球和草地网球总会,并推选专人修订了网球规则。同年,第 1 届温布尔顿网球冠军赛举行。以后,为了有利于比赛和技术发挥,人们对网球运动规则又进行了某些修改。1912 年成立了国际网球联合会。目前,最著名的世界性网球单项比赛有:温布尔顿网球锦标赛、法国网球公开赛、美国网球公开赛和澳大利亚网球公开赛。以国家为单位参加的网球团体赛有:戴维斯杯男子网球赛、联合会杯女子网球赛。奥运会网球赛自 1904 年设立,1928 年被取消,1988 年又重新恢复,成为正式比赛项目。

我国的网球运动是 19 世纪后期从西方传入的,最初只在教会中进行。新中国成立前,我国网球运动只流行于少数人中间,且水平较低。中华人民共和国成立后,我国网球运动得到了较快发展,并在亚洲地区取得了较好的成绩,但从世界范围看,整体水平还不高。

1.2　网球打法的三大类型

1.2.1　底线型

运动员基本上保持在底线抽球,较少上网,或利用球的落点、速度和旋转变化找机会上网。这种打法原来偏重防守,比较被动。近年来,在上网型打法的威胁下,出现了一种攻击性的底线打法,即运动员用凶猛的底线双手抽击,使对方难以截击。世界著名网球运动员博格就是这种新的底线型打法的代表。

1.2.2　上网型

发球后,积极创造一切机会和条件上网,并在空中截击来球,使对手措手不及。这种打法积极主动,富有攻击性,但也有一定的冒险性,上网后利用速度和角度造成对手还击困难。法国著名球星贝克尔的打法就属于这种类型。

1.2.3　综合型

底线和上网两种方法综合使用,结合对手情况采用不同打法,随机应变。美国著名网球运动员阿加西的打法就是这一类型。

1.3　场地、器材

1.3.1　场地

网球场地分草地、硬地、土地和涂塑场地几种。场地线宽除端线可宽至 10 厘米外,其他线宽都在 2.5～5 厘米的范围之内。场地各线的长度分别为:边线长 23.77 米;端线长,单打为 8.23 米,双打为 10.97 米;发球线至端线为 5.485 米;发球线至球网地面 6.40 米,网柱高1.07米,球网中央高0.914米(图10.1.1)。

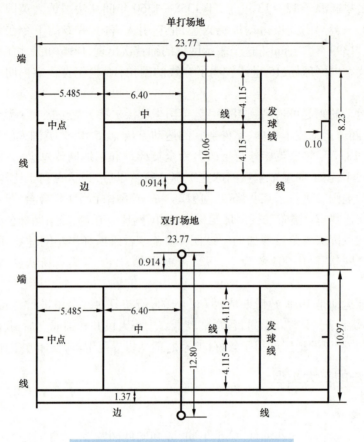

图10.1.1 网球竞赛场地图(单位:米)

1.3.2 器材

球场固定物包括球网、网柱、单打支柱、绳或钢丝绳、中心带、网边局布等。网球拍的击球面必须是平的,拍框和拍柄的总长不得超过81.28厘米,球拍总宽不得超过31.75厘米。球的外表是用纺织材料制成的,颜色应该是白色或黄色。球的直径为6.35~6.67厘米,重量应该在56.7~58.5克之间。当球从100英寸(254厘米)的高度落到混凝土地上时,它的弹跳范围应该在53英寸(134.62厘米)~58英寸(147.32厘米)之间。

1.4 基本技术

1.4.1 握拍法

1. 东方式(图10.1.2)

握球拍时,拍面与地面垂直,大拇指与食指呈V字形握在拍柄的中部。这种握拍法的优点在于:手掌与拍柄接触面积大,容易发力;不足之处是:在反手击球时,握拍的稳定性相对较差。

图 10.1.2

2. 西方式（图 10.1.3）

握球拍时，球拍面与地面平行，手掌从上面握住拍柄。这种握法的优点是：在打高球时有很大的威力；不足之处是：对近网低球、低空截击球比较难处理。

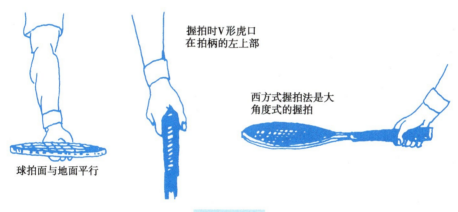

图 10.1.3

3. 大陆式（图 10.1.4）

握球拍时，手掌 V 形虎口正对拍柄的左上斜面，大拇指扣压住左平面，食指关节握住拍柄的上平面边缘和右上斜面的位置。这种握法适合在发球、打高压球或反手击球时使用。

大陆式握拍法

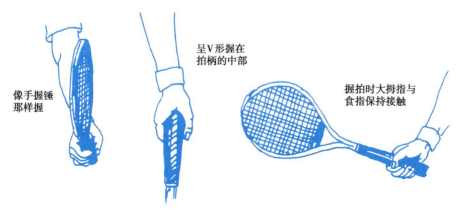

图 10.1.4

1.4.2 准备姿势（以右手握拍为例，下同）

面对球网，双脚开立，略宽于肩，膝关节放松，上体稍前倾，重心在脚尖上，右手轻握球拍，左手扶拍，球拍置于肚脐与胸的高度之间，两眼注视来球（图10.1.5）。

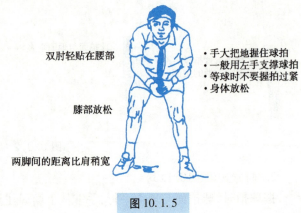

图10.1.5

1.4.3 抽球

抽球是网球技术的基本功，是初学者的入门技术。抽球可分为正手抽球、反手抽球和双手反手抽球3种。3种技术一般都由准备姿势、移动、向后挥摆、挥拍击球和随球挥拍5个环节组成。

1.4.3.1 正手抽球

技术动作：运动员从准备姿势开始，移动到来球位置，最后一步要保持左脚在前，身体左侧朝向来球方向。这时，把球拍充分向后挥摆，拍头翘起，手臂伸展，眼睛注视来球。向前挥拍击球过程中，球拍由低向高挥动，拍与球碰撞的击球点在身体右前方，高度保持在腰与肩之间。拍击球时，拍面垂直或稍前倾，击球中部或中上部，手腕握紧球拍，大臂和腰部随身体转动并协调用力，身体重心从右脚移到左脚。击球后，球拍随势向左上方挥动。抽球动作完成后，及时还原到准备姿势（图10.1.6）。

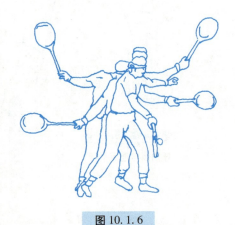

图10.1.6

正手抽球

正手抽球分解技术

正手抽球完整技术

移动正手击球

1.4.3.2 反手抽球

技术动作：从准备姿势开始，当来球飞向反手方向时，移动到位，并保持右脚在前，身体左转右侧朝向来球方向，球拍向左后方挥摆。这时，持拍手臂的肘部略弯曲，拍头稍翘起，在进球过程中，挥拍的手臂与右转体协调配合，使球拍由低向高挥动，在身体的左前方拍击球。拍击球时，手腕握紧球拍，拍面垂直或稍后仰。击球后，球拍顺势挥至身体的右侧前上方，身体重心从左脚移到右脚，然后迅速还原到准备姿势（图10.1.7）。

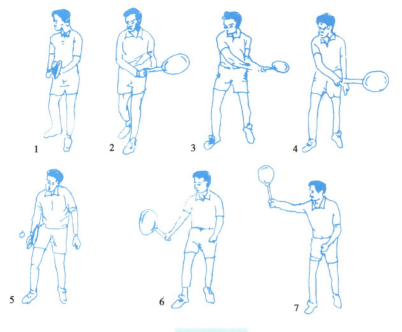

图 10.1.7

1.准备姿势。2.击球前上体左转,右肩侧向来球。3.右脚在前,球拍后摆。
4.向前上挥动球拍。5.拍触球瞬间。6、7.随势挥拍,保持身体平衡。

1.4.3.3 双手反手抽球

技术动作:双手反手抽球基本同于单手的反手抽球,只是双手握拍,且后摆时,右臂伸展较大,转体较明显,用力较大(图10.1.8)。

双手反手抽球

双手反手抽球分解完整技术

图 10.1.8

1.准备姿势。2.击球前上体左转,右肩侧向来球。3.右脚在前,球拍后摆。
4.向前上挥动球拍。5.拍触球瞬间。6.随势挥拍,保持身体平衡。

1.4.4 发球

发球是比赛开始的第一个动作,也可以说是进攻的开始,它是网球运动中非常重要的技术,也是唯一由自己掌握而不受对方影响和干扰的技术。高质量的发球

发球

发球分解技术

发球完整技术

应具有进攻性,甚至可以直接得分。根据球的速度、力量、旋转和落点及方向的变化,发球可分为:一般发球、大力发球、侧上旋发球、削击发球等。这里我们只介绍一般发球。

技术动作:两脚自然开立,侧向球网,前脚与端线约成 45 度(图 10.1.9)。身体重心落于后脚;抛球时,球拍开始靠近膝关节向后下方挥动,右臂和左肩上举抛球,这时右肘弯曲,使球拍在背后下垂;向上挥拍时,充分伸展手臂,拍头在前,在右肩上方击中自上下落的球。发球动作结束后,球拍向左下挥过身体,后脚摆过端线(图 10.1.10)。

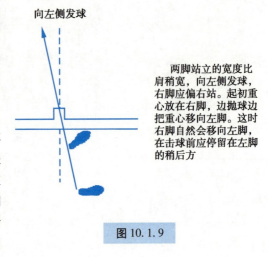

图 10.1.9

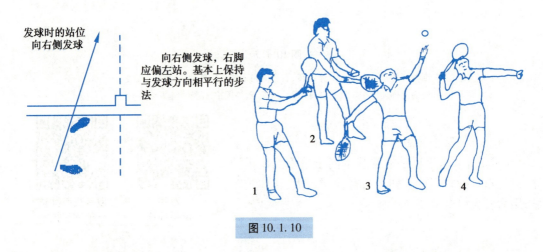

图 10.1.10

1.4.5 截击球

截击球是网球运动中的一种攻击性击球方法。当球在落地前,将球击回到对方场区。它回球速度快,力量大,极具威胁性。它主要应用于发球上网或接发球上网战术中。

1.4.5.1 正手截击球

技术动作:截击时,站在网前 2~3 米位置,做好准备动作,球拍举到与眼平高。截击时,后摆动作要小,击球点在身体的前方,拍触球瞬间手腕固定,用力握紧球拍,略加力向前推击即可(图 10.1.11)。

正手截击球　　正手截击球分解技术

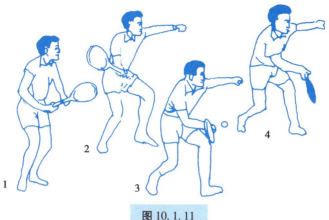

图 10.1.11

1. 身体开始转向右侧，拍头向上向后，重心转向右脚。
2. 拍头后引，手腕向后弯曲或后仰，重心逐渐前移，左臂抬起以保持身体平衡。
3. 重心充分转向来球，击球点在前脚之前，膝关节适当弯曲，身体下降，拍面向后略仰一些。
4. 迎击来球时球拍略向下移动。注意，还击短球时多用这种方法。

1.4.5.2 反手截击球

技术动作：反手截击基本同于正手截击，只是转肩、侧移和封堵路线的方向相反，且击球后右臂伸展，向前下压送球（图 10.1.12）。

反手截击球　　反手截击球分解技术

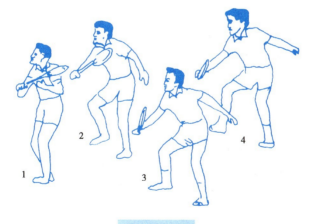

图 10.1.12

1. 身体向左移动，球拍引向后上方，要高于来球。
2. 当来球逼近身体，双肩不能充分转为侧向球网时，球拍和身体重心要同时迎击来球，肘微曲，腕朝内收。
3. 触球时手腕紧张，击球点在前脚之前，膝弯曲，重心直接移向来球，球拍略后仰些。
4. 要控制击球的结束动作。注意，还击短球时多用这种方法。

1.4.6 高压球

高压球，就是回击对方挑来的高球，多用在网前的击球动作。

技术动作：高压球的动作与发球动作相似，只是没

高压球　　高压球分解技术

有向后拉拍的挥拍动作,而是直接把球拍引向头后(图10.1.13)。

图 10.1.13

1. 将球拍向上挥起。
2. 使拍头在背后下垂,做好高压前的准备。
3. 击球点保持在手臂充分向上伸展的位置。
4. 击球后身体重心前移,向下完成随势挥拍动作。

1.4.7 挑高球

挑高球是指使还击的球越过网前对手的头顶落入对方场区,挑高球有攻击性和防守性两种。

技术动作:在移动时,做好准备动作,眼睛注视来球,并使球拍充分后摆,然后挥拍击球的下部,同时手腕绷紧,向高处做随挥动作,击球后迅速还原。

1.5 基本战术

1.5.1 进攻性战术

1. 发球靠近中点标志处,发球后,以取得最近的距离去截击第一次空中球,发球要狠。
2. 发球要深,要发向对方软弱的一边,迫使对方离开基本位置。
3. 发球后迅速向网前冲击,封住对方的回球角度,并用直线球还击斜线球,用斜线球回击直线球来调动对方。
4. 截击球要打得深,使球落在对方的弱侧,目的是使对方留在端线,迫使他打球起高,使自己可以继续上网截击得分。
5. 主动上网去拦截球,并把球打到对方接不到的空当。

1.5.2 防守性战术

1. 调动对方,利用长的端线来回球调动对方,使对方失去耐心,急于取胜而犯错误。
2. 等候浅球出现,在对击中,等候对方回球不到位,及时上网截击。
3. 改变打法,并迫使对方也改变打法。
4. 用挑高球对付上网的对手。

1.6 基本技术的教与学

1.6.1 正、反抽球的练习方法
1. 对墙练习:(1)自抛击球。(2)连接对墙击球。
2. 对打练习。

1.6.2 发球的练习方法
1. 抛球练习。
2. 对墙发球。
3. 一人在场上单独练习发球。

1.6.3 截击练习法
1. 对墙练习。
2. 网前截击练习。

1.6.4 高压球和挑高球练习方法
对墙练习。

1.7 比赛的基本规则

1. 发球

发球员必须站在底线后、中点和边线的假定延长线之间的区域里,用手将球向空中抛起,在球接触地面前用球拍击球,球拍与球接触时,就算完成球的发送。在整个发球过程中不得通过走或跑改变原来站立位置;两脚只准站在规定的区域内,不得触及其他的区域。每局开始,先从底线中点右区线后发球,得或失一分后,应换到左区发球。发出的球应从网上越过,落到对角的对方发球区内,或其周围的线上。

ACE球就是指对局双方中一方发球,球落在有效区内,但另一方却没有触及球而使发球方直接得分的发球,又可分为内角ACE球和外角ACE球。

2. 发球失误

未击中球、发出的球在落地前触及固定物(球网除外)、违反发球站位规定,都属于发球失误。第一次发球失误后,应在原发球位置进行第二次发球。

3. 发球无效

发球触网后仍然落在对方发球区内,接球员未做好接球的准备。发球无效均应重发球。

4. 交换发球与交换场地

第一局比赛结束,接球员换为发球员,发球员换为接球员。以后每局终了,均依此交换,直至比赛结束;双方应在每盘的第一、三、五、七等单数局结束后,以及每盘结束后双方局数之和为单数时,或决胜局比分相加为6和6的倍数时,交换场地。

5. 失分

发生下列任何一种情况,均判失分:

(1)在球第二次着地前,未能还击过网。
(2)还击的球触及对方场区界线以外的地面、固定物或其他物件。
(3)还击空中球失败。

(4) 故意用球拍触球超过一次。连续两次触及球。

(5) 运动员的身体、球拍,在发球期间触及球网。

(6) 过网击球。

(7) 抛拍击球。

6. 界内球

所有在线内以及落在线上的球都算界内球。

7. 双打发球次序

每盘第一局开始时,由发球方决定由何人首先发球,第三局由第一局发球方的另一球员发球。对方在第二局开始时决定由何人首先发球,第四局由第二局发球的另一球员发球。以后各局按此顺序发球。

8. 双打接球顺序

先接球的一方,应在第一局开始时,决定何人先接发球,并在这盘双数局继续先接发球。他的同伴应在每局轮流接发球。

9. 双打还击

接发球后,双方应轮流由其中任何一名队员还击。如运动员在其同伴击球后,再接触球,则判对方得分。

第2节 保 龄 球

保龄球是最受欢迎的室内运动之一,它以豪华的设施、高雅的情趣、舒适的环境和新颖的活动方式给人以休闲文化的享受,又通过其具有娱乐性质的间接竞争,负荷适中的全身性运动,给人们带来健身的乐趣,充分展现出集娱乐、健身于一体的特色。

2.1 起源和发展

保龄球运动的发源最早可以上溯到距今7 200年前。1920年,英国考古学家在埃及的墓道里发现了9个石瓶及1个石球,这个游戏的玩法就是用石球投向石瓶,把石瓶击倒。起源于公元3~4世纪法国的"九柱戏"被认为是现代保龄球运动的前身。"九柱戏"是当时欧洲贵族中颇为盛行的一种高雅游戏,最初只被视为教会宗教仪式活动之一。进行时,人们在教堂的走廊里放置9根柱子(象征着叛教徒与邪恶),然后用球滚地击它们,叫做打击"魔鬼"。人们认为,击倒木柱可以为自己消灾、赎罪,击不中就应该更加虔诚地信仰天主。到14世纪,这种活动方式在英国流行开来。16世纪,一位荷兰人又把它传播到美国,并逐渐由户外转向室内。19世纪以后改9柱为10柱,并取名"保龄球",亦称"地滚球",从此奠定了现代保龄球的基础。

1875年,美国纽约地区9个保龄球俱乐部的27名代表组成了世界上第一个保龄球协会,并统一规定了球道的距离和柱子的大小。1895年9月,美国正式成立保龄球协会(ABC)。为了便于保龄球瓶被连续击倒,这个协会决定将保龄球的排列由钻石形(图10.2.1)改为三角形(图10.2.2),并制定了标准的保龄球用具及其他有关规则。从此,保龄球运动成为一项正式的体育运动。

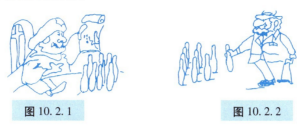

图 10.2.1　　　　　　　　图 10.2.2

1992年,第25届巴塞罗那奥运会首次将保龄球运动列为正式比赛项目。

我国的保龄球运动是20世纪由欧美引入的,但当时专供少数洋人和"上等华人"享用,广大平民百姓无缘参与。新中国成立后,由于国人对保龄球运动缺乏认识,所以开展并不普及。改革开放后,人们对保龄球运动才开始有了新的认识和初步了解,使该项运动得到了蓬勃发展。目前,保龄球运动已成为百姓娱乐和休闲的健身活动,但由于起步晚,因此与世界强国相比,水平还有很大差距。

2.2　场地、设备

1. 球：表面光滑、具有一定硬度的塑胶。球体由球核、重量堡垒和外壳三部分组成,上面钻了3个指孔。球的直径为21.8厘米,圆周不大于68.5厘米,重量从6磅到16磅。

2. 场地：球道长1 915.63厘米,宽104.2～106.6厘米。跑道长为457.2厘米,宽为152.2～152.9厘米。

3. 木瓶：每条球道有两组20个木瓶。木瓶表面呈极为圆滑的曲线,每个木瓶重1.26～1.46千克,高38.85厘米,最大部位直径为12.1厘米,圆周38厘米(图10.2.3)。

图 10.2.3

2.3　动作技术

2.3.1　握球方法（图10.2.4）

双手放在球的左右两边,将球从回球机上捧起,以右手握球为例,左手靠左腹把球托住,右手的中指和无名指插入指孔,再把大拇指深插入拇指孔;手心贴着球面,把球牢牢握住;然后,左手扶住球,右前臂弯曲成90度,移球到身体右侧前方。

2.3.2　四步投球（图10.2.5）

第一步：向前推球。先平稳地把身体重心移到左脚,再迈右脚,迈出右脚的同时,双手把球向前下方推出到手臂伸直约45度;然后左手离球向外侧展出。

第二步：垂直下摆。从第一步终止时开始,右手在球的重力作用下下摆,同时迈出左脚,步幅比第一步稍大;左手继续外展,当球下摆至垂直位置时平稳地完成第二步。

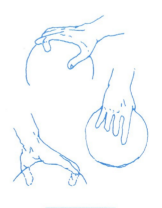

图 10.2.4

图 10.2.5

第三步：垂直后摆。从第二步终止时开始，握球的右手在球的重力和惯性作用下，由下摆过渡到垂直后摆，同时迈出右脚，左手继续外展。这第一步的步幅和第二步一样，但速度稍快。迈步终结时，正值球顺势自然摆到最高点与肩齐平。此时身体前屈，但保持平衡。

第四步：向前垂直回摆到滑步投球。从第三步终止时开始，球的重力向下回摆，同时迈出左脚。球从向下回摆过渡到向前回摆，左脚滑行。这时，左腿深弯，身体成屈俯状，左手向外展平，同时右脚向左后方伸出，用脚尖作支点，配合维持身体平衡。当滑步停止时，正好球垂直回摆到距离球道约 15~20 厘米的高度，手腕不做任何人为转动，顺势发力把球向前推出。随后，顺势拉起。

2.3.3 投球技法

1. 直线球：手腕伸直握球，投球时站位与犯规线成 90 度角，摆臂要在一个垂直面上运行。直线球击中单瓶效果较好，但由于其切入角太小，容易造成分瓶，因此比赛中很少人使用，但适合初学者。

2. 斜线球：它和直线球只有一个角度差，站位时与犯规线不垂直。

3. 曲线球：手腕向里侧弯曲握球，投球时手指作提勾动作，使球产生先直线后曲线的效果。曲线球的优点是可以增大和加深射入角。

2.4 练习方法

1. 徒手摆臂。
2. 握球摆臂：右手握球，左手扶助，前臂弯曲约 90 度，球与肩轴成一直线，左右手同时把球向前推出至手臂伸直约 45 度，右手在球的重力作用下向前下方下摆、后摆、向前回摆，最后左手协助接球，回到原来状态（图 10.2.6）。
3. 放球练习：左腿屈蹲，左臂支于左腿上，右膝跪地，膝盖紧靠左腿跟内侧，右手手腕伸直握球，然后垂直前摆，垂直后摆，垂直回摆后放球。（图 10.2.7）
4. 原地投球练习。
5. 滑步投球练习。

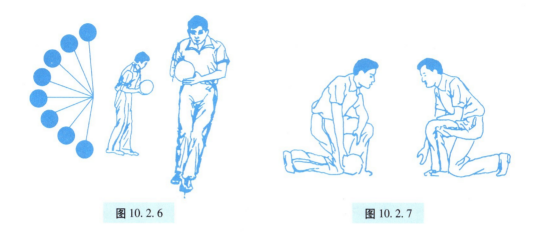

图 10.2.6　　　　　　　　　　　图 10.2.7

2.5　比赛规则

1. 保龄球比赛

保龄球比赛是以局为单位,每一局为 10 格,每一个运动员可在前 9 格的第一格中投两个球。如果第一次投球把 10 只球瓶全部击倒,那就不能再投第二次了。唯有第 10 格不同,当第一次投球把 10 只球瓶全部击倒时,还要继续投完第二次、第三次两个球。如果第二次投球把剩余的瓶全部击倒时,还要继续投完最后一个球,才能结束全局。

2. 比赛形式

保龄球比赛的形式是以抽签决定道次,每一局比赛应在相互毗邻的一对球道上进行,参加队际赛、三人赛、双人赛、单人赛的运动员应连续按顺序在一条球道上投完一格球后换到另一球道上投下一格球,直到在这对球道的每条球道上投完 5 格球。

3. 比赛方式

保龄球比赛分为单人赛、双人赛、三人赛和五人赛(队际赛),每人均赛 6 局,以总分即总数(6 局 × 人数)的分数总和来决定名次,总分高者名次列前。

4. 比赛的记分

除全中的记分外,球员投出的第一个球击倒的瓶数记在上方左边的小方格内,投出的第二个球击倒的瓶数记在上方右边的小方格内。如第二次投球未击中任何一个剩余的瓶子,用"—"符号表示,记在记分表 L 内,然后将两投击倒的总瓶数记在下方的格内。

全中:当每一个格的第一次投球击倒全部竖立的 10 个球瓶时,称为全中,用"×"表示,记录在记分表 E 方左边的小方格内。全中的分数为 10 分加该球员下格两次投球击倒的瓶数。

补中:第二次投球击倒该格余下的瓶子,称为补中。用"/"号表示,记录在记分表上方右边的小方格内。补中的分数为 10 分加该球员下格第一次投球击倒的瓶数。

两次全中:连续两个全中就称为两次全中。第一次全中的那格记分为 20 分再加上随后第一球击倒的瓶数。

三次全中:连续三个全中就称为三次全中。第一次全中那格的记分为 30 分,一局的最高分是 300 分,运动员必须连续投出 12 个全中。

失误:除第一次投球后形成分瓶外,当球员在某格两次投球后,未能将 10 个瓶子击倒,即为失误。

分瓶（技术球）：指在第一球投出以后，把 1 号瓶及其他几个瓶子击倒，剩下的瓶子呈下列状态：

2 个或 2 个以上的瓶子，它们之间至少有 1 个瓶子被击倒时，如 7 号瓶和 9 号瓶、3 号瓶和 10 号瓶。

2 个或 2 个以上的瓶子，紧挨在它们前面的瓶子至少有 1 个被击倒时，加 5 号瓶和 6 号瓶。分瓶在记分表上用"o"表示。

第 3 节　台　球

中国台球之最

2014 年 12 月 3 日，世界台联宣布中国斯诺克球手丁俊晖已确定在新的世界排名榜上跃居第一，他也成为台联有史以来第 11 位世界第一，同时也是首位登上世界第一的亚洲球员。2017 年斯诺克世界公开赛决赛，丁俊晖拿到个人第 13 个大型排名赛冠军。2018 年 5 月 10 日，丁俊晖被选入斯诺克名人堂。

台球是体育项目中比较轻松的一种，它不属于激烈运动，男女老少都可以打，且同样可以达到锻炼的目的；它也具有很强的娱乐性。

3.1　起源和发展

有关台球的发源目前存在着种种不同的说法，一个比较普遍的观点是：台球是在 14～15 世纪由欧洲人发明的一项室内运动。

台球运动最早风行于 18 世纪的法国。1775 年，法国国王路易十四的御医要求国王每日晚餐后打台球，以便睡觉前做一些适当的锻炼，保持身体的健康。当时，路易十四的球伴伟勒笛公爵和夏弥拉先生在贵族社会里积极倡导这项活动，于是，台球运动首先在法国流行起来。早期的台球是用黄铜和木材制造的，后来改用象牙，由于象牙十分昂贵，台球运动遂成为贵族或有钱人的娱乐。1868 年，从事印刷业的美国人海亚特立志降低台球成本，使之大众化，他研制出一种用硝化纤维素、樟脑、酒精等化工原料混合制成的化学台球。1920 年又出现了一种由碳酸树脂制成的台球，这种球在品质和色彩上比以前的球更胜一筹。19 世纪，随着器械的改革和技艺的提高，台球运动开始由娱乐活动向竞技体育项目发展。1860 年，美国举行了第一次职业性的台球比赛，1940 年世界台球联盟成立。

台球运动传入我国，是在清末民初，当时在"上等阶层"中十分流行，而且日渐兴旺，一直到解放初期。十年动乱期间，台球被看作是资产阶级的享乐品，受到了冲击。近几年，我国的台球运动随着改革开放和经济发展又重新得到了发展，并不断普及，其水平也逐渐得到提高。

3.2 器材、设备

3.2.1 球台

球台形似一张长方形的大桌子,但其台面是凹进去的,四边高于台面的边沿,形状如同盘子,台面部分称为"台盘",边沿部分称为"台边"。台球台一般分为 3 种:(1) 开伦式球台;(2) 美式落袋球台;(3) 英式落袋球台。这里只介绍英式落袋球台。

英式落袋球台是带有球袋的球台,在长边和角上有 6 个网袋。此种球台的标准尺寸为从台盘内沿垂直测量长 12 英尺(约 3.65 米)、宽 6 英尺(约 1.82 米)、高 2.786 英尺(约 85 厘米)(图 10.3.1)。

3.2.2 球

台球是在台盘上滚动的圆形实心球。球的直径为 5.25 厘米,重量为 170 克。

3.2.3 球杆

球杆是用以击球的长棍,称为"Q 杆",多为木制。球杆的长度一般为 1.5 米,重 400～520 克;球杆一头细一头粗,分别称为"杆头"和"杆尾"。杆头直径为 1～1.2 厘米,杆尾直径约为 25 毫米。球杆有一段式和二段式两种(图 10.3.2)。

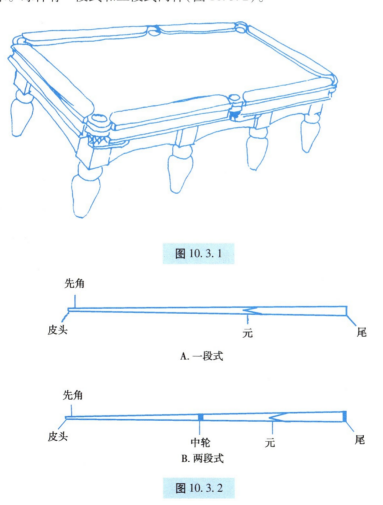

图 10.3.1

A. 一段式

B. 两段式

图 10.3.2

3.2.4 杆架

杆架是一种杆头上装有十字形或其他形态零件的托架,杆架有长、中、短 3 种,另外还有一种专门用于击主球后面目标球的高脚杆架(图 10.3.3)。

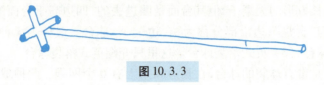

图 10.3.3

3.3 基本技术

3.3.1 架杆方式

是指两手与球杆形成的姿势,这是打好台球很关键的一个环节。

1. 前手的架杆:

第一种方法(图 10.3.4):首先应将做架台的前手五指轻轻分开摆于台盘。然后,食指弯曲,指尖按在中指第二指关节的侧部,拇指再轻轻接触食指的指尖,其余两指如同掌中握小球似的微微分开。再把球杆架在由食指、中指、拇指组成的空当里,空当与球杆形成的角度约为 90 度。

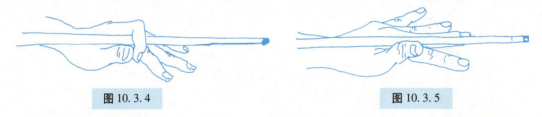

图 10.3.4   图 10.3.5

第二种方法(图 10.3.5):将手掌紧紧地按在台盘上,然后把拇指以外的其他四指分开,手背弓起,拇指跷起和手指的背峰形成一个夹角,球杆就在这个夹角里。

2. 后手的握杆:(以右手握杆为例)右手垂直下垂,用中指和拇指的腹部接受球杆的重量,其他三指轻附于中指包围住球杆,然后握杆的右手接近右腰部并与右腰保持一定的间隔,以便保证球杆做前后水平运动。通常握杆的部位在离杆尾约 10 厘米的地方(图 10.3.6)。

台球 V 型架杆方法

3. 抽手动作:相当于其他运动项目的准备活动。做抽手动作时,要先把球杆轻轻送出接近主球的击点,再有节奏地轻轻抽送 3~4 次球杆。但抽手动作要保持球杆水平、笔直,手臂不能左右晃动。

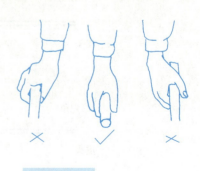

图 10.3.6

3.3.2 击球姿势

1. 先面朝击打的主球行进方向站立,用眼睛准确测定主球的进路。

2. 左脚向前移一小步,距离主球正下后方40～50厘米、左侧方10～15厘米的地方,使左脚平行于球杆,左膝关节微曲,轻轻地踏在地上(图10.3.7)。

3. 右腿直立不得弯曲,右脚向右撇,与左脚约成75度角站稳。

4. 架台的左臂稍曲,左手置于主球后方约15厘米之处并固定好,上体压低,球杆的中轴线在两眼中间(图10.3.8)。

5. 握杆的右手臂肘部向上抬起,前臂垂直下垂与上臂成90度;击球时,右手切不可过胸部,身体应保持自然,使球杆沿水平方向做前后抽打动作(图10.3.9)。

台球架杆和
击球姿势

图10.3.7　　　　图10.3.8　　　　图10.3.9

3.3.3 击球方法

1. 抖腕法:拇指和食指握球杆后端,其余三指虚握,抖腕击球(图10.3.10)。

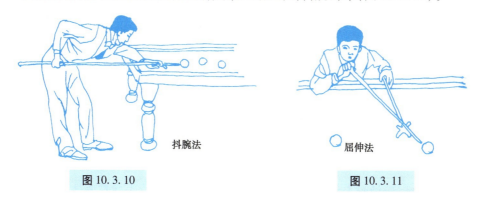

抖腕法　　　　屈伸法

图10.3.10　　　　图10.3.11

2. 屈伸法:一手把稳杆架,持杆重心向前,用拇指、食指和中指握住球杆后端,无名指和小指自然翘起,利用前臂的屈伸摆动,使球杆在杆架上直线推送(图10.3.11)。

3. 冲击法:用拇指、中指和食指握住球杆后端与胸前成30度～40度角,向内摆动击球(图10.3.12)。

4. 戳杆法:以球杆与台面呈垂直或接近垂直的角度击球(图10.3.13)。

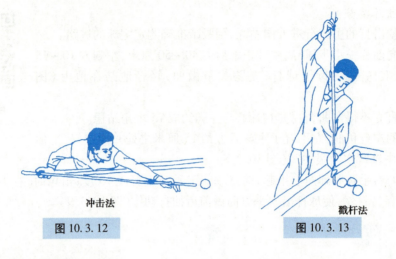

图 10.3.12 冲击法　　　　图 10.3.13 戳杆法

3.4　斯诺克台球简要规则

斯诺克台球用的球有：白球 1 个、红球 15 个和其他彩色球 6 个。其他彩球分为 6 种颜色，每种颜色代表一个分值。各球的分值分别为：黑球 7 分、粉红球 6 分、篮球 5 分、棕球 4 分、绿球 3 分、黄球 2 分、红球 1 分。球赛开始前各球的摆法(图 10.3.14)。

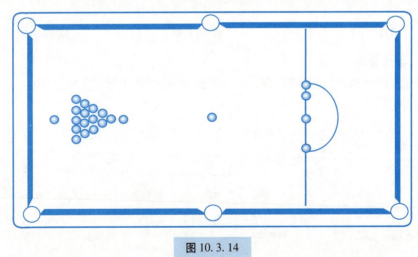

图 10.3.14

白球作为主球，专做瞄击红球和其他彩球之用。无论哪一方击球都要使用这个白球，都要把它当作自己的本球。

3.4.1　开球

第 1 杆球，主球必须从开球区击球，并且必须先瞄击红球，以后主球停在哪里，就从哪里击球。击中一杆得分球将获得下一杆的击球权，否则就失去击球权。

3.4.2　击球顺序

每次获得击球权后，都必须先击红球，第 2 杆击彩球，第 3 杆击红球，如此间隔。红球入袋中不再取出，彩球入袋则须取出放在原始的位置上。击送红球时，如被送入袋的红球多于 1 个时，一律按照实际被送入的球数计分。

3.4.3 彩球的去留

红球被送入袋,应留在袋中或放在一起,不再使用。彩球被送入袋,则按照下列情况决定去留:

1. 台面上尚有红球存留时,被送入袋中的彩球应立即从袋中取出,放在该彩球的原始位置上。如该位置被其他球所占据,则放在邻近而且球值比较高的球位上。

2. 台面上的红球如已被全部送入袋中,被送入袋中的彩球就不再放回原始位置上,但任何彩球被误送入袋,还应取出放在原始位置上。

当台面上的红球被全部送入袋后,击送彩球的程序须从彩球球值最低的黄球开始,依次送入。最后一个入袋的必须是彩球球值最高的黑球。

3.4.4 罚分

击球时,白球(主球)如自己误落入袋中,必须从袋中取出放在开球区的任何一点上,由获得击球权的一方进行击球。

击球时,如有失误,必须按照该球的球值罚分。罚分最少的是 4 分,如该球的球值低于 4 分,也要按 4 分判罚。

击球时,有下列情况之一者,要按下述原则罚分:

1. 击不到球——罚 4 分;
2. 主球自落袋——罚 4 分;
3. 击送红球时,误将彩球送落或先碰到了彩球——按该球值罚分;
4. 击送方指定的彩球作为目标球时,误将红球或其他彩球送入袋或先碰到红球或其他彩球——按最高分值罚分;
5. 击送目标球(彩球)入袋时,将其他球也撞落,除不得分外,还算作失误——按最高球值罚分。

第4节　高尔夫球

高尔夫球运动不仅是一项锻炼身体、锻炼意志、丰富生活、陶冶情操、促进身心健康的高雅体育运动,也是锻炼思维、提高分析能力、增长智慧的文明活动;同时它又是一种社会交际的途径和手段。但是,高尔夫球运动消费很高,目前尚难广泛开展。

4.1　运动简介

高尔夫球运动是在户外草地上进行的,是一种以棒击球入穴的球类运动。现代高尔夫球运动起源于英格兰,也有人认为起源于荷兰,距今已有五百多年的历史了。15 世纪中叶,高尔夫球运动在英格兰已十分盛行。

英国最早成立的高尔夫球俱乐部为"绅士高尔夫球社",它和1754 年成立的"皇家古代高尔夫球俱乐部"对高尔夫球运动的发展起到了巨大的推动作用。

20 世纪高尔夫球运动传入中国,到 80 年代以后才得到明显的发展。

4.2 场地、器材

4.2.1 球场

高尔夫球场一般兴建在丘陵地带开阔的缓坡草坪上,经过人工绿化和点缀。标准球场长5 943.6~6 400.8米,宽度不定,占地面积约60公顷。场地设18个洞,依次为第1洞至第18洞。对每个洞,场地均设开球台、球道和球洞。以开球台为起点,中间为球道,果岭上的球洞为终点。关键地段设有界桩,打球时从1号洞开始,依次打完18号洞,称为一场球。

4.2.2 球

高尔夫球是一个质地坚硬、富有弹性、形似乒乓球的实心球。球的最大重量为45.93克,直径为4.27厘米(美)、4.11厘米(英)。球速按美国规定不得超过75米每秒,英国则对球速无特殊规定。球的击射距离和滚动平均距离不得超过256.3米。

4.2.3 球杆

高尔夫球的专用球杆由杆头、杆茎和杆把三部分组成。击球部分称杆头,握杆部分称杆把,连接杆头和杆把的杆称杆茎;杆头接触球的斜面称杆面,杆面与地面垂线之间的倾斜角称杆头角(图10.4.1)。

制作高尔夫球杆的材料有两种:木杆和铁杆。按长度,木杆分为1、2、3、4、5号;铁杆分为1、2、3、4、5、6、7、8、9号。

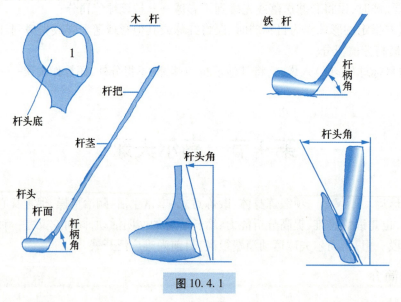

图10.4.1

4.3 动作技术

4.3.1 握杆

握杆的方法大体说来共有3种:重叠式、连锁式和自然式。

1. 重叠式(图10.4.2):用右手小指重叠于左手食指上或叠放于食指、中指指缝上握杆,此种方法适合于手掌大、手指长者。

2. 连锁式(图10.4.3):用右手小指和左手食指交错。它适合于手指短小、手掌瘦薄者。

3. 自然式(图 10.4.4)：如同打棒球的握棒法，十指紧握。此法适合于力量较大的人。

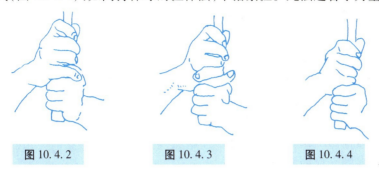

图 10.4.2　　　　图 10.4.3　　　　图 10.4.4

4.3.2　准备击球姿势（图 10.4.5）

按正确的握杆要领握好杆后，身体自然站立，两脚开立与肩同宽，头放松地下俯，注视杆头，双膝稍弯曲，使杆头底部着地。身体左侧与目标保持适当角度，身体重心落在两脚上。

4.3.3　脚位

脚位是指准备击球时两脚站立的姿势，分为正脚位、开脚位和闭脚位。

正脚位：指两脚尖连线与准备击球线平行的脚位。若全力击球，无论哪种球杆，均可采用正脚位。

图 10.4.5

开脚位：指左脚稍微后撤的脚位。往往在用短铁杆击球时采用，击出的球路向左弯曲。

闭脚位：指右脚稍向后撤的脚位。常在开球和球道上击球时采用，击出的球路向右弯曲。

无论在击球时采用哪一种脚位，右脚与击球方向应该成直角，左脚应与击球方向成45度角。

4.3.4　推杆进洞

1. 要领是持握把放在靠近身体的地方加以定位，尤其是右肘要贴在身体右侧，以控制右手的动作，球的位置定在靠左脚、右脚以及中央等处，离左脚尖约 10 厘米最为适当。球路要依肩膀方向来决定，而球杆要顺着肩膀的方向挥动。

2. 瞄准时，两脚开立与肩同宽，球放在左脚尖前方，身体重心保持左右平衡，放松双膝，并稍内收，让杆头面对正瞄准点。

3. 推杆的方法不是轻敲而是轻击，要以臂所构成的三角形的顶为中心，按照这种摆式，固定手腕来进行轻击。

4. 引后拉杆是推杆最重要的一环，必须放松右手，使球杆顺着球路擦着草皮后摆，击球和往后拉杆要同一速度。

5. 打球进洞的要领是不看球，击球动作必须轻缓，不可太过用力，就好像用杆头击球面去击打球心的感觉，把球送出后，仍旧沿草皮做随摆动作。

4.3.5 挥杆击球

1. 预备姿势：双脚开立略宽于肩，脊背挺直，身体微倾，膝盖放松。采用自然式握杆法。

2. 拉杆后挥：放松臂膀及手腕，调摆球杆，由向前推杆顺势进入向后拉杆阶段，此时杆头要笔直向后拉，再由里逐渐拉向内侧，然后形成以头、腰为轴心，左肩向右转动，球杆向上拉，重心渐渐移到右脚上，大腿内侧支撑回转，双手向后上方挥杆于头右侧(图10.4.6)。

3. 击球挥杆：下身转动带动双臂，以右侧臂为支撑迅速往下挥击高尔夫球。击球后，杆头顺势向上方挥摆(图10.4.7)。

拉杆后挥

图10.4.6

1　　　　2　　　　3
击球顺挥

图10.4.7

4.4　简易规则

1. 不允许在球附近的地方练习挥杆。
2. 丢球以后，应允许其他运动员继续比赛。
3. 击球顺序：在第1洞发球台上，应通过抓阄确定首先击球者。此后，每个洞的胜者首先击球。如果上一洞未分胜负，则让前一个洞的胜者首先击球。其他人的击球顺序，从击球进洞所用杆数少者开始。
4. 开球时，球必须置于开球线上，一只脚可以跨出开球线外。
5. 不许移动球位，球的落点在哪里，就得从哪里击球。
6. 比赛时不允许身体任何部位触球。
7. 如果球碰到或击到对手的球，使其易位，对手有权将其球放回原位，亦可保留在易位的地方。

8. 无论在球道、果岭，还是粗糙地区，都不允许将球周围的草压平，不允许拿掉果岭上的散置障碍物。

9. 一次击球不得击打两次。

10. 在果岭地区，一个球被另一个球挡住时，任何一方均可要求拿起靠近球洞的球。等击球后再将球置于原位。

11. 球击中自己、同伴或自己的球童时，在球洞数比赛中该洞算输，在杆击数比赛中则判罚两杆。

12. 比赛中，如把对手的球误认为自己的球而进行比赛，该洞判输。在错误被发现前，如对方又打了你的球，双方均不判罚，但双方必须用交换的球打完该洞。

13. 如果球丢失或不能击打，可以在尽量靠近丢球或球可能在的地方落下一个球，判罚一杆。

14. 球飞出界外，第 2 次击球须用临时代用球并在第 1 次击球处重击，判罚一杆。

15. 在球洞数比赛时，如误把对手的球击入洞，应算对手球进洞，且不增加对手一杆击球次数；在杆击数比赛时，如误将对手的球击入洞，则判罚自己两杆，但对手的球不算入洞，须从洞中取出，放回原位。

16. 球洞数比赛，以胜洞数计胜负，某人或某一方在以较少的杆击数把球击入 1 个球洞时，则算胜 1 个洞。双方以同样杆击数击球入洞，称为球洞局，球场虽没有 18 个洞，但如果某个运动员或某一方领先两洞且仅剩 1 个洞未打时，比赛即可在第 17 洞结束。同样，如果一方领先洞数超过未打洞数时，亦可提前结束比赛。

17. 杆击数比赛中，在完成规定的一轮或几轮比赛后，杆击数最少者为胜方。如果比赛结束时打成平局，应再进行加洞比赛，直到一方赢了 1 洞为止。

18. 从寻球开始，5 分钟内找不到球即判丢球，此刻应立即停止寻球。

第5节　野外活动及旅游

野外活动及旅游是我们亲近大自然，暂时抛开都市喧嚣和烦恼，获得身心极度放松和愉悦的一种户外体育活动。它让人们走进大自然，贴近大山和大海，使人们完全沉浸于蓝天白云之中，尽情地享受大自然的美景。

5.1　预备工作

5.1.1　制订计划

对于要去的地方的各方面情况要进行全面的了解。通过地图和一些资料详细地了解所要到达的地方的地理环境，对它有一个感性认识，并通过电视、报纸、收音机等最新的天气状况，以及观察天空中云的颜色、种类、风向等来预测天气。另外，还要了解当地的风土人情和生活习惯。

应估计大体的行程，要制订力所能及的计划。预算所带的食品、衣物和必备品，确定行程的路线。

5.1.2 行前准备

带好常用的一些装备,在实际情况中根据路线、天气不同自由取舍。

到野外活动不要穿新鞋,以免增加脚的额外负担;爬山旅游,以穿普通鞋和专用登山鞋为好,应多带些衣服,以应付天气的突然变化。在山上,一般情况下温差较大,只有经常增减衣服,才能保持保暖和清爽;在山间行走,为了不使膝盖碰伤或被树枝刺伤、割伤,应选择有弹性的、宽大的裤子。

掌握一些安全防火知识和宿营、野炊的方法;学会一些常见的紧急处理方法和运动性损伤的急救方法;学会野外生存的一些基本技巧,如找水源、取火等。

5.2 必备装备

背包、帐篷、睡袋、手套、炊具、炉具、水壶、指南针、望远镜、地图、各种刀具、登山绳等。

5.3 宿营常识

野外活动选择营地最为重要,应注意以下几点:
1. 应尽量在坚硬、平坦的地上搭帐篷,不要在干河岸和干涸的河床上扎营。
2. 帐篷的入口要背风,帐篷要远离有滚石的山坡。
3. 为避免下雨时帐篷被淹,应在帐篷边线正下方挖一条排水沟。
4. 帐篷四角要用石头压住。
5. 帐篷内应保持空气流通,在帐篷内做饭要防止着火。
6. 晚间临睡前要检查是否熄灭了所有火苗,帐篷是否固定结实了。
7. 为防止虫子进入,可在帐篷周围洒一圈煤油。
8. 帐篷面最好朝南或朝东南,这样能够看到清晨的阳光;营地尽量不要在棱脊或山顶上。
9. 至少要有凹槽地,不要搭于溪水旁,这样晚上不会太冷。
10. 营地应选在沙地、草地或岩屑地等排水条件好的地方。

5.4 野外生存技巧

5.4.1 取水的办法

1. 寻找水源。
地下水、高山融雪、溪水、流入地下的雨水、山泉、地表水、雨水、露水、植物代用水。
2. 水质的鉴别。
颜色:纯净的水在水层浅时无色透明,水层深时呈浅蓝色。
味:一般清洁的水是无味的,而被污染的水则常有一些异味。
3. 水的净化。
取到可饮用的水后,可用饮水消毒片、漂白粉精片以及明矾等药品对水进行净化处理。

5.4.2 取火方法

带好火柴、打火机。

5.4.3 方向判断

1. 利用指南针。
2. 利用日影辨别方向。
3. 利用地物和植物特征辨别方向。

5.5 野外烧烤

烧烤是在参加野外活动时充满情趣,也是容易掌握的野炊方法之一。在野外通常可采用明烤、泥烤、竹烤或筒烤等烧烤方式。

5.5.1 明烤

明烤是一种将要烤制的食物用调味品腌渍后,放于敞口灶篝火的铁架、铁栅上烤制成熟的方法。明烤根据所采用的烤制工具不同,又可分为叉烤、炙烤和串烤3种。叉烤是将要烤的食物如鸡、鸭、鱼等大块的肉用铁制或竹、木制的长签叉好,放在火上反复烤制;炙烤是在火上架上铁网或较薄的石块,将要烤制的食物切成小块或薄片,放在石块或铁网上面边烤边食;串烤是把小块的食物用铁签或竹签串起来,放在火上烤制,类似于新疆烤羊肉串。

5.5.2 泥烤

将鱼、鸡、鸭等原料用调味品腌渍后,用荷叶或树叶包好,再用黄泥将其裹紧密封,放在火中烤制的一种方法。

5.5.3 竹烤或筒烤

竹烤又称筒烤,是将要烤制的原料,如切成的小肉、菜和米等放在竹筒里,密封后,将竹筒放在火上烧烤到原料成熟的一种方法。

5.6 野外旅游救护

野外旅游时,带一些常用和应急的药品是必需的,如感冒类药品、肠胃病药品、抗生素、外伤类药品等。

5.6.1 昏厥

野外造成昏厥的原因大多是由于摔伤、疲劳过度、饥饿过度等,主要表现为脸色突然发白、脉搏微弱而缓慢失去知觉。遇到这种情况,不必惊慌,一般过一会儿便会清醒,醒来后应喝些热水,并休息。

5.6.2 中毒

其症状是恶心、呕吐、腹泻、胃疼、心脏衰弱等。遇到这种情况,首先要洗胃,快速喝大量的水,用手指触及咽部引起呕吐,然后吃蓖麻油等泻药清肠,再吃活性炭等解毒药及其他镇静药,多喝水以加速排泄。为保证心脏正常搏动,应喝些糖水、浓茶,并立即送往医院救治。

5.6.3 中暑

其症状是突然头晕、恶心、昏迷、无汗或湿冷、瞳孔放大、发高烧。发病前,常感口渴头晕、浑身无力,眼前阵阵发黑。此时,应立即在阴凉通风处平躺,解开衣裤带,使全身放松,再服十滴水、仁丹等药。发烧时,可用凉水擦头面部,或冷敷散热。如昏迷不醒,可掐人中穴、合谷穴,促其苏醒。

思 考 题

1. 世界上有哪四大网球公开赛?
2. 野外活动一般需要掌握哪些常识?

第11章　饮食、锻炼与疾病的预防

第1节　饮食营养与身体健康

1.1　饮食与营养的摄入

1.1.1　中国式平衡膳食结构

现在，人们日常生活中必需的食物，总的来讲分为五类。这五类与我国古代提出的"五味、五气"大同小异，只不过现代科学家把它定得更加合理、更加科学、更加全面。

第一类为粮食类，是热量的主要来源。一般老年人每天的摄入量以 200～400 克为宜。其热能供给量为 60%～70%，约占膳食总量的 32%。第二类为富含动物蛋白质的食物，包括瘦肉、蛋、禽、鱼等。据研究，人体较为理想的蛋白质摄入量应是：动物蛋白质占 1/4，豆类蛋白质占 1/4，其余的 1/2 由粮食供给。第三类为豆、乳及制成品。因豆类富含蛋白质、不饱和脂肪酸和卵磷脂等，其蛋白质氨基酸的组成接近人体需要。第四类为蔬菜、水果，这是人体维生素、无机盐和食物纤维的主要来源。蔬菜品种多，营养成分各异，如绿叶类蔬菜富含胡萝卜素、抗坏血酸以及钙、磷等；根茎类有丰富的淀粉、蛋白质和胡萝卜素；鲜豆类含有大量的碳水化合物、铁及维生素 B（硫胺素）等。第五类为油脂类，主要供给热量，促进脂溶性维生素的吸收。植物油含的必需脂肪酸比动物油高，而动物油的饱和脂肪多，熔点高，不易被人体吸收，故应少吃动物油，多吃植物油。

1.1.2　平衡膳食的基本要求

1. 膳食食物要多样化。

现代医学认为，在每天的膳食中应含有七类基本食物，即谷薯类，肉蛋类，豆类，蔬菜水果类，鱼虾类，乳及其制品类，烹调油、食盐及其他调味品类。关于各类食物所占比例，有人调查研究了营养与慢性病之间的关系，认为营养不足会影响人体健康，营养过剩也可成为某些疾病的诱因，据此提出平衡的膳食以谷类 60%，肉、乳、蛋 17%，油脂 8%，其他 15% 的构成较为适宜。

2. 膳食营养素组成要有合理比例。

（1）保证三大营养素的合理比例，即碳水化合物占总能量 60%～70%、蛋白质占 10%～15%、脂肪占 20%～25%。蛋白质、脂肪、碳水化合物的重量比应为 1∶0.8∶4.5。

（2）碳水化合物主要由谷类、薯类和淀粉食物供给，应控制食糖及其制品。

（3）补充脂肪要以植物油为主，减少动物脂肪。脂肪中饱和脂肪酸、单不饱和脂肪酸和多不饱和脂肪酸之间的比例应为 1∶1∶1。

（4）蛋白质中应有1/3以上来自优质蛋白质（动物蛋白和大豆蛋白）。若以氨基酸为基础计算，成年人每日供给的蛋白质中，20%必须由必需氨基酸来供给，以维持氮平衡，10～12岁儿童需要有33%，婴儿需要有39%，以保证生长发育的需要。

（5）维生素要按供给量标准配膳，有特殊需要者另外增加。一般维生素B_1、B_2和PP三者的比例为1∶1∶10较为合理。

（6）膳食中钙、磷比例也要适当，儿童为2∶1或1∶1，成年人为1∶1或1∶2；必需微量元素之间的比例也应重视。

1.2 健康饮食指导

1.2.1 健康饮食的要求

健康饮食的总体要求是：食物要多样，粗细要搭配，三餐要合理，饥饱要适中，甜食不宜多，油脂要适度，饮酒要节制，食盐要限量。

1. 食物多样，谷类为主。

人类的食物是多种多样的。各种食物所含的营养成分不完全相同。谷类食物是中国传统膳食的主体。随着经济发展，生活改善，人们倾向于食用更多的动物性食物。根据1992年全国营养调查的结果，在一些比较富裕的家庭中，动物性食物的消费量已超过了谷类的消费量。这种"西方化"或"富裕型"的膳食所提供的能量和脂肪过高，而膳食纤维过低，对一些慢性病的预防不利。提倡膳食以谷类为主是为了提醒人们保持我国膳食的良好传统，防止发达国家膳食的弊端。另外，要注意粗细搭配，经常吃一些粗粮、杂粮等。稻米、小麦不要碾磨过精，否则谷粒表层所含的维生素、矿物质等营养素和膳食纤维大部分会流失到糠麸之中。

2. 多吃蔬菜、水果和薯类。

蔬菜与水果中含有丰富的维生素、矿物质和膳食纤维。蔬菜的种类繁多，包括植物的叶、茎、花苔、茄果、鲜豆等，不同品种所含营养成分不尽相同，甚至相差很大。红、黄、绿等深色蔬菜中维生素含量超过浅色蔬菜和一般水果，它们是胡萝卜素、维生素B_2、维生素C和叶酸、矿物质（钙、磷、钾、镁、铁）的主要或重要来源。有些水果中维生素及一些微量元素的含量不如新鲜蔬菜，但水果含有的葡萄糖、果糖、柠檬酸、苹果酸、果胶等物质又比蔬菜丰富。红色、黄色水果如鲜枣、柑橘、柿子和杏等是维生素C和胡萝卜素的丰富来源。薯类含有丰富的淀粉、膳食纤维以及多种维生素和矿物质。含丰富蔬菜、水果和薯类的膳食，对保持心血管健康、增强抗病能力、减少儿童发生干眼病的危险及预防某些癌症等，有着十分重要的作用。

3. 常吃奶类、豆类及其制品。

奶类除含丰富的优质蛋白质和维生素外，含钙量较高，且利用率也很高，是天然钙质的极好来源。我国居民膳食提供的钙质普遍偏低，平均只达到推荐供给量的一半左右。我国婴幼儿佝偻病的患者也较多，这和膳食钙不足可能有一定的关系。大量的研究工作表明，给儿童、青少年补钙可以提高其骨密度，从而延缓其发生骨质疏松的年龄；给老年人补钙则可以减缓其骨质丢失的速度。因此，应大力鼓励奶类的生产和消费。豆类是我国的传统食品，含丰富的优质蛋白质、不饱和脂肪酸、钙及维生素B_1、维生素B_2、烟酸等。为了提高蛋白质摄入量及防止过多消费肉类带来的不利影响，应大力提倡豆类及其制品的生产和消费。

4. 经常吃适量鱼、禽、蛋、瘦肉,少吃肥肉和荤油。

鱼、禽、蛋、瘦肉等动物性食物是优质蛋白质、脂溶性维生素和矿物质的良好来源。动物性蛋白质的氨基酸组成更适合人体需要,且赖氨酸含量较高,有利于补充植物性蛋白质中赖氨酸的不足。肉类中铁的利用较好,鱼类特别是海产鱼所含不饱和脂肪酸有降低血栓形成的作用。动物肝脏含维生素 A 极为丰富,还富含维生素 B_{12}、叶酸等。但有些脏器如脑、肾等所含胆固醇相当高,对预防心血管系统疾病不利,应适当减少摄入量。但部分大城市居民食用动物性食物过多,吃谷类和蔬菜不足,这对健康不利。肥肉和荤油为高能量和高脂肪食物,摄入过多往往会引起肥胖,并成为某些慢性病的危险因素,应当少吃。

5. 食量与体力活动要平衡,保持适宜体重。

进食量与体力活动是控制体重的两个主要因素。食物提供人体能量,体力活动消耗能量。如果进食量过大而活动不足,多余的能量就会在体内以脂肪的形式积存起来,增加体重;相反,若食量不足,劳动或运动量过大,则可能由于能量不足引起消瘦,造成劳动能力下降。所以,人们需要保持食量与能量消耗之间的平衡。脑力劳动者和活动量较少的人应加强锻炼,开展适宜的活动,如快走、慢跑、游泳等。而消瘦的儿童则应增加食量和油脂的摄入,以维持正常生长发育和适宜体重。体重过高或过低都是不健康的表现,可造成抵抗力下降,易患某些疾病,如老年人的慢性病或儿童的传染病等。经常运动会增强心血管和呼吸系统的功能,保持良好的生理状态、提高工作效率、调节食欲、强壮骨骼、预防骨质疏松。三餐分配要合理。一般早、中、晚餐的能量分别占总能量的30%、40%、30%为宜。

6. 吃清淡少盐的膳食。

吃清淡膳食有利于健康,即不要吃太油腻、太咸的动物性食物和油炸、烟熏食物。目前,城市居民油脂的摄入量越来越多,这样不利于健康。我国居民食盐摄入量过多,平均值是世界卫生组织建议值的 2 倍以上。流行病学调查表明,钠的摄入量与高血压发病率呈正相关,因而摄入食盐不宜过多。世界卫生组织建议每人每日食盐用量不超过 6 克为宜。膳食钠的来源除食盐外还包括酱油、咸菜、味精等高钠食品,及含钠的加工食品等。应从幼年起就养成吃少盐膳食的习惯。

7. 饮酒应限量。

在节假日、喜庆和交际的场合,人们往往饮酒。高度酒能量高,不含其他营养素。无节制饮酒,会使食欲下降,食物摄入减少,导致多种营养素缺乏,严重时还会造成酒精性肝硬化。过量饮酒会增加高血压、中风等的危险,并可导致事故及暴力的增加,对个人健康和社会安定都是有害的。应严禁酗酒,若饮酒,可少量饮用低度酒,青少年不应饮酒。

8. 吃清洁卫生、不变质的食物。

在选购食物时,应选择外观好、没有泥污、杂质,没有变色、变味并符合卫生标准的食物,应严把病从口入关。进餐要注意卫生条件,包括进餐环境、餐具和供餐者的健康卫生状况。集体用餐要提倡分餐制,以减少疾病传染的机会。

1.2.2 健康饮食的注意事项

有些人喜欢素食,有些人喜欢荤食,大多数人却是荤素混食的。混食的蛋白质可以因取长补短而相互提高利用率,混食的维生素种类可以更完备。有些人偏爱吃荤食,不喜欢吃蔬菜,这种人除了得不到蔬菜中供给的维生素 C 和无机盐类外,还往往因荤食吃得过多,使体内的脂肪、胆固醇、尿酸过高,长期如此,就容易引起血管硬化、高血压等疾病,所以应该加以纠正。有些人"挑食"特别严重,不吃青菜、豆等,这样会使他们食物的来源非常狭窄,影响了营养素的全面摄取。吃饭的时间要有规定,因为时间也可构成条件反射,定时进食可使食用者有良好的食欲。一般人的习惯,早餐吃得很少,不及全天总热量的15%,而上午的工作往往不比下午轻,所以不到中午吃饭的时间已经饿了,但是让他们早餐增加一些(至少应占全天总热量的25%)时又吃不下,这种食量与劳动不相称的习惯,不合健康原则,必须逐渐加以改正。很多人晚上饱餐一顿,过2~3小时后就睡觉,也应加以纠止。一般晚餐最好限制在全天总热量的25%~35%。有些人常喜欢在吃饭时看书、谈工作,这样就分散了对饮食的注意,使消化液的分泌受到一定的抑制,会影响食物的消化。还有些人喜欢加开水、加汤下饭,也是不好的习惯。吃得太快,同样也是不好的,油拌饭的外层被脂肪包住,吃快了,咀嚼不充分,也会影响消化。吃菜不喝汤,吃面条不吃汤,会损失汤里的营养素。良好的饮食习惯最好都能在童年时期养成,到成年后再改,就比较困难。

1.3 营养与健康

营养和健康有着密切的关系,合理的营养是增进健康、防止疾病、延年益寿的有效手段之一。概括起来,营养对人体健康有如下四方面的功能:

1. 生长细胞,促进人体生长发育。

人体的各种组织(包括骨骼、肌肉、血液、淋巴、内脏、皮肤、牙齿、头发、指甲等)都是由各种细胞构成的。食物中的营养素就是构成人体细胞的主要材料,如蛋白质是构成人体细胞原生质的主要成分,所以说没有蛋白质就没有生命。脂肪也是构成人体细胞的一种主要成分,类脂是细胞膜的基本原料。糖类的一部分也用来构成身体的组织,所有的神经组织、细胞和体液中都含有糖类,体脂的一部分就是由糖类转变而成的。无机盐中的钙和磷是组成骨骼及牙齿的主要成分,铁也是构成细胞的原料,特别是红细胞含有的血红蛋白,其主要成分就是铁。

2. 修补组织,保证各组织在新陈代谢过程中的更新。

人体各组织细胞在正常生理情况下,随着组织细胞的新陈代谢,会产生新的细胞代替已经死亡的细胞,这就是靠营养素来完成的组织修补。如果没有必需的营养物质来构成新细胞,就会损害人体健康,出现病态。比如,铁供给不足,就会出现缺铁性贫血。

3. 调节生理机能,维持机体各器官正常运转。

人体各器官必须保持其生理功能,才能维持生命。如果各器官运转失灵,不能有机配合,就要靠营养物质来调节。如:酶能调节新陈代谢,激素能调节生理机能,抗体能增强人体对感染的抵抗力;而酶、激素、抗体都直接或间接地来自蛋白质。必需脂肪酸对维持机体的生理功能很重要,缺少了这些脂肪酸就会出现生育反常、皮肤病等。维生素也是维持机体正常生命活动所必需的营养素,当机体缺乏某种维生素时,就会出现新陈代谢某些环节的障碍,影响正常生理功能,甚至引起某些疾病。无机盐也具有调节生理功能的作用,如体液酸碱度调节、渗透压调节与供给消化液的酸碱元素等,人体内如果缺乏无机盐元素就会产生严重疾病。

4. 供给热能,维持机体的正常活动。

人体热能的消耗,必须依靠食物中营养素的供给。热能的产生是食物在体内经消化吸收后,营养素再经氧化生热,放出能量。供给身体热能的三大来源为糖类、脂肪、蛋白质。在我国饮食习惯中,糖类是主要热源,占总热量的60%～70%,脂肪占20%～25%,蛋白质占10%～15%。如果人体缺乏供给热能的营养物质,就会发生精力不足、易于疲劳、力量减小、劳动效率低等情况;严重时还会出现精神不振、注意力不集中、记忆力减退等不良现象。

第2节 体育锻炼与疾病的预防

2.1 体育锻炼对常见病的预防

"水停百日生虫,人停百日生病。""运动运动,疾病难碰。""冬练三九,疾病自走。"这些民间谚语都说明体育锻炼能增强身体的抵抗力、预防疾病的发生。在日常生活中,你也可能看到这种现象:当流行性感冒发生的时候,一个单位少数人生了病,他们周围的一些人,有的很快被传染上了,有的却安然无恙。这是为什么?这就是人体抵抗力强弱不同的缘故。身体抵抗力强的人即使生活在致病因素多的环境里,也不容易受到病菌的侵袭。所以,在同样的环境中,人是不是生病,取决于身体抵抗力和致病因素相互斗争的结果。在人体抵抗力和致病因素这一对矛盾中,人体抵抗力是主要的一面。

体育锻炼能够预防疾病的道理,早在两千多年前,我们的祖先就认识到了。古医书《黄帝内经》中记载,"正气存内,邪不可干","邪之所凑,其气必虚"。这里所说的"正",是指身体抵抗力;这里所说的"邪",是指外界的致病因素。整句话的意思是说,当身体抵抗力强时,就算有外界致病因素,也不容易生病;当身体抵抗力弱时,外界的致病因素很容易乘虚而入,导致身体生病。祖国医学把体育锻炼作为"扶正""祛邪"的方法,主张通过体育锻炼,增强身体抵抗力,达到预防疾病的目的。三国时名医华佗认为:人若经常活动,能使消化旺盛,血液流通,防止生病,这和流水不容易腐臭,门轴经常转动不容易被虫蛀蚀的道理一样。他根据这个道理,编了一套五禽戏的保健体操,模仿虎、鹿、熊、猿、鸟的动作,进行身体锻炼。清代名医潘爵在《卫生要素》一书中也说,与其平时不注意锻炼身体和防病,等到有病后躺到床上哼哼,求人治疗,不如经常抽点时间练练身体,以防生病后的痛苦。

现代医学认为:体育锻炼能增强神经系统对疾病的抗争能力,增强心肺、内分泌等内脏器官的功能,使新陈代谢旺盛,营养状况得到改善,身体的造血机能增强,血液中的白细胞、红细胞以及抵抗病菌的抗体增多,从而增强对各种疾病及传染病的抵抗能力。同时,在体育锻炼的过程中,由于新陈代谢的水平提高,也可防止消化不良、肥胖病、高血压、动脉硬化、冠心病的发生。另外,体育锻炼还能增强丘脑下部体温调节中枢的工作能力,使它能灵敏、准确地调节体温,更好地适应严寒酷暑的不良气候,预防伤风感冒、冻伤、中暑、热痉挛等疾病。也许有人会问:经常参加体育锻炼的人,身体抵抗力强了,是不是永远不生病呢?这也是不合乎客观实际的。如果外界的致病因素很强,自己又不够注意,侵入体内的细菌太多了,当然也会生病。但一般来说,体质好的人发生疾病的机会较少,症状较轻,如能适当配合治疗,在体内较强的防御功能和药物作用下,是会很快好转的,比体质弱的人治疗起来容易得多。所以,有人把体育运动称为防病的"法宝"。

2.2 体育锻炼对心血管疾病的防治作用

2.2.1 体育锻炼对冠心病的防治作用

研究表明：体育锻炼是冠心病康复治疗方案中的重要组成部分。这是因为，体育锻炼（运动疗法）可控制冠心病的危险因素，如降低血压、甘油三酯和体脂，提高高密度脂蛋白胆固醇、改善糖原量以及调节心理状态（减轻压抑和焦虑）。动物实验研究表明，体育锻炼有可能降低血液黏度和血小板的凝聚力，并提高溶蛋白活性，从而降低冠心病发作的危险。此外，研究还发现，体育锻炼可以明显降低猝死的发生率。总之，冠心病人如果及早进行体育锻炼，就可以缩短住院时间，并增加恢复原先工作能力的可能性。冠心病人理想的运动包括有氧运动、力量性练习、职业性运动、放松性练习、娱乐性运动、医疗体操以及中国传统的锻炼方法（如气功等）。

2.2.2 体育锻炼对高血压的防治作用

1. 低强度有氧运动：常用的方法是步行。强度一般控制在最大心率的50%~60%，停止活动后心率应在3~5分钟内恢复正常。步行的速度不应超过110米/分，一般为50~80米/分钟，每次锻炼30分钟左右。50岁以上者活动时的心率一般不超过120~130次/分钟。活动强度越大，越要注意做好准备活动和整理放松活动。

2. 气功：多采用放松疗法，如松静功、站桩等。练功时强调排除杂念、松静自然、呼吸均匀、意守丹田（脐下）或涌泉（脚心）。每次30分钟左右，每天1~4次。据报道，一次练功后血压可下降2.1~2.4千帕（16~18毫米汞柱）。

3. 降压舒心操、太极拳和其他民族形式的拳操：要求锻炼时动作柔和、舒展、有节律、注意力集中、肌肉放松、思绪宁静。动作与呼吸相结合，如有弯腰动作，注意头不宜低于心脏位置。一般在做一套降压舒心操或打太极拳后，血压可下降1.3~2.7千帕（10~20毫米汞柱）。

4. 抗阻运动：近年来的研究显示，中、小强度的抗阻运动可产生良好的降压作用，不会引起血压升高。一般应采用循环抗阻练习，即采用相当于最大一次收缩力的40%作为运动强度。还应做大肌群（肱二头肌、腰背肌、胸大肌、股四头肌等）的抗阻收缩，即每节运动重复10~15次收缩，每10~15节为一个循环，各节运动之间休息10~30秒，每次练习1~2个循环，每周3次，8~12周为一个疗程。练习中应注意用力时的呼吸，这样可减轻对心血管的反应性。据文献报道，练习后收缩压可下降10%左右。

5. 其他：放松性按摩、游泳、音乐疗法等也有一定的治疗作用。

2.3 体育锻炼对癌症的预防作用

癌症，亦称恶性肿瘤，是严重危害人类健康和生命的常见病。近几十年来，世界上绝大多数国家的死亡率都有所下降，特别是对传染病的控制，使世界人口总死亡率明显降低。然而，因癌症而死的人数却有增无减，呈逐年上升趋势。尤其是20世纪70年代以后，癌症发病率以年均3%~5%的速度递增，有报道称，到2010年，在12个欧洲国家，癌症致死率已超过心脏病，成为头号健康杀手。

目前，全球每年死于癌症的人数约为700万，其中24%发生在中国。自20世纪70年代以来，我国癌症死亡率一直呈持续增长趋势，70年代、90年代和21世纪初每年死于癌症的人数分别为70万、117万和150万,癌症已经成为严重威胁我国人民健康的头号杀手。随着癌症发病和死亡人数的持续增加,因癌症而造成的疾病经济负担和对社会经济发展的不良影响也越来越显现出来。

研究表明:有规律的体育锻炼有抗癌作用,如经常参加体育锻炼可减少结肠癌的发生。又有报道:妇女经常参加体育锻炼,可减少乳腺癌、子宫癌的发生。事实证明:经常参加体育锻炼能促进新陈代谢,加强消化和吸收,有利于体能增强。而体能的提高正是抗癌防病的关键。最新一项对"癌症的死亡率"的调查资料显示:体能弱者的癌症死亡率约为万分之十八;体能中等者约为万分之八;体能强者约为万分之四。事实上,每个人任何时刻都可能形成肿瘤细胞,但体内的免疫系统,在肿瘤细胞还没来得及在数量上发展之前,就将它消灭了。因此,免疫力强者能抵抗癌症的发生,而免疫力弱者则容易发生癌症。有实验研究证明:适宜的体育锻炼有助于增强抵抗力和减少癌症的发生。国内有些资料显示:气功可以防肺癌。这可能是因为气功可以增加身体活动,有利于体能的增强;气功需要加强呼吸,有利于吸取大量的氧气和负离子;气功还动用意念,这又有利于调节情绪。

第3节 保健班学生的体育锻炼

3.1 肥胖者的锻炼

计算标准体重有多种公式,按布罗卡(Broca)公式,我国专家认为中国成人的标准体重可使用如下公式:

标准体重(千克) = 身高(厘米) − 100(适用于165厘米以下者)
标准体重(千克) = 身高(厘米) − 105(适用于166~175厘米者)
标准体重(千克) = 身高(厘米) − 110(适用于176厘米以上者)
女性体重比男性相应组别少2.5千克。

有了标准体重才能计算肥胖度。肥胖度的计算公式如下:

肥胖度 = (实际体重 − 标准体重)/标准体重 × 100%

肥胖度在10%以内,称为正常适中;肥胖度超过10%,称为超重;肥胖度超过20%~30%,称为轻度肥胖;肥胖度超过30%~50%,称为中度肥胖;肥胖度在50%以上,称为重度肥胖。

3.1.1 运动减肥的机理

1. 人体运动时主要能源来自糖和脂肪。有氧运动中,肌肉收缩活动初期能源为糖,当持续运动达120分钟以上时,游离脂肪酸供能达50%~70%之多。此时,肌肉对血中游离脂肪酸和葡萄糖的摄取和利用增多,导致脂肪细胞释放大量的游离脂肪酸,使脂肪细胞瘦小,同时使多余的血糖被消耗而不能转化为脂肪,结果体内脂肪减少,体重下降。

2. 研究表明,体育运动能改善脂质代谢。运动时,肾上腺素、去甲肾上腺素分泌量增加,可提高脂蛋白酶的活性,加速富含甘油三酯的乳糜和低密度脂蛋白的分解,故而能降低血脂,使高密度脂蛋白升高,最终可起到加快游离脂肪酸的作用。

3. 经常从事耐力运动的人,外围组织,尤其是肌肉细胞膜上的胰岛素受体敏感性提高,与胰岛素的结合能力增强。胰岛素对脂肪的分解有很强的抑制作用,它的减少伴有儿茶酚胺和生长激素等的升高,最终可起到加快游离脂肪酸的作用。

4. 肥胖者安静状态时的代谢率低、能耗少。经过系统的运动锻炼,可使机能水平提高,特别是心功能增强,内分泌调节改善,从而使肥胖者在静息时的代谢水平提高,能耗增大。

5. 肥胖者进行适宜强度的运动训练后,正常的食欲下降,摄食量减少,从而限制了热量的摄入,使机体能量代谢出现负平衡,引起体脂的减少。另外,运动后食物的特殊动力增强,有利于能源物质的分解。

3.1.2 运动减肥的方法

减肥锻炼的方法如下:

1. 锻炼全身体力和耐力的有氧运动项目,如长距离步行、跑、自行车运动等。
2. 以锻炼肌力、肌肉耐力为目标的拉力器练习等。
3. 较长时间的准备活动和整理活动。
4. 具有针对性的减肥体操。

中等强度的运动量适合于减肥。此时,游离脂肪酸进入血液,并且不会增加食欲。如何掌握中等强度呢?其指标很多,最常用的有最大吸氧量的百分比、功率和心率。心率是较易控制的自我监控指标。不同年龄中等强度的心率如下表所示:

表 11.3 不同年龄中等强度心率

年龄(岁)	20~29	30~39	40~49	50~59	60 以上
心率(次/分)	125~135	125~135	115~130	110~125	110~120

3.2 消瘦者的锻炼

消瘦,是指实际体重较标准体重低 20% 以上者,这可以通过下列公式计算出来:

男标准体重(千克) = 身高(厘米) - 112

女标准体重(千克) = 身高(厘米) - 108

3.2.1 消瘦者体育锻炼的任务与方法

1. 发展全身肌肉,增强肌肉力量,改善、增强代谢过程,促进消化吸收。

(1) 增强肩部和胸部肌肉:根据自己的身体情况,可用臂力器和拉力器进行不同组数、相同次数的练习,可做俯卧撑、引体向上和哑铃(上臂侧平举、前平举、后侧上举等)练习。

(2) 增强腹部和背部肌肉:做仰卧起坐、仰卧直腿上抬、仰卧蹬车动作、俯卧位上下肢上举、单杠悬垂举腿练习。

(3) 增强手臂肌肉:手握哑铃做屈肘、伸肘动作发展上臂肌肉,手握哑铃做屈腕动作发展前臂肌肉。

(4) 增强下肢肌肉:可做单双脚跳台阶、立定跳、单足跳、多级跳和坐姿单腿位直腿上抬、双腿屈膝、伸膝等动作。

还可参照下面的力量练习计划,逐步增加重量和重复次数,以增强全身各部位的肌力。

(1) 负重蹲起 3~5 组,每组 10~12 次。

（2）负重屈小腿4组，每组8～10次。

（3）卧推3～4组，每组6～8次。

（4）颈后推4组，每组10～12次。

（5）屈腕4组，每组10～12次。

做重量练习时，卧推哑铃和杠铃的重量以能完成要求重复的8～10次为宜。锻炼一段时间后，应增加重量，增加的重量仍以能举起8～10次为宜。上述力量练习每日练2次即可。

2. 增强新陈代谢、促进消化吸收：最有效的运动是做步行、慢跑和游泳锻炼。

运动量的安排是科学锻炼的重要环节之一。实践证明，消瘦者应以中等运动量（每分钟心率在130～150次之间）的有氧锻炼为宜；器械重量以中等负荷（最大肌力的50%～80%）为佳；时间安排可每周练3次（隔天1次），每次1～1.5小时，每个动作做3～4组。做法是快收缩、稍停顿、慢伸展。连续做一组动作时间为60秒左右，组间间歇20～60秒，每种动作间歇1～2分钟。一般情况下，如每组次数达不到8次，可适当减轻重量；如超过15次，则应适当增加重量，以最后两次必须用全力才能完成为准。这种用最大肌力完成的动作，对肌肉组织刺激较深，"超量恢复"明显，锻炼效果极佳。

3.2.2 单纯性消瘦者体育锻炼的注意事项

1. 开始锻炼时，先做徒手和小力量练习，适应后再逐渐增加负重。不要一下子做较大的负重练习，以免造成关节和肌肉损伤或疲劳后不易恢复。

2. 力量练习后要做肌肉放松和整理动作，如慢跑、轻跳、抖动四肢或按摩肌肉。

定期量体重和大肌肉的围度（胸围、臀围、体脂厚度等）。根据测量结果，调整（增减）某一部位的运动负荷量，一般每月量一次即可。

3.3 神经衰弱者的锻炼

神经衰弱是由大脑持久的情绪紧张和焦虑，或脑力活动持续过度紧张而引起的神经系统功能紊乱，特别是大脑皮质的内抑制过程减弱，从而出现过度兴奋和迅速疲惫，以及植物神经等功能紊乱等一系列症状。

3.3.1 神经衰弱患者康复体疗的作用

1. 通过体育锻炼，能使大脑和神经系统得到锻炼，提高神经工作过程的强度、均衡性、灵活性和神经细胞工作的耐久力；能使神经细胞获得更充足的能量物质和氧气的供应，从而使大脑和神经系统在紧张的工作过程中获得充分的能量物质保证。据研究，当脑细胞工作时，它所需的血液量比肌肉细胞多10～20倍，大脑耗氧量占全身耗氧量的20%～25%。体育锻炼能使大脑的兴奋与抑制过程合理交替，避免神经系统过度紧张，可以消除疲劳，使头脑清醒，思维敏捷。

2. 体育运动能增强循环和呼吸功能，活跃代谢过程，增进食欲，增强体质。

3. 单纯的静止休息有时反而会拖延病情。如果进行适当的活动，神经衰弱患者会感到情绪改善、症状减轻，因为活动使患者转移了对疾病的注意力，产生了愉快的情绪。

3.3.2 神经衰弱患者的康复体育疗法

1. 太极拳：用太极拳治疗神经衰弱效果较好。太极拳有助于大脑皮质兴奋和抑制过程的调节，适合于以兴奋症状为主的患者长期锻炼。练拳时，要做到宁神静气，全身放松，动作缓慢，以提高锻炼效果。应特别注意静（宁神静气）、松（全身放松）、慢（动作缓慢）3

个字。

2. 强壮功：神经衰弱患者也适宜于练强壮功。一般采用坐式，体力太弱者可用卧式。体力较好的也可练站桩功。失眠病人还可利用放松功诱导入睡。每天练功 2~3 次,每次约半小时。

3. 散步、慢跑：实验证明,神经衰弱患者较长时间散步,有助于调整大脑皮层的兴奋和抑制过程,缓解血管活动失调的症状。根据身体情况做一些慢跑活动也是有益的。跑的速度可以放慢,或走、跑交替进行。

4. 夏天可参加游泳,如能坚持到秋冬,效果更佳;情绪较差,精神萎靡不振的患者适宜于进行提高情绪的游戏或运动,如乒乓球、篮球、划船等,也宜于在户外做轻量劳动。

3.3.3 神经衰弱患者进行康复体疗的注意事项

1. 根据病人体力情况安排合适的运动项目,运动量大小以不引起疲劳或过度紧张为宜。

2. 注意观察锻炼过程中的反映。如锻炼后出现大量出汗、兴奋、激动、失眠以及心跳加快长时间不能恢复等现象,表明运动量过大,要及时调整减轻。

3. 对以兴奋状态为主的患者,应采取平稳、缓慢、柔和的运动,以免引起更强烈的兴奋;对以衰弱症状为主的患者,则应采取情趣性稍高、节律较快、活动性较大的运动。

4. 注意劳逸结合。每天锻炼时间：中等体力者可安排 0.5~1 小时；体力较弱者可增至 1.5~2 小时,分别在早晨、下午进行；体力太弱者,只适宜于进行散步和轻微活动。

5. 患神经衰弱的人要培养乐观主义精神,主动同疾病作斗争,建立对体疗的信心,克服过分好静而不爱运动的偏向。不应顾虑运动会消耗体力和元气。事实上,适当的体育运动,非但不会损耗元气,相反还可以增加体力,强壮神经系统。

3.4 哮喘患者的锻炼

哮喘是慢性病。有的病人在不发作时与常人没有任何区别。属于外因性过敏者,如吸入花粉或皮毛,食用海味、蛋类或牛奶后可引起支气管痉挛从而引起哮喘。属于内因性过敏者,其病因与各种感染疾病(鼻炎、鼻窦炎、胆囊炎)以及神经精神因素有关。

3.4.1 哮喘患者体育锻炼的方法

1. 经常唱歌。人在唱歌时,只能采用腹式呼吸。腹式呼吸能增大肺活量,减轻肺部压力,并且唱歌还能振奋精神,激发体内潜力,使人从静止状态转入活动状态,同时心跳加快、肌肉紧张,有利于控制咳嗽。

2. 呼吸练习。呼吸练习是一种重要的训练手段。在训练时,应加强呼气,鼻吸口呼,吸短呼长,逐渐增加平稳呼吸的深度,呼气时可发"依"或"啊"音,每次持续 5~6 秒钟。呼吸练习须轻松自然,忌用力憋气。在呼吸练习中应逐渐养成腹式呼吸的习惯。

3. 练习腹式呼吸。练习腹式呼吸一般是坐着练,也可躺着或站着练。练时先身体坐稳,腰部自然挺直,两手放在大腿上,肩部和胸部充分放松下垂。从呼气开始,呼时轻轻收缩腹部,经口呼气,在呼气同时发出母音,如"啊"或"呜"等,或者把口唇收缩成吹笛子的样子,其目的是使声门缩小,气管内保持较高气压,以避免狭窄的小支气管部分进一步萎瘪不通。呼气宜轻缓,但要深些,时间较吸气长。吸气时要闭口,让空气经鼻孔进入,腹部自然鼓起,保持肩和胸部放松。整个呼吸过程节奏自然轻松,不要屏气。每次练习 3~5 分钟。练习合理会觉得胸部舒畅,呼吸逐渐趋向平稳缓慢。如练习中感到胸闷、气促或头昏不适,大都是用力太大、动作不协调或屏气的缘故,要暂停,休息一会儿再练。哮喘发作时,气急较显著,但仍可进行腹式呼吸。

4. 做呼吸操。方法是:采用平卧或站立位,两手放在上腹部,然后有意识地做腹式深呼吸;吸气时腹部隆起,呼气时腹部下陷;呼气时间比吸气时间长1~2倍,吸气用鼻,呼气用口;呼气时口唇紧缩作吹口哨的样子,同时,可用两手按压上腹部,加强呼气力量,去除肺中残留的废气,每次20~30分钟,每天1~2次。

5. 进行全身性保健运动。常见的有:广播体操、太极拳和步行。其运动量应有计划地增加。以步行为例,可逐步加长步行距离,逐步加快速度和减少中间休息次数。为了增加对寒冷的适应力,预防感冒,可自炎热的夏天开始用冷水洗脸,一直延续到寒冬腊月,必要时适当调节水温。

哮喘患者也适宜于参加一些短暂的(每次1~2分钟)、中间有间歇休息的游戏,如乒乓球、羽毛球、篮球等运动。1~2分钟的短时间运动可减少气道阻塞;运动前气道阻塞越严重,在进行1~2分钟短时间运动后气道阻塞改善的程度则越明显。

3.4.2 哮喘患者进行体疗的注意事项

1. 体育疗法只适于在哮喘发作的间歇期进行,即在哮喘暂不发作或只有极轻微发作的阶段进行;当哮喘频繁发作、体力比较衰弱时,则不宜进行体育医疗。

2. 每天体疗的总时间约为30~40分钟,可分3~4次进行,其中包括气功约20分钟;自我按摩3~5分钟;发音呼吸3~5分钟(中间有休息);矫正呼吸(加强呼气)12分钟;呼吸体操3~5分钟;健身运动1~2分钟;放松练习1~2分钟。

3. 哮喘患者不宜一次做较长时间(5分钟以上)的剧烈运动,因为这会引起气管缩窄,增加气道阻力,以致加重气短和喘息等症状;而短时间(1~2分钟)的间歇运动,则能减轻气道阻塞。

4. 做操前,应先清除鼻涕,使鼻道畅通。如需要做较长时间的健身运动,为预防运动引起气管痉挛,可在运动前5分钟吸入气管扩张剂(如异丙肾上腺素)。

5. 在做操过程中如有胸闷或气紧,可暂时休息片刻。

6. 做好长期思想准备。医疗体操往往要练习几个月,甚至1~2年才有效果,收效后还要巩固,因此必须持之以恒。当哮喘在缓解期时,应抓紧练习;在哮喘发作频繁、体力差时,可酌情少练习或只练腹式呼吸。在感冒或气管炎发作时,尤其在发烧时,应暂停练习。

3.5 慢性肝炎患者的锻炼

慢性肝炎是肝脏的慢性炎症。它是由急性肝炎或迁延性肝炎发展而来的,如不及时治疗,可导致肝硬化,危及人的生命。因此,必须高度重视治疗慢性肝炎。

3.5.1 慢性肝炎患者康复体疗的作用

1. 能提高患者中枢神经系统的张力,改善皮层和植物神经系统对肝脏的调节功能,增强全身抵抗力和免疫力。

2. 能促进肝脏的血液循环,改善肝细胞的营养,有助于肝功能的恢复。

3. 有助于活跃腹腔血液循环,减轻肝脏淤血,增进食欲,改善消化和吸收功能等。

4. 有助于减轻慢性肝炎患者所常有的神经官能性症状,如神经过敏、失眠或情绪低落等。

5. 长期坚持体育锻炼可以预防脂肪肝的发生。

3.5.2 慢性肝炎患者的康复体育疗法

1. 气功：可练放松功（仰卧、静息、放松自然呼吸）或内养功（右侧卧位或平坐位，旗式呼吸）。每天2~3次，每次20~30分钟。呼吸不要过深，否则会引起肝区疼痛和头晕。气功对慢性肝炎的治疗原理是：降低代谢率，有利于肝的修复；培养元气，增强体质；通过腹式呼吸，改善消化吸收功能。

2. 太极拳：适宜于打简化太极拳，简化太极拳消耗能量不大，运动量比较适中。打拳动作要慢，尽量用腹式呼吸，体质弱者也可只练其中几个基本动作，最好配合气功疗法，在练气功后进行。太极拳有宁静放松的效果，特别适宜于有失眠、焦躁等神经官能症的慢性肝病患者练习。

3. 保健按摩：用自我按摩法按摩肝区和腹部，每天2~3遍，每遍5~10分钟。

肝区按摩：取仰卧位，用右手掌在右下胸至上腹间来回摩擦，以所按摩部位有热感为宜。右手累了换左手，摩擦100~200次。每天早起及临睡前各做一次。肝区和右下背部按摩通过皮肤到内脏反射，对改善肝区血液循环和减轻肝区不适感有一定帮助。

腹部按摩：取仰卧位，以肚脐为圆心，从右下腹起，以手掌在腹部做环形摩动，以肚内有热感为宜。手法要轻柔，对改善消化功能有一定帮助。

4. 医疗运动：散步、乒乓球、广播体操，可每天或隔天进行一次，运动量要小一些，每次10~20分钟。这些活动有助于活跃周身血液循环。

3.5.3 慢性肝炎患者进行康复体疗的注意事项

1. 肝炎患者不宜做强烈的腹部运动，也不宜做双杠、单杠、举重等需要闭气用力的运动项目。

2. 运动量要掌握适当，采取小运动量的锻炼方法，每次运动时间掌握在半小时以内，应在疲劳到来之前结束运动，因为肝炎患者的耐力较差，而且容易发生低血糖，容易疲劳。一天的运动总时间（不包括气功和散步时间在内）不超过半小时，分散在上、下午进行。

3. 如有低热、疲怠、食欲不振、恶心、肝区疼痛等表现，应暂停体育锻炼。不要在饭后或空腹时运动。饭后一般要卧床休息1小时。饭后如觉腹部胀闷，可先做短距离散步和腹部自我按摩，然后卧床休息。

3.6 糖尿病患者的锻炼

发达国家糖尿病患病率在6%~10%以上。据估计，2004年全世界糖尿病患者约1.2亿，其中，美国约1 600万人，中国约3 000万人。2010年，中国糖尿病患者已达到2004年的4倍，亚洲及非洲的糖尿病患者是2004年的3倍，全世界有2.4亿糖尿病患者。

3.6.1 糖尿病患者运动的作用

目前除控制饮食外，还没有一种理想的药物既能控制糖尿病，又没有副作用，而体育锻炼能达到这一目的。科学研究证实，体育锻炼对治疗糖尿病大有益处。因为，体育锻炼能促进身体组织对糖的利用。运动可增加体内肌肉的血液循环和局部微血管的扩张，提高肌细胞对葡萄糖的摄取和利用，使体内高血糖逐渐下降，改善糖含量。有人做过这样的试验：让病人进行30分钟的体育锻炼，就能使过高的血糖量减少12~16毫克，从而减轻了多尿、尿糖等症状；经过一次体育锻炼后,尿量可减少500～1000毫升。运动还可减少糖尿病人易患的肥胖症、高血脂、动脉硬化等的风险,从而改善心肺功能,延缓血管并发症的进程,对调整植物神经系统的功能具有显著效果。此外,体育锻炼还能减少胰岛素用量,减轻患者的症状,改善呼吸功能,消除皮肤发痒、关节痛和便秘等不良症状。

3.6.2 糖尿病患者的运动方法

1. 气功：可练内养功。卧式或坐式,每天1～2次,每次30分钟左右。

2. 太极拳：根据体力情况,可练简化太极拳或全式太极拳,每天1～2次。

3. 散步：运动强度小,对体质差的老年糖尿病人尤为适合,每次10～30分钟。在饭后进行,可以提高耐久力,促进新陈代谢。根据实验研究,若以每小时3公里的速度步行,则可把代谢率提高48%。

4. 医疗步行：对步行距离、速度和坡度都有一定的要求。开始时,可每次来回走400～800米,每3～5分钟走200米,中间休息3分钟;一段时间后,再逐渐增加至来回走1000米,其中走一段斜坡,25分钟走完,中间休息8分钟。

5. 跑步：属中等强度,适合身体好、无心血管疾病的人。

6. 各种传球的接力游戏。时间4～6分钟,以提高活动情绪为目的。

7. 基本体操及呼吸练习。时间2～4分钟,目的是减轻体力负重。

3.6.3 糖尿病患者进行体疗的注意事项

1. 体育锻炼必须同胰岛素治疗和控制饮食相结合。在血糖较高时,应先用胰岛素,使血糖稍降低,然后进行运动,这样血糖就能有较大程度的下降。

2. 除散步外,其他运动最好在吃过早餐休息片刻后进行。但应记住体育锻炼的运动量,以不引起疲劳为度。少量的体力活动(但须足够的程度)可以提高糖的吸收,降低血糖;而过激的和长时间的体力活动则相反,会使血糖增加。

3. I型糖尿病患者在血糖没有得到很好控制之前,不要参加运动锻炼;"脆性糖尿病"患者虽然不禁忌运动锻炼,但也以散步或一般的步行锻炼为好;有视网膜病变的患者,运动量不能过大,以免诱发眼底出血;若有心、肝、肾、肺功能不全或急性感染等严重并发症的病人,运动当在禁忌之列。

运动对一位糖尿病患者而言,可以帮助控制血糖。长期的运动更可以减少血管的硬化、神经的病变,又可以提升患者的生活品质及人际关系。虽然运动也有一定的危险性,但是若能谨慎地预防,运动的优点仍是多于缺点的,依然值得每位患者积极从事。

思 考 题

1. 试运用基础营养素的理论论述饮食营养与身体健康的关系。

2. 如何运用体育锻炼对常见病、心血管疾病和癌症进行预防?

3. 肥胖者、消瘦者、神经衰弱者、哮喘患者、慢性肝炎患者和糖尿病患者应怎样进行体育锻炼?

第 12 章 体育欣赏

第 1 节 体育与艺术

1.1 体育是一门特殊艺术

古希腊的雕塑是人类造型艺术的代表。其题材都是再现那些竞技场上的优胜者：或是田径场上跑的、跳的、投掷的形象；或是威武的角斗士的英姿。这些体育题材的雕塑艺术，至今还保留着令人赞叹的美，代表着早已逝去的那个时代的光荣。

的确，古希腊人不单创造了奥林匹克运动，而且创造了许多关于体育题材的、优美的文学（包括传记）、绘画、雕塑等艺术。

持续燃烧了 687 年的古奥林匹克运动会的火炬，被罗马帝国狄奥多西的一道命令扑灭了。然而，在奥林匹克圣火熄灭的时日，以体育为题材的文化艺术创作并没有停止，直接颂扬体育、为体育呼号的艺术作品不断涌现。1896 年，第 1 届现代奥林匹克运动会诞生了，人们看到艺术起到了重要的助产作用。

科学求真、道德求善、艺术求美，这真、善、美的统一，是多少世纪以来人类追求的理想。就是这种"理想"把体育和艺术结合在一起，形成了体育不能没有艺术、艺术需要体育的新发展。

随着现代奥运会圣火的熊熊升起，许多以体育为题材的艺术作品也接踵出现。有一首脍炙人口的诗歌——《体育颂》，极有价值，因为它正好体现了体育与艺术的关系。作者就是被人们尊称为"现代奥运会之父"的皮埃尔·德·顾拜旦。他用散文诗的形式抒发了对体育的热爱。他写道："啊，体育，天神的欢娱，生命的动力。……啊，体育，你就是美丽！……啊，体育，你就是正义！你体现了生活中追求不到的公平合理，任何人不可超过速度一分一秒，逾越高度一分一厘。取得成功的关键，只能是体力与精神融为一体。啊，体育，你就是欢趣！想让你内心充满欢喜，血液循环加剧，思路更加开阔，条理更加清晰。……啊，体育，你就是培育人类的沃地……"全诗共分 9 节，尽情地讴歌体育，把体育看成是美丽、正义、勇气、荣誉、健康、进步、和平和艺术的化身。他高度评价体育对于建设精神文明的作用，把人们对体育的认识提高到新的高度。这篇不朽之作，时至今日依然是奥运会运动的精神支柱。

在我国古代运动会上，体育和文学艺术是不分家的。这和古希腊奥运会中也进行文艺表演比赛完全吻合。据《春秋传》说，古代为"正德、利用、厚生"而作歌舞，"厚生"即如今之"健身"的解释，乐舞的道具有干、戈、戚（盾）、扬（钺）、弓、矢等，可见，体育与文化娱乐是一棵树上的花。

体育是一门特殊艺术,它是令人陶醉的美的艺术源泉。在许多体育活动中,人们可以欣赏到健壮的美、色彩的美、动作造型的美、巧和险的美和音乐旋律的美……所有这些,使人类尽管国界、肤色、语言不同,但都一致认为赏心悦目,都能从内心掀起阵阵波澜。"你可使忧伤的人散心解闷,你可使快乐的人生活更加甜蜜。"(顾拜坦的诗句)这是一种美的伟力,是体育艺术的作用。

1.2 体育的魅力

体育已日益成为现代社会中人们生活的重要组成部分,每当有重大赛事时,在体育场内外,在千家万户的电视机前,人们沸腾的热情总是掀起一阵又一阵狂潮。

在各种比赛中,首推举世瞩目的奥运会。在四年一度的盛大节日里,来自世界各地的不同肤色、不同种族、不同政见、不同信仰的人们,全部汇聚在同一面五环旗下,这是何等壮观、何等感人的景象!当这个世界上还残留着贫穷、愚昧、瘟疫和毒品,当国与国之间还暗藏着仇恨、杀机、对立与隔膜时,面对眼前这道"奥林匹克风景",你会做何感想?难道你不认为,这正是令人类梦寐以求的"世界大同"理想境界之缩影吗?其实,体育并不是现代文明的产物。早在古希腊的奴隶社会,它就作为一种文明而存在了。这些由求生本能演化而来的运动技巧年复一年地流传下来,最终演变成了带有鲜明生命印记的文化形式——体育运动。

毋庸置疑,当我们在观看体育比赛时,首先获得的是一种视觉上的美感,你看举重健儿力可拔山的气势,是雄强之美;体操姑娘们的轻柔舒展,是婉约之姿;太极武术中,有刚柔兼济之韵;棋枰黑白间,藏阴阳死生之机。再如拳击手的凌厉,百米跑的迅疾,篮球拼抢的激烈,枪手射击的静笃,泳池中的绚烂,冰面上的优雅……无不给人以美的感受。体育之美真可谓千姿百态,美不胜收。

然而,体育之美又有别于静态的山水园林、书画雕塑,它对美的表达往往是在迅疾的瞬间闪现出来,又倏忽而逝的。它美在过程、美在悬念、美在不可复现的每一个动感瞬间。因此,我们对体育运动的欣赏很难做到像面对山水书画那样,作拉开距离的静态观照。尤其是当面对那些关乎民族荣誉的重大赛事时,你更无法止步于视觉上的观赏。你将会浑然忘我地倾情投入,无法自持。尽管你心中明知"胜败乃兵家常事","不必当真",但你却无法抑制那份揪心的牵挂、灼人的焦虑、胜利的狂喜或失败的悲哀。你将身不由己地与"自己的"队伍融为一体,热血为之涌动,神魂为之颠倒,泪水与之交流。应当承认,这种对胜负计较的心理中已经含有了荣辱的成分。然而,体育竞赛从来就与胜负相伴,或者说对胜利的渴望与争夺注定是体育竞赛的一个重要因素。既然如此,谁又能全然无谓地超然物外呢!更何况,所谓的"审美情感体验"本身就是融汇在大悲大喜之中的。当然,人们对体育的狂热毕竟不只限于"敌我"胜负之争。在更多的场合,这种迷狂恐怕还是出于以下更为深刻的原因,即人们渴望通过健儿们的奋勇拼搏,看到人类能够在何种极限的尺度上将生命锻造得更加辉煌。

我们欣赏体育,是欣赏它蕴含着的生命光华,以及这光华给予我们的启迪、感召和鼓舞。我们赞美体育,是赞美它凝聚着人类对和平、友谊与进步的美好愿望。我们有理由相信:体育——一篇用人类的热血和爱心铸就的生命乐章,必将魅力永存!

第 2 节　走向世界的中国奥运

2.1　冬季奥运会

在国际奥委会恢复了我国的合法席位后,我国首次正式参加了1980年的第13届冬季奥运会,此后至今,共参加了13届冬季奥运会。1980年2月12日—24日,我国首次派出代表团参加了在美国举行的第13届冬季奥运会,共派出28名男女运动员,参加了滑冰、滑雪、现代冬季两项等18个单项的比赛,受到东道主美国人民的热烈欢迎。首次参赛的我国男女选手,与世界先进水平有较大差距,无一人进入前10名。

第14届冬季奥林匹克运动会于1984年2月8日—19日在南斯拉夫的萨拉热窝举行。我国运动员是第2次参加冬季奥运会,37名选手参加了速度滑冰、花样滑冰、越野滑雪、高山滑雪、现代冬季两项等5个项目的比赛。由14人组成的中国台北队也参加了本届冬季奥运会。这是海峡两岸中国选手第一次同时参加奥运会。中国仅得团体总分5分,排在第23位。

第15届冬季奥林匹克运动会,中国派出了一行20人的代表团。中国队未取得冰球参赛资格,高山滑雪、跳台滑雪和现代冬季两项的水平较低。令人欣慰的是,在短道速度滑冰表演赛中,李琰夺得女子1 000米金牌。

第16届冬季奥林匹克运动会于1992年2月8日—23日在法国的阿尔贝维尔举行。我国自1980年首次参加冬奥会以来,经过12年的努力,终于在本届实现了奖牌"零的突破"。本届参加比赛的队员有34人,共获银牌3枚,第4名2项,是一个可喜的进步。其中女选手叶乔波,在比赛中带伤上阵,顽强拼搏,夺得500米和1 000米两项速滑的银牌,虽与金牌擦肩而过,但所表现出来的不屈不挠的精神,为广大运动员和观众赞叹不已。

第17届冬季奥林匹克运动会于1994年2月17日—27日在挪威的利勒哈默尔举行。我国这次选派了27名运动员(女选手19名)参赛,共参加了速滑、短道速滑、花样滑冰、冬季两项和自由滑雪等竞赛。比赛中基本上发挥了水平,3名女选手获得奖牌,即张艳梅获500米短道速滑银牌;叶乔波获1 000米速滑铜牌;陈露获花样滑冰女子单人铜牌,奖牌总数名列第18位。我国台湾3名选手参加了双座雪车比赛。

第18届冬季奥林匹克运动会于1998年2月7日—22日在日本长野市举行。在比赛中,我国冰雪健儿团结奋战,出现了许多感人的场面。尤其是短道速滑项目上,在男女6个项目中,项项都有奖牌进账:女选手杨阳在与队友联手夺得接力项目的银牌之后,又夺得了女子500米和1 000米两枚银牌,成为历届冬奥会夺得奖牌最多的中国选手;男选手李佳军在长期尿血身体欠佳的状况下,顽强拼搏,为中国队夺得1枚1 000米银牌,成为中国冬奥史上获得男子奖牌的第一人;17岁的小将安玉龙在男子500米比赛中也勇夺1枚银牌,他还和队友在5 000米接力赛中,勇敢挑战加拿大和意大利等老牌劲敌,获得1枚铜牌。另外,我国花样滑冰女运动员陈露,也获得1枚来之不易的铜牌。陈露是我国优秀花样滑冰选手,她在1995年世界滑冰锦标赛中夺得冠军。

第19届冬季奥林匹克运动会于2002年2月8日—24日在美国盐湖城举行。中国此次共派出了72名运动员参赛。在短道速滑女子500米决赛中,我国运动员杨扬击败保加利亚的叶夫根尼亚·拉达诺娃和队友王春露,夺取冠军,为中国争得了第一枚冬奥会金牌。此后,她又与队友一起获得了女子速滑3 000米接力的银牌,并在女子1 000米速滑中再夺金牌。我国运动员申雪、赵宏博也在花样滑冰双人项目中奋力夺得一枚铜牌。

第20届冬季奥林匹克运动会于2006年2月10日—26日在意大利古城都灵举行。都灵冬奥会是奥林匹克大家庭在冬季的一次最大规模聚会,来自80个国家和地区的2 633名运动员参加了这个以"激情常驻此间"为主题的体育盛会,创造了参赛代表团数和运动员人数的冬奥会新纪录。中国派出了153人组成的代表团,有78名运动员参加了3大类、9个分项、47个小项的比赛,雪上项目参赛人数首次超过冰上项目。中国队以2金、4银、5铜名列第14位,名次虽然比上届盐湖城冬奥会落后一位,但是奖牌总数11枚已经超过了上届的8枚。

第21届冬季奥运会于2010年2月12日—28日在加拿大温哥华举行。温哥华冬奥会共举行15个分项、86个小项比赛,约2 600名运动员在温哥华和惠斯勒参加了7个大项、15个分项和86个小项的比赛。本届冬奥会上诞生的两项世界纪录全部出自短道速滑赛场,并且全部由中国运动员创造。这是历届冬奥会设项最多的一次。中国代表团在温哥华取得了历史性突破,共获得5金2银4铜,列奖牌榜第7位,首次进入前8名。

第22届冬季奥运会于2014年2月7日—23日在俄罗斯联邦索契市举行,简称"索契冬奥会"。索契冬奥会设15个大项、98个小项。这是俄罗斯历史上第一次举办冬季奥运会。中国代表团派出了65人的参赛阵容,最终获得3枚金牌、4枚银牌和2枚铜牌,位居金牌榜第13位,在亚洲各国家和地区代表队中居领先地位。索契大战,中国军团夺金数创冬奥会参赛历史第二好成绩,还创造了一系列历史之最:速滑实现金牌零的突破,短道速滑男队、男子冰壶、花样滑冰男子单人滑、自由式滑雪男子U型池等项目创造历史最好成绩。同时,我们也看到,中国冰雪运动整体实力与欧美传统国家相比,存在着一定差距,尤其是雪上传统项目几无起色。

第23届冬季奥运会于2018年2月9日—25日在韩国平昌郡举行,简称"平昌冬奥会"。来自92个国家和地区的2 920名选手参加本届冬奥会比赛。平昌奥运会设7个大项、102个小项。这是韩国历史上第一次举办冬季奥运会。本届中国代表团的金牌数是近五届冬奥会最低的,但9枚奖牌的成绩仅次于2010年温哥华冬奥会。本届平昌冬奥会是中国冰雪健儿的第11次冬奥之旅,从1980年至今,中国冰雪运动员的奥运之路可谓历经风雪。从1980年第一次参赛,到1992年第一次站上领奖台,从2002年第一次夺金,再到2018年取得多个项目的突破,一代又一代人创造了无数冬奥纪录。

2018年2月25日,平昌冬奥会正式闭幕,北京接过奥林匹克会旗,冬奥会正式进入中国时间。

2.2 夏季奥运会

我国恢复在国际奥委会的合法席位后,正式参加夏季奥运会是从1984年开始的。至今,我国已参加了9届夏季奥运会。

1984年7月28日—8月12日在美国洛杉矶举行了第23届夏季奥运会,我国派出353人的代表团(其中运动员225人)参加了这届盛会,这是新中国第一次正式参加夏季奥运会。在这届奥运会上,我国体育健儿表现了高尚的体育道德风貌和顽强的拼搏精神,共取得

15枚金牌、8枚银牌和9枚铜牌,在有140个参赛国家和地区的角逐中,金牌总数名列第4位,获得了竞赛成绩和精神文明双丰收,实现了中国体育史上的重大突破。其中,射击运动员许海峰获得本届奥运会的第1枚金牌,打破了我国自1932年首次参加奥运会以来金牌"零"的纪录。国际奥委会主席萨马兰奇称:"这是中国体育最伟大的一天。"外国通讯社为中国运动员的杰出表现和成绩惊呼:"这是中国5 000年历史的一次壮举。"

1988年9月17日—10月2日在首尔举行了第24届夏季奥运会,我国派出445人(其中运动员297人)的代表团参加了21个项目的比赛。在有上届未参赛的苏联和东欧强国等160个国家和地区参加的激烈竞争中,我国运动员共获5枚金牌、11枚银牌和12枚铜牌。

1992年7月25日—8月10日,第25届夏季奥运会在西班牙的巴塞罗那举行,共有172个国家和地区参赛,中国代表团共380人(其中运动员250人)参加了23个项目的争夺。我国体育健儿奋力拼搏,连创佳绩,以16枚金牌、22枚银牌和16枚铜牌的优异成绩在金牌榜和奖牌榜上均居第4,并有3人2次创2项世界纪录。这是中国体育史上第2个里程碑。外媒称:"中国以其在奥运会上的成绩给世界一个震惊!""中国体育的黄金时代开始了。"这是我国重返奥林匹克大家庭后最辉煌的成绩。

1996年7月19日—8月4日第26届夏季奥运会在美国的亚特兰大举行。我国派出了由495人组成的体育代表团,其中运动员309人(女运动员199人),运动员人数居各国和地区体育代表团的第12位。我国代表团是以年轻选手、新选手为主组成的,运动员平均年龄21.7岁,其中85%的运动员是第1次参加奥运会。我国运动员参加了本届奥运会26个大项中22个大项的153个小项的比赛,共获得奖牌50枚,有2人4次创4项世界纪录,3人6次创6项奥运会纪录,6人13次创12项亚洲纪录,7人15次创12项全国纪录。

2000年9月15日—10月1日第27届夏季奥运会在澳大利亚悉尼举行。中国运动员共有3人12次创8项世界纪录,有6人11次创11项奥运会纪录。中国体育代表团在本届奥运会上显示了新生的实力,共取得59枚奖牌,其中金牌28枚、银牌16枚、铜牌15枚,在金牌榜和奖牌榜上均居第3位。这是中国首次进入奥运会前3名国家之列,是历史性的突破。中国跳水队男运动员熊倪获男子单人跳板和男子双人跳板2枚金牌。中国女子举重队在国际奥委会防止垄断的条件下,报名参加了首次进入奥运会比赛项目的女子举重总共7个项目中的4个项目的比赛。中国女将包揽了她们参加的4个项目的金牌。她们是53公斤级的杨霞、63公斤级的陈晓敏、69公斤级的林伟宁、75公斤级以上的丁美媛。其中,丁美媛创下了2项世界纪录。在规模庞大、强手如林、竞争激烈、奖牌分流和困难较多的情况下,中国体育代表团的金牌总数和奖牌总数均列奥运会排行榜的第3位,证明我国竞技体育的总体水平有所提高。

第28届夏季奥林匹克运动会于2004年8月13日—8月29日在希腊雅典举行。有202个国家和地区的10 500名运动员参加了28个大项、301个小项的比赛,他们以更快、更高、更强的奥林匹克精神挑战极限、攀越新高,在田径、游泳、自行车、举重和射箭等赛场,创造了20多项新的世界纪录。中国此次派出了包括407名运动员(其中女运动员269名,男运动员138名)的代表团,共参加了除棒球和马术以外的其他所有26个大项的比赛。中国队共获得金牌32枚、银牌17枚、铜牌14枚,以奖牌总数63枚的优异成绩一举登上了金牌榜的第2位(其中奖牌总数列第3位),金牌数和奖牌总数两项指标都创下了中国自参加奥运会以来的单届最高纪录,而且获得金牌的项目增加至13个大项,达到了历史新高。

第29届夏季奥林匹克运动会于2008年8月8日—8月24日在中国北京举行。有204个国家或地区的6万多名运动员、教练员和官员参加了此次盛会。第29届奥林匹克运动会以"绿色奥运、科技奥运、人文奥运"为三大理念，共举行了28个大项、38个分项的比赛。一共产生金牌302枚，中国获得了51枚金牌、21枚银牌、28枚铜牌，奖牌总数位列第一。

第30届夏季奥林匹克运动会于2012年7月27日—8月12日在英国伦敦举行。伦敦继1908年伦敦奥运会和1948年伦敦奥运会后，再次取得奥运会举办权，成为举办奥运会次数最多的城市。伦敦奥运会总共有205个国家和地区参加。中国运动员经过17天的角逐后获得了金牌38枚、银牌27枚、铜牌23枚，以88枚奖牌列奖牌总数第2名。

第31届夏季奥运会于2016年8月5日—21日在巴西的里约热内卢举行。里约热内卢成为奥运史上首个主办奥运会的南美洲城市，同时也是首个主办奥运会的葡萄牙语城市。2016年里约热内卢奥运会共设28个大项，306个小项。高尔夫重返奥运会，七人制橄榄球加入奥运会。中国代表团最终以26枚金牌、18枚银牌、26枚铜牌，位居奖牌榜第3位，其中3人1队5次创5项世界纪录，9人1队13次创12项奥运会纪录。金牌数虽然较伦敦奥运会有所下降，但一些项目取得了重大突破，自行车、男子跆拳道两个项目历史上首次获得奥运会金牌。

第32届夏季奥运会将于2020年7月24日至8月9日在日本东京举办，届时，滑板、冲浪、攀岩、棒垒球和空手道等5个新增大项将进入东京奥运会。

总之，奥林匹克运动会是世界上规模最大、水平最高的体育盛会，我国能够在1984年至2018年的十几年时间里，在夏季奥运会上跻身金牌总数三强之列，充分显示了我国竞技体育发展的高速度。

表12.2.1 1980—2018年中国参加奥运会获奖牌简况

届次数	时间	地点	金牌	银牌	铜牌	金牌数排名
第23届夏奥会	1984	洛杉矶	15	8	9	4
第24届夏奥会	1988	汉城	5	11	12	11
第25届夏奥会	1992	巴塞罗那	16	22	16	4
第26届夏奥会	1996	亚特兰大	16	22	12	4
第27届夏奥会	2000	悉尼	28	16	15	3
第28届夏奥会	2004	雅典	32	17	14	2
第29届夏奥会	2008	北京	51	21	28	1
第30届夏奥会	2012	伦敦	38	27	23	2
第31届夏奥会	2016	里约	20	18	26	3
第13届冬奥会	1980	普莱西德湖				
第14届冬奥会	1984	萨拉热窝				
第15届冬奥会	1988	卡尔加里				
第16届冬奥会	1992	阿尔贝维尔		3		
第17届冬奥会	1994	利勒哈默尔		1	2	
第18届冬奥会	1998	长野		6	2	
第19届冬奥会	2002	盐湖城	2	2	4	13
第20届冬奥会	2006	都灵	2	4	5	9
第21届冬奥会	2010	温哥华	5	2	4	7
第22届冬奥会	2014	索契	3	4	2	9
第23届冬奥会	2018	平昌	1	6	2	9

第3节 做文明的体育观众

从古到今,体育竞技总是由运动员、教练员、裁判员和观众4个方面的人组成的。如同歌舞戏剧的演出一样,如果没有观众,比赛或演出便会失去意义。

赛场上的观众和运动员、教练员、裁判员是互相影响、互相作用的。观众席上的掌声和喝彩声,对运动员是一种兴奋剂,会成为激励运动员积极进取、创造良好成绩的力量;相反,如果观众不守秩序,不讲文明,瞎哄瞎闹,甚至向运动员投掷瓶子、果皮、辱骂裁判,等等,对运动员的竞技状态就会造成很大的影响。在第5届全运会男子跳高比赛中,观众席上的良好风气令人难忘。当时,观众察觉到朱建华有可能冲击世界纪录,便给予许多掌声、喝彩声。每跳一次,什么时候肃静,什么时候欢呼,什么时候鼓掌,都似乎听从于一根巨大指挥棒的指挥。最后,当朱建华向2.38米的世界高度冲击时,赛场虽拥挤着6万多名观众,却静得如无一人,而且每个观众的脸上都浮现出热情期待的表情。这种高度的配合,无声的激励,对运动员来说是一股巨大的动力。当朱建华成功地跃过新的世界纪录时,全场"轰"的一声沸腾起来了,欢呼声不绝于耳。事后,朱建华接受记者采访时深情地说:"我的一点成绩是领导和教练教育的结果,同时又是观众激励、支持的结果。"显然,在运动员金灿灿的奖牌上,同样凝聚着观众的光和热。可见,观众在体育竞赛中不是可有可无,而是占据着重要的位置,发挥着不可缺少的作用。

既然观众在体育竞技中有着极其重要的作用,那么,作为一名观众应该如何珍惜自己的地位,发挥积极的作用呢?这的确是值得观众认真思考的问题。

首先,观众应该弄清体育比赛的真谛,从而用良好的体育道德去观看比赛。

体育比赛就是要争上游、比优劣,比赛是体育运动的生命。但是,比赛争出胜负不是唯一目的,更重要的是要推动事业的发展,加强运动员相互之间的团结和友谊。奥林匹克宪章中明确规定,奥运会的宗旨是"和平、友谊、团结、进步"。体育运动的发展,是人类文明和进步的标志,又是为人类的文明和进步事业服务的。它的目的是通过比赛使人类体育技能达到"更快、更高、更强"。一个人、一个队在一次比赛中的输赢,是不应看得过重的,诚如奥林匹克的另一个口号——"重要的是参与"。这就是体育比赛的真谛。

体育比赛历来强调坚持良好的体育道德。在现代奥运会上就有这样良好的传统:在开幕式上要举行运动员宣誓,这是整个开幕式上最庄严的时刻。届时,先由运动员宣誓,各国旗手们在主席台前站成半圆,举办国的一名运动员在本国旗手的护送下,右手执旗的一角庄重地走上主席台,摘下头上的帽子及饰物,举起右手宣誓:"我以全体运动员的名义,保证我们将尊重和遵守有关规则,以真正的体育道德精神,为体育的光荣和我们队伍的荣誉,参加这次奥林匹克运动会。"也就是说,竞技者要坚持光明磊落,用真实的本领去取胜。道德上的责任,要求每一个观众都不能偏袒一方,瞎哄瞎闹。

我们是社会主义国家,我们要发展社会主义体育事业。《中共中央关于进一步发展体育运动的通知》中强调指出:要加强对运动队和观众的文明礼貌教育,正确对待胜负。在比赛中,尤其要注意既赛出水平,又赛出风格。体育观众,一定要坚持良好的体育道德,做一个文明的观众。

观看体育比赛是一件赏心悦目的事,是热闹欢快的活动。要求观众上了看台之后,个个正襟危坐、不苟言笑那是不对的,也是不可能的。但是,观众的情绪、活动应该有个分寸,要做到不偏不倚地为"团结、进步"鼓掌,为双方的好风格、好技艺鼓掌,通过这些活动来发挥观众的作用。

　　其次,一名合格的文明的观众,还应该了解一些体育知识,懂得一些基本比赛规则,要把欣赏的眼光放在好的球艺、好的思想风格上,千万不要单纯忘情于胜负得失之上。对体育的欣赏能力是在实践中获得、在实践中提高的。多参加体育比赛的"观战",欣赏水平就会提高。事实上,现在许多体育爱好者已经具有较高的体育欣赏水平,他们不仅熟悉场上运动员的技术长短、性格特点,而且懂得裁判规则,战术技术;他们边看边谈,议论纷纷,其中不乏精辟之见。

　　我们相信,随着两个文明建设的向前发展,广大观众的道德风貌、体育欣赏水平是会很快提高的,体育比赛的新风必将劲吹体坛。

思　考　题

1. 体育的艺术魅力应如何鉴赏?
2. 如何做一名合格的文明体育观众?

竞 技 篇

第 13 章　田径运动

第 1 节　田径运动概述

在远古时代，人类本身所具有的跑、跳、投等身体基本活动技能，是应付艰苦自然环境及获取生活资料所必不可少的。由于生存的需要，人类必须不断提高身体活动能力，并向后代传授生活技能。原始教育通过游戏方式组织练习，逐渐演变成一种定期的比赛活动，由此构成了古代田径运动的雏形。随着阶级的产生和战争的出现，跑、跳、投又变成一种军事技能和身体训练的主要内容。这种最早起源于古希腊，且极具"竞争"和"对抗"性质的"操练"，在发展成以比速度、力量和灵敏度为目的的"轻竞技"之后，为现代田径运动奠定了社会基础。

田径运动能全面提高人的速度、力量、耐力和灵敏度等身体素质，培养勇敢顽强的意志品质，并对促进心肺等内脏功能具有重要价值，因此在近代得到了很快的普及与发展，特别是田径运动进入奥运会之后，男女田径项目不断增加，技术日趋完善，竞赛活动日益频繁，各种组织、俱乐部及协会相应成立。

田径运动共有 35 个项目，是综合性运动会的第一大项。田径项目包括跑、跳跃、投掷和全能运动等（表 13.1.1）。

表 13.1.1

径　赛	田　赛	全　能　项　目
100 米、200 米、400 米、800 米、1 500 米、3 000米、5 000 米、10 000米、4×100 米接力、4×400 米接力、100 米栏、110 米栏、400 米栏、3 000米障碍、马拉松、10 千米竞走、20 千米竞走、50 千米竞走	跳高、撑竿跳高、跳远、三级跳远、铅球、铁饼	男子十项全能：100 米、400 米、1 500 米、110 米栏、跳高、跳远、撑竿跳高、铅球、铁饼、标枪 女子七项全能：200 米、800 米、100 米栏、跳高、跳远、铅球、标枪

跑又分为：短距离跑、中长距离跑、超长距离跑、跨栏跑、接力跑、障碍跑。

第2节 短距离跑

中国田径运动之最

苏炳添，1989年8月29日出生于广东省中山市，中国男子田径队短跑运动员。2011年9月8日，夺得全国田径锦标赛男子100米冠军，并以10秒16打破了13年前周伟创造的全国纪录。2012年8月4日，在伦敦奥运会上，苏炳添成为中国第一位晋级奥运会男子百米半决赛的短跑选手。2014年3月8日，在波兰索波特室内世锦赛上，苏炳添成为第一个闯入世界级大赛短跑决赛圈的中国选手，并打破了自己保持的全国纪录。2018年2月6日，在杜塞尔多夫室内60米比赛中，他以6秒43夺冠，再破亚洲纪录。同年3月3日，在伯明翰世界室内田径锦标赛男子60米决赛中，他以6秒42打破亚洲纪录的成绩摘得银牌。2019年2月16日，苏炳添获得国际田联室内巡回赛伯明翰站男子60米决赛冠军。2019年2月21日，在国际田联室内巡回赛德国杜塞尔多夫站男子60米决赛上，苏炳添以6秒49的成绩再次夺冠。

短跑是用最快的速度跑完规定的较短距离。经常练习短跑，能有效地发展学生快速奔跑的能力，增强学生的体质，培养学生坚毅、顽强和勇往直前的意志品质。

短距离跑100米

2.1 基本技术

短跑技术是一个不可分割的整体，为便于分析，可分为起跑、起跑后的加速跑、途中跑和终点跑4个部分。

2.1.1 起跑

起跑的任务是对枪声（或"跑"的口令）作出迅速、准确的反应，使身体迅速摆脱静止状态，获得向前的最大冲力，为起跑后的加速跑创造有利条件。

短跑起跑一般采用蹲踞式，比赛时必须使用起跑器。常见的起跑器安装方式有"普通式"和"拉长式"两种（图13.2.1）。无论采用哪种方式，都应从运动员的实际情况出发，以能发挥最大肌肉力量、获得最大的向前冲力和在"预备"姿势时感到舒适而放松为准。目前，我国多数优秀运动员都采用适合于个人特点的普通式。

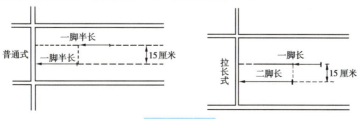

图13.2.1

在学校的体育教学和课外体育锻炼中如是煤渣跑道未配有起跑器，可采用挖起跑穴代替，起跑穴的位置与安装起跑器的位置基本相同；如是塑胶跑道，则必须按规定配齐起跑器。起跑过程包括"各就位""预备""鸣枪"或"跑"3个环节。当听到"各就位"口令后，做1～2次深呼吸，轻快地走到起跑器前，两手撑在起跑线前的地面上，两脚依次踏在起跑器的前、后抵足板上，后膝跪地。然后，两手收回置于起跑线的后沿，两臂伸直，两手距离比肩稍宽，四指并拢与拇指成"八"字形支撑于地面。此时，身体重心应稍前倾，颈部自然放松，两眼视前下方50厘米处，注意听"预备"口令（图13.2.2）。

当听到"预备"口令后，随之吸一口气，从容地抬起臀部，使之稍高于肩，同时身体重心适当前移，肩稍超出起跑线（10厘米左右），体重主要落在两臂和前脚上。前腿大、小腿夹角90度左右，后腿大、小腿夹角120度左右。注意力高度集中，静听枪响。

起跑技术　　起跑技术慢动作

图13.2.2

当听到枪响（或"跑"的口令）后，两手迅速推离地面，两臂及时做有力的前后摆动，同时两腿迅速蹬离起跑器，后腿以膝领先向前摆出，前腿要快速有力地蹬伸髋、膝、踝3个关节，把身体向前送出。

2.1.2 起跑后加速度

起跑后应立即转入加速跑，其任务是在较短的距离内（通常为20～25米）尽快获得最大的速度。起跑第一步不宜过大，一般为3.5～4脚长，以后每步约增加半个脚长，逐渐增加到途中跑。加速跑时，上体前倾较大，随着步长和速度的增加，逐渐抬起到途中跑的姿势（图13.2.3）。

加速跑慢动作

图13.2.3

2.1.3 途中跑

途中跑的任务是保持高速度跑。在跑的一个周期中,单腿经历着地缓冲、后蹬前摆阶段。当摆动腿摆到最高点时大腿积极下压,膝关节放松,使小腿自然向前伸出,脚掌微翘起做由前向下、向后的"扒地"动作,前脚掌在离重心投影点约1.5脚掌处着地。脚掌着地后,迅速转入合理的缓冲动作,支撑腿的膝、踝适度弯曲,脚跟稍离地,为快速有力地后蹬做好准备(图13.2.4)。

当身体重心移离支撑点时,即开始后蹬:在摆动腿的大、小腿折叠积极前摆配合下,支撑腿迅速伸展髋、膝、踝3个关节,最后用脚趾蹬离地面。后蹬角度约为50度(图13.2.5)。

途中跑

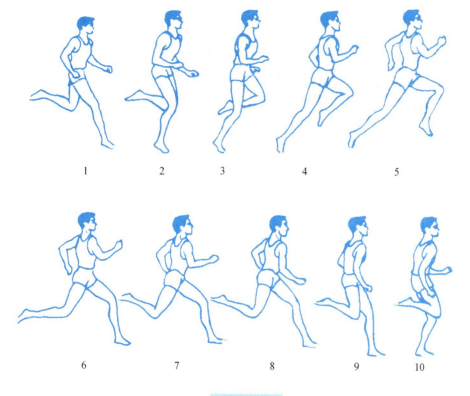

图13.2.4

当支撑腿蹬离地面时,即转入前摆。随着大腿前摆,小腿随惯性向大腿靠拢,当摆动腿膝关节摆过支撑腿膝关节稍前部位时,大、小腿折叠达到最大程度,脚跟几乎触及臀部。接着摆动腿继续前摆,当摆到最高时与支撑腿之间的夹角为100~110度。

途中跑时,上体应稍前倾,头部正直并与上体保持一致。

摆臂的主要作用是维持身体平衡和调节跑的节奏。摆臂时,两手半握拳、屈肘,以肩为轴做前后摆动。前摆时稍向内,后摆时稍向外。

图13.2.5

200米和400米跑有一半以上的距离是在弯道上进行的。在弯道跑时,身体应向圆心倾斜。弯道半径越小,跑的速度越快,倾斜程度就越大。为了跑最短距离,脚的着地点应尽量靠近左侧分道线。

弯道跑技术

2.1.4 终点跑

终点跑的任务是尽量保持高速度跑过终点。此时上体稍前倾,并加强摆臂。在距终点线约一步时,上体急速前倾,以胸部或肩部撞终点线,并跑过终点,然后逐渐减慢跑速。

终点跑

终点跑慢动作

2.2 主要练习方法

短距离跑的练习方法如图13.2.6所示。

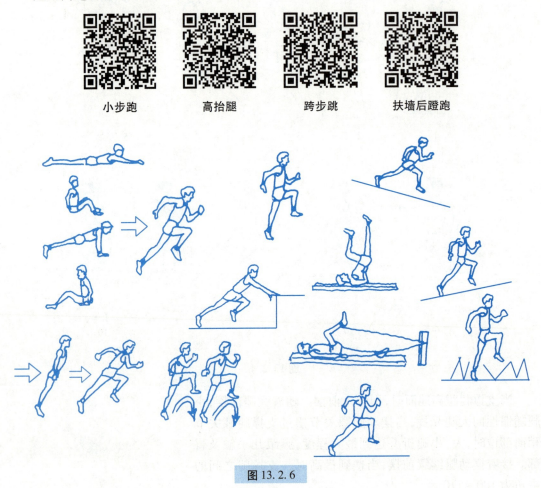

图 13.2.6

2.3 比赛规则简介

1. 某运动员若挤撞或阻挡别的运动员并妨碍其跑进时,取消此运动员该项比赛的资格。
2. 在分道径赛中,运动员应自始至终在各自分道内跑进。
3. 运动员由于受他人推、挤或被迫跑出自己的分道,但未从中获得实际利益,则不应取消其比赛资格;如运动员在直道上跑出自己分道或在弯道上跑出自己的分道外侧分道线,但未从中获得实际利益,也未阻挡其他运动员,则不应取消其比赛资格。
4. 400米及400米以下各项径赛运动员必须使用起跑器和蹲踞式起跑。在"各就位"口令之后,运动员必须完全在自己分道内和起跑线后做好准备姿势。双手和一膝必须与地面接触,双脚必须接触起跑器。在"预备"口令之后,运动员应立即抬高重心做好起跑姿势,此时双手仍与地面接触,双脚不得离开起跑器。
5. "各就位"或"预备"口令发出,所有运动员应立即做好最后"预备"姿势,不得拖延。经适当时间仍不服从命令者,以起跑犯规论。"各就位"口令下达后,如运动员用声音或其他方式干扰比赛中的其他运动员,以起跑犯规论。
6. 运动员在做好最后预备姿势之后和鸣枪之前开始起跑动作,判为起跑犯规。
7. 起跑犯规的运动员必须予以警告。对两次起跑犯规的运动员取消其比赛资格。

第3节 中 长 跑

中长跑是中距离跑和长距离跑的合称,经常参加中长跑锻炼,能改善呼吸系统和心血管系统的机能,发展耐力素质,培养坚毅、顽强的意志品质。由于中长跑不受场地、器材、年龄、性别等条件限制,近年来在世界范围内掀起了一股热潮,以健身为目的的长距离跑步更被人们广泛地当作锻炼身体的重要手段。

> **中国田径运动之最**
>
> 王军霞在1993年第4届世界田径锦标赛上获得女子10 000米跑金牌(成绩为30分49秒30),在第5届世界杯马拉松赛上获得女子团体和个人2枚金牌(个人成绩为2小时28分16秒)。1996年她又在第26届奥运会上获得女子5 000米跑冠军(成绩为14分59秒88),这是中国运动员在奥运会上取得的首枚田径5 000米金牌,她还获得了10 000米跑的银牌。

中长跑比赛项目有800米、1 000米、3 000米、5 000米、10 000米等。

3.1 基本技术

中长跑是耐力性运动项目,要求运动员在保持高频率跑的情况下,合理地分配体力,尽可能少消耗能量。

3.1.1 起跑和起跑后的加速跑

中长跑一般采用站立式起跑(图 13.3.1)。当运动员听到"各就位"的口令后,迅速走到起跑线后,将有力脚放在起跑线后沿,另一脚则置于有力脚之后,前后间距约一脚长,左右间距约半脚长,两腿弯曲,上体前倾,体重落在前脚,后脚用前脚掌着地,前脚异侧臂自然下垂,同侧臂置于体侧,眼看前方 5～10 米处,身体保持稳定,集中注意力听枪响。

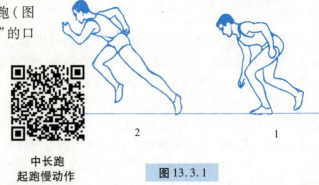

中长跑起跑慢动作

图 13.3.1

当听到枪响后,两腿迅速用力蹬地,两臂配合两腿做快速有力的摆动,使身体迅速向前冲出,加速跑时上体前倾较大,蹬摆积极,当跑到能发挥个人跑速的战术位置时,就进入匀速而有节奏的途中跑。

3.1.2 途中跑

中长跑途中跑的技术原理与短跑基本相同,由于距离和跑速不同,在技术上存在着不同程度的差异。

1. 后蹬用力的程度较短跑小些,后蹬的角度较短跑稍大些,一般为 55 度。
2. 大腿前摆的高度比短跑低些;前摆时,大、小腿折叠动作比短跑小些(图 13.3.2)。

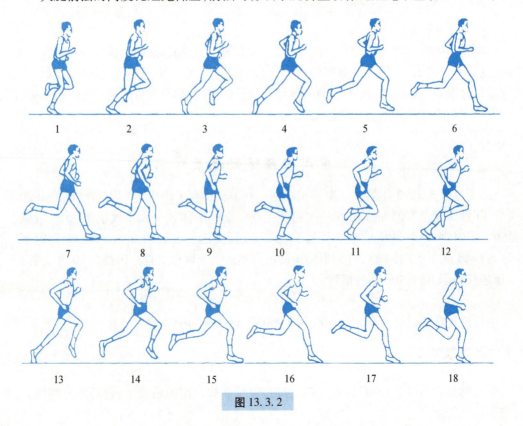

图 13.3.2

3. 身体前倾的角度比短跑小些(上体正直或稍前倾 5 度左右)。
4. 弯道跑时,技术动作变化的程度较短跑小些。

3.1.3 终点跑

终点跑是运动员在十分疲劳的情况下,竭尽全力进行最后一段距离的冲刺跑。终点跑要求运动员具有顽强的意志,动员全身力量,加强摆臂和蹬摆,向终点冲去。终点冲刺的时机,应根据比赛项目、训练水平、战术要求和临场的情况而定。一般情况下,800 米可在后 200~250 米开始加速,若跑的距离更长,开始加速的距离可相应增加。

3.1.4 *中长跑的呼吸*

中长跑由于能量消耗大,机体要产生一定的氧债,为了保证机体对氧气的需求,呼吸必须有一定的深度和频率,还必须与跑的节奏相配合,一般是跑 2~3 步一呼气,跑 2~3 步一吸气。

3.2 主要练习方法

1. 匀速跑 80~100 米,目的是培养速度感觉和发展一般耐力。
2. 加速跑(见短跑练习)。
3. 变速跑(或走跑交替),即快跑与慢跑(或走)交替进行。例如,100 米中(快)速跑 + 100 米慢跑(或走);200 米中(快)速跑 + 100~200 米慢跑(或走)。
4. 重复跑,即多次重复固定距离的跑法。重复跑的距离比个人专项距离要短,如 800 米、1 500 米等项,可进行 200~400 米的重复跑。
5. 定时跑,即在规定的时间内跑完一定的距离。可以发展专项耐力和培养跑的速度感觉能力。
6. 越野跑(或自然地形跑),即在野外进行的跑。跑的距离、时间可长可短,跑的速度可快可慢。
7. 登山。登山时,根据山不同的高度和练习者要达到的要求,重复次数可以自行选择,是发展耐力的好方法。

3.3 比赛规则简介

1. 运动员擅自离开跑道,不得继续比赛。
2. 中长跑的起跑口令是"各就位",运动员准备就绪等待"鸣枪"。
3. 800 米跑比赛,运动员应在第一个弯道沿分道跑,未过跑道标志线提前切入里道或过标志线后强行切入阻挡他人为犯规。
4. 起跑出发时强行切入里道阻挡他人或在跑道上采用不合理的方法超越他人则取消比赛资格。

3.4 超长距离跑

超长距离跑是指马拉松,距离是 42.195 千米。

> **马拉松的由来**
>
> 公元前 490 年,希腊人与波斯人在一个叫马拉松的地方进行战争,最后希腊人战胜了波斯人。为了把胜利的喜讯迅速传到国内,战士菲力斯怀着激动的心情,奋力跑向首都雅典。当他跑到雅典时,由于兴奋和长距离奔跑的疲劳,报告完胜利喜讯后就倒下了。后人为了纪念他,举办从雅典到马拉松的长跑比赛,命名为"马拉松"。其距离为 42.195 千米。

第 4 节 跨 栏 跑

跨栏跑是在快速跑中跨越一定数量、一定距离和一定高度栏架的径赛项目,也是田径运动中技术比较复杂、节奏性比较强、锻炼价值比较高的项目之一。经常练习跨栏跑,可以培养勇敢、顽强、果断和克服困难的意志品质,并能有效地发展速度、弹跳力、柔韧性和灵敏度等身体素质。在室外举行的成年组跨栏跑比赛项目有男子 110 米栏和 400 米栏、女子 100 米栏和 400 米栏。

> **中国田径运动之最**
>
> 刘翔,中国最伟大的田径运动员。2004 年,他在雅典奥运会夺冠(12 秒 91),平了沉睡 13 年之久的世界纪录;2006 年破世界纪录(12 秒 88);2007 年勇夺世锦赛冠军(12 秒 95)。

4.1 基本技术

跨栏跑的完整技术可分为起跑至第 1 个栏、跨栏步、栏间跑和终点跑 4 个部分。

4.1.1 男子 110 米栏

1. 起跑至第 1 个栏。起跑后,快速、准确地跨过第 1 个栏是跑好全程的重要环节。跨栏跑都要采用蹲踞式起跑,起跑技术与短跑基本相同。由于起跑线到第 1 个栏的距离和加速跑的步数是固定的,所以起跑和起跑后的加速跑与短跑又不完全一样。例如,起跑时身体与地面的夹角比短跑大;起跑后抬腿幅度大,步长增大,起跑后上第 1 个栏架时步长已接近途中跑步长。

跨栏跑

2. 跨栏步。这是指起跨腿踏上起跨点开始到摆动腿的脚过栏后着地为止,包括起跨攻栏与腾空过栏两个阶段。

(1) 起跨攻栏：起跨点一般距栏架 2.00~2.20 米，起跨腿的脚着地点应在身体重心投影点的稍前方，当身体重心移过支点时，迅速蹬伸，同时充分高抬摆动腿，起跨腿同侧臂有力前伸，上体随后蹬、用力、重心前移而逐渐加大前伸。当结束起跨攻栏动作时，起跨腿髋、膝、踝 3 个关节充分伸直，躯干和起跨腿基本成一直线（图 13.4.1）。

起跨攻栏慢动作

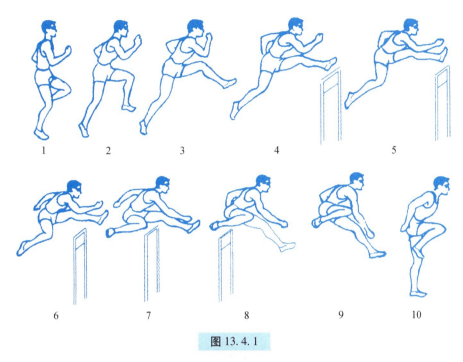

图 13.4.1

(2) 腾空过栏：起跨腿蹬离地面后，摆动腿大腿随惯性继续高抬，摆动腿异侧臂积极前伸。当摆动腿脚掌越过栏板后，即开始做积极的下压动作，同时起跨腿膝外展经体侧迅速向前提拉，起跨腿同侧臂屈肘后摆，以维持身体平衡。摆动腿着地时前脚掌扒地，上体适当前倾，着地点尽量靠近身体重心投影点；着地点距栏 1.40~1.50 米。

3. 栏间跑：9.14 米的栏间距离一般用 3 步跑完，跑的动作和短跑基本相同，但 3 步的步长不等：第 1 步最短，约 1.50~1.60 米；第 2 步最长，约 2.10~2.20 米；第 3 步因准备起跨，步长较第 2 步缩短 20 厘米左右，形成一个快速短步。栏间跑要求身体重心高、跑的直线性强和加速节奏明显。

4. 终点跑：当跨越最后一个栏架时，摆动腿应更积极地下压，着地点较近。起跨腿一过栏架即向前摆出。终点跑要加大身体前倾，加快频率，加强蹬摆，以最快的速度冲向终点。撞线动作与短跑相同。

4.1.2 **女子 100 米栏**

女子 100 米栏与男子 110 米栏技术相比，由于栏架较低，栏间距离较短，所以起跨的后蹬角度和上体前倾角度都较小，摆动腿前摆较低，起跨腿前拉幅度和两臂的摆幅也较小。过栏时，身体重心腾起的高度低，过栏速度接近短跑。起跑至第 1 个栏一般跑 8 步，起跨点距栏约 2 米，下栏着地点距栏架约 1.05~1.10 米（图 13.4.2）。

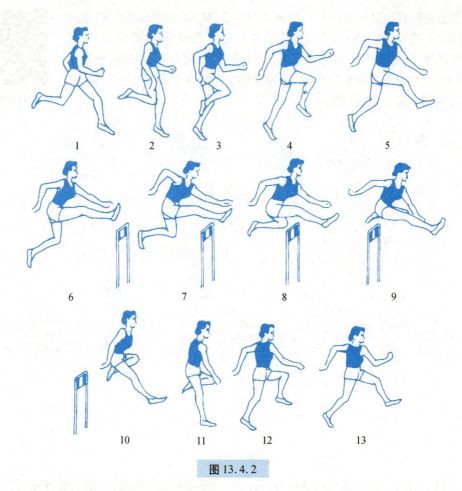

图13.4.2

4.1.2.1 主要练习方法

1. 原地或行进间做摆动腿的抬(屈膝高抬)、伸(小腿自然前抬)、压(积极下压)动作。
2. 原地或行进间做摆动腿"鞭打"练习。
3. 行进间(跑3~5步)由栏侧做攻摆练习。
4. 手扶肋木站立,体侧纵向或横向放一栏架,做起跨腿提拉练习。
5. 行进间(跑3~5步)由栏侧做摆动腿过边栏和起跨腿提拉练习。
6. 行进间(跑3步)做"跨栏步"动作,过2~3个栏。栏间距离7~8米。
7. 站立式起跑过栏练习,栏间跑3步。
8. 设置较短栏距,栏间跑1~3步过栏练习。

4.1.2.2 比赛规则简介

1. 跨栏比赛均为分道跑,运动员应自始至终跑在各自的分道内。
2. 运动员在过栏瞬间其脚或腿低于栏顶水平面,或者跨越他人的栏架,或者裁判长认为有意用手或脚推倒栏架,应取消其比赛资格。

第5节 接力跑

> **中国田径运动之最**
>
> 2014年仁川亚运会上,中国男子4×100米接力队以37秒99的成绩打破亚洲纪录夺冠。
>
> 2014年仁川亚运会上,中国女子4×100米接力队以42秒83的成绩获得冠军。
>
> 2015年在北京进行的世界田径锦标赛上,中国男子4×100米接力队以38秒01的成绩获得亚军,实现了中国男子短跑接力赛上的重大突破。

接力跑是一项集体配合的短距离径赛项目。练习接力跑可以发展速度和灵巧性等身体素质,培养团结协作的集体主义精神。

接力跑比赛项目有男、女4×100米和4×400米接力跑。

5.1 基本技术

接力跑的技术包括短跑技术和传接棒技术。接力跑的成绩取决于队员的速度和传接棒动作的配合。

5.1.1 4×100米的接力跑技术

1. 持棒起跑。第1棒运动员右手持棒,采用与短跑相同的蹲距式起跑。持棒人用右手中指、无名指和小拇指握住棒的末端,拇指和食指分开撑地(图13.5.1)。接力棒不得触地及起跑线或起跑线前面的地面。

2. 接棒人起跑。常采用半蹲式。起跑时第2、4棒运动员站在本分道预跑区内的外侧(第3棒在内侧),用一手撑地,头转向侧后方,目视跑来的队员和自己起动的标志。当传棒人跑至标志线时,接棒人即迅速起跑。

图13.5.1

持棒起跑　　持棒起跑慢动作

5.1.2 传接棒的方法

常用的有上挑式和下压式两种。

1. 上挑式:接棒人手臂自然后伸,掌心向后,虎口张开朝下。传棒人将棒由下向前上方送到接棒人手中(图13.5.2)。这种方法的优点是动作比较自然、容易掌握,缺点是接棒人握棒的位置随着多次传接过程会越来越下移,容易出现因传接棒而减慢跑速和掉棒的现象。

上挑式

图 13.5.2　　　　　　　　　图 13.5.3

2. 下压式：接棒人手臂自然后伸，掌心向上，虎口张开朝后。传棒人将棒的前端由上向前下方送到接棒人手中（图13.5.3）。这种方法的优点是每次接棒，都能接到棒的前端，便于下次的接棒。缺点是接棒人手腕动作较紧张，不容易掌握。

3. 在比赛中经常采用"混合式"，即综合"上挑式"和"下压式"的优点，第1、3棒队员右手持棒，用"上挑式"把棒传给第2、4棒队员的左手中。第2棒队员左手持棒用"下压式"传给第3棒队员的右手中。4×100米接力跑全程是由4名队员共同完成的，因此在分配棒次时，必须考虑发挥每个队员的特长。一般第1棒应安排起跑和弯道跑技术好的队员；第2棒应安排速度耐力好和传接棒技术好的队员；第3棒队员除具备第2棒队员的条件外，还要善于跑弯道；第4棒应安排速度最快、意志品质和冲刺能力最强的队员。

5.2　主要练习方法

1. 原地做传接棒练习。
2. 跑动中做传接棒练习。
3. 双人在接力区内快速跑中完成传接棒。
4. 各种距离的双人、三人、四人异程接力。
5. 4×100米接力跑比赛。

跑动中传接棒练习

5.3　比赛规则简介

1. 4×400米接力跑时，各队必须在各自的分道上跑完3个弯道，跑过抢道标志线后方可进入里道。

2. 运动员须手持接力棒跑完全程，如棒掉落须由掉棒运动员拾起，拾棒时不得阻碍其他运动员，否则应取消比赛资格。

3. 在所有接力跑中，必须在接力区内完成传接棒。是否在接力区内，应以接力棒的位置为准，不以运动员的身体或四肢位置为准。

4. 4×400米接力跑的第3、4棒接棒运动员应在裁判员的指定下，按照同队传棒运动员跑完200米时的先后顺序，由内到外地排列各自的接棒位置。

5. 运动员传棒后，应留在各自分道或接力区内，直到跑道通畅，以免阻挡其他运动员。凡因跑错位置或跑出分道而阻碍他队队员者，将取消本队比赛资格。

6. 凡被推动跑或通过其他方法受到帮助者，应取消其比赛资格。

7. 接力队一旦开始比赛后，在下一赛次比赛中，只准许有2名队员作为候补队员；在每赛次比赛前，必须声明各棒运动员的顺序；已参加过比赛的运动员，一旦被人替换，则不能再参加后继赛次的接力比赛。

第6节 跳 高

跳高是人体通过快速的助跑和起跳,采用合理的过杆姿势和动作,使身体腾越垂直距离的运动项目。它是广大青少年喜爱的锻炼手段。练习跳高能有效地增强腿部的肌肉力量,发展灵敏度、协调性等身体素质,还可培养勇敢、果断等优良品质;熟练的跳高技术给人以美的感受。跳高可以在比较简易的条件下进行,是符合我国当前国情的一项运动。目前,我国各级各类学校的体育课中均有跳高内容。

在跳高技术的发展过程中,曾出现过跨越式、剪式、滚式、俯卧式、背越式等5种姿势。目前,剪式、滚式由于技术落后已被淘汰。从竞技和表现运动成绩的角度来看,俯卧式也很少见,唯有背越式跳高被世界优秀运动员普遍采用。另外,在学校体育教学和课外体育锻炼中,简单的跨越式跳高也是重要而常用的锻炼手段。

背越式跳高　　跨越式跳高

中国田径运动之最

郑凤荣在1957年打破女子跳高世界纪录(1.77米),成为中国体育史上第1位打破女子世界纪录的运动员。

倪志钦在1970年打破男子跳高世界纪录(2.29米)。

朱建华在1983—1984年3次(2.37米、2.38米、2.39米)打破男子跳高世界纪录,1984年获得第23届奥运会铜牌。

6.1 基本技术

完整的跳高技术是由助跑、起跳、过杆和落地4个紧密相连的动作环节所组成的。从力学上讲,跳高成绩受下列几个因素的影响:腾起初速度、腾起角度及过杆补偿动作。腾起初速度是助跑水平速度与起跳的垂直速度之合速度。腾起角则是人体重心轨迹与地面的夹角。通过运动增加人体内力(肌肉用力)和外力(支撑反作用力),以合理的技术有意识地提高初速度和形成适宜的腾起角是提高跳高成绩的关键。

6.1.1 助跑

助跑的任务是使人体获得一定的水平速度,为有力地起跳和顺利地过杆创造有利条件。

6.1.1.1 助跑的种类

跳高助跑可分为直线助跑和弧线助跑两种形式。

1. 直线助跑(图13.6.1):人体脚尖正对助跑方向沿直线跑进。直线助跑适用于跨越式跳高和俯卧式跳高。跨越式是摆动腿靠近横杆一侧起跳,俯卧式则是起跳腿靠近横杆一侧起跳。

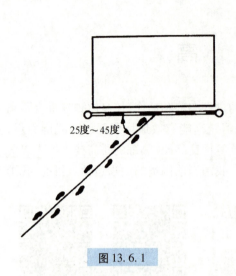

图 13.6.1

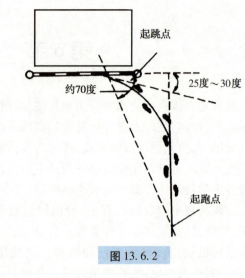

图 13.6.2

2. 弧线助跑（图 13.6.2）：实际上这是一种呈"丁"字形的助跑路线，即助跑的前段为直线，后 3～4 步成弧线。弧线助跑适用于背越式跳高。靠近横杆一侧是摆动腿。

6.1.1.2　助跑丈量步点的方法

助跑丈量步点的方法有走步丈量法、等半径丈量法和直角坐标丈量法。通常采用走步丈量法（图 13.6.3）。

先确定起跳点。起跳点一般在离近侧跳高立柱 1 米、离横杆垂直投影线 60～90 厘米处。由起跳点沿横杆的平行方向走 5 步，再向右转成直角自然走 6 步，做一标记，再向前走 6 步，画起跑点。由标记点向起跳点画一弧线连接，即成最后 4 步的助跑弧线。直段也跑 4 步，全程共 8 步。直段丈量一般用 X×2－2 确定，如跑 4 步，则 4×2－2＝6，即自然步走 6 步。直线助跑步点丈量，也可采用反向跑的方式来确定。

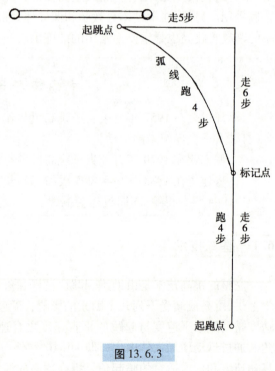

图 13.6.3

6.1.1.3　助跑的方法和要求

按照完成动作的先后，可把助跑分为加速阶段和准备阶段。加速阶段的要求是助跑动作轻松自然、重心平稳、步点准确和逐渐增大跑速。准备阶段是指最后几步助跑，也是助跑的主要阶段。这时，练习者要注意逐渐加大用力程度，并保持动作的连贯性和合理的节奏，使动作快速有力。

快速助跑起跳是跳高技术的发展方向。提高助跑速度能够使更多的动能转化为压紧身体的弹性势能，使得练习者在瞬间的起跳时间内，达到最大的用力效果。

直线助跑准备阶段时采用脚跟先接触地面并迅速过渡到前脚掌着地的"滚动式"跑法，后蹬积极、摆动腿带髋向前。在助跑倒数第 2 步时应加大步长做专门的降低身体重心动作，以加长起跳工作距离和准备起跳。

6.1.2 起跳

起跳的任务是将助跑所获得的水平速度转化为最大的垂直速度。起跳将改变人体运动的方向，使身体充分地向上腾起，同时还要产生一定的旋转动力，以保证过杆动作的顺利完成。由起跳形成的腾起初速度和腾起角是决定高度的主要因素。因此，起跳是跳高技术的关键环节。

背越式起跳动作包括放脚、缓冲和蹬伸 3 个阶段。起跳脚踏上起跳点时，一般与横杆垂直面有 5 度左右的夹角，即与助跑弧线的切线方向一致。在助跑最后一步前，摆动腿支撑时要压紧，并积极送髋。由于身体向圆心方向倾斜，身体重心已处于相对于身体直立时较低的位置，因而不需要做专门的降低重心的动作，这能缩短支撑时间、加快动作。起跳脚向前迈出，用脚跟外侧先触地并滚动为全脚着地，同时身体由倾斜转为垂直，摆动腿屈腿以髋带动大腿迅速前摆。起跳腿在脚着地后，伸肌进行退让工作，同时摆动腿继续上摆，把同侧髋带出，带动骨盆扭转，同时蹬伸起跳腿。两臂配合腿的动作向上提肩，提腰摆臂，及时开始做引肩动作，为身体腾起转为水平姿势做好准备（图 13.6.4 之 1~6）。

6.1.3 过杆落地

腾空过杆阶段的任务是充分利用身体重心腾起的高度，采用合理的过杆姿势和动作，使整个身体顺利地越过横杆。落地阶段的任务是及时做好缓冲动作，安全落地。

背越式跳高由于骨盆在起跳时已经转动，因此当人体腾空后，身体继续转动成背对横杆的姿势。摆动腿的膝放松，起跳腿蹬离地后自然下垂，肩继续向杆伸展，头和肩先过杆，骨盆向前翻转使髋部充分伸展，两腿有些向后，在杆上成背卧而又有反弓形的姿势。髋部伸展动作要延续到臀部越过横杆，而后过杆的两臂做向前的动作，同时借助向后弓的"反弹"作用，把未过杆的两腿上举，使其越过横杆。身体过杆后，用肩背落于海绵垫上（图 13.6.4 之 7~18）。

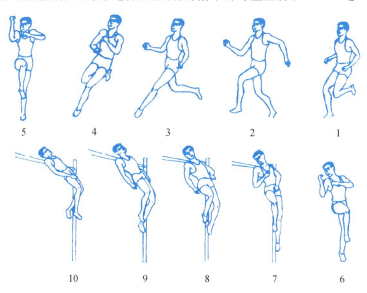

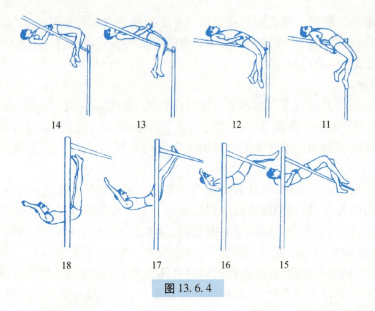

图 13.6.4

6.2 主要练习方法

跳高是较为复杂的非周期性技术的田径运动项目。因此,在学习跳高技术时应突出重点(起跳),突破难点(助跑与起跳结合),先分解练习,后完整练习,同时注意把发展腿部力量、柔韧性、协调性等身体素质结合起来,这样才能掌握好跳高技术,并使之成为锻炼身体的有效手段。

练习之前,首先应建立正确的跳高技术概念,即结合示范、讲解认识跳高技术的重点和难点,并通过技术录像、图片等,进一步了解背越式跳高的完整技术。

6.2.1 过杆和落地技术的练习方法

1. 后倒成"桥",两肩着垫(图 13.6.5)。

图 13.6.5　　　　　　　练习 1

2. 仰卧蹬高物,利用蹬力挺髋,接着收腹举腿(图 13.6.6)。

图 13.6.6

3. 原地双脚起跳、引肩、提髋、屈膝、肩背着垫(图 13.6.7)。

练习 2

图 13.6.7

6.2.2 起跳技术的练习方法

1. 摆臂练习：两臂屈肘上摆,提肩、拔腰,在肘与肩平行时急停。摆动腿同侧肩臂略高于起跳腿同侧肩臂。

2. 摆腿练习：侧立,摆动腿折叠高抬带同侧髋摆出,同时扣膝内转,约转体 90 度成背对。

3. 放起跳腿练习：起跳腿由后向前迈出,大腿不高抬,用脚跟及脚掌外侧先着地,同侧肩在后形成髋、肩轴交叉,身体稍内倾的姿势。

4. 迈步起跳练习：起跳腿前迈起跳,动作快速有力,蹬摆协调,起跳后,保持腾起姿势落地。此练习可由帮助者托腰腾起,进一步体会腾起的感觉。

6.2.3 助跑与起跳相结合技术的练习方法

1. 弧线助跑练习(图 13.6.8)。

2. 在弧线助跑练习的基础上,沿弧线每走 3~4 步做一次起跳练习。起跳腾空后,面对圆心,起跳腿落地。

3. 沿弧线跑 3~4 步起跳,用摆动腿同侧臂做单手反手触摸悬物或篮板练习。

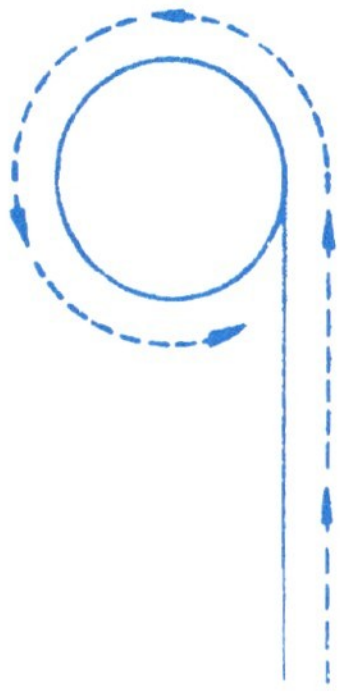

图 13.6.8

6.2.4 完整技术练习方法

弧线助跑 3~4 步起跳后,仰卧在高置的海绵垫上(图 13.6.9)。

1. 弧线助跑 3~4 步,起跳过杆练习。

2. 短程助跑起跳过杆练习。

3. 全程助跑,背越式技术完整练习。

图 13.6.9

6.3 比赛规则简介

1. 运动员的试跳顺序,应由抽签排定。

2. 比赛开始前,裁判员应向运动员宣布起跳高度及每轮横杆的升高计划,此计划直到比赛中只剩下 1 名运动员或出现第 1 名成绩相等。

3. 除非比赛中只剩 1 名运动员,并且他已获得该项比赛冠军,否则,每轮之后,横杆提升的幅度不得少于 2 厘米;全能比赛横杆每轮提升高度均为 3 厘米。

4. 运动员必须用单脚起跳。

5. 如有下列情况之一者,判为试跳失败:(1)试跳后,由于运动员在试跳时的动作触及横杆,致使横杆未能留在横杆托上。(2)在越过横杆之前,身体任何部分触及立柱之间、横杆延长线垂直面以外的地面或落地区者。(3)运动员在试跳中,倘一脚触及落地区,而裁判员认为其并未从中获得利益,则不应判为试跳失败。

6. 运动员可以在主裁判事先宣布的横杆升高计划中的任何一个高度上开始起跳,也可在以后任何一个高度上根据自己的愿望决定是否试跳。但不管在什么高度上,只要运动员连续 3 次试跳失败,即失去继续比赛资格。因成绩相等而进行的第 1 名决名次的试跳除外。

说明:此规则允许运动员在某一高度上第 1 次或第 2 次试跳失败后,在其第 2 次或第 3 次试跳时请求免跳,并在后继的高度上继续试跳。运动员在某一高度上请求免跳后,则不准在同一高度上恢复试跳,除非出现第 1 名成绩相等的情况。

7. 当该运动员已在比赛中取胜之后,有关裁判员或裁判长应征求该运动员意见,然后确定横杆提升的高度。

说明:此规定不适用于全能运动项目。

8. 每名运动员应以其最好的一次试跳成绩,包括第 1 名成绩相等决名次赛的试跳成绩,作为其最后的决定成绩。

第 7 节 跳 远

> **中国田径运动之最**
>
> 2018 年,在雅加达亚运会田径比赛男子跳远决赛中,王嘉男以 8 米 24 的成绩夺得冠军,并且创造了新的亚运会纪录。

跳远是人体通过快速的助跑和积极的起跳,采用合理的姿势和动作,使身体腾越尽可能远的水平距离的运动项目。跳远练习是增强体质的有效手段,可以培养练习者勇敢、顽强、果断等优良品质。在跳远技术的发展过程中,曾出现过 3 种空中姿势,即蹲踞式、挺身式和走步式。尽管走步式竞技效果很好,但技术难度大,对身体素质要求高,因此把跳远作为锻炼身体的手段时,仍普遍采用蹲踞式和挺身式。

三级跳远是助跑后沿直线连续进行 3 次不同形式跳跃腾越,使身体达到尽可能远的水平距离的运动项目。相对跳远来说,三级跳远技术更复杂,对人体支撑器官要求更高,其锻炼价值很大,常是发展力量、速度和协调性等身体素质的重要手段。

7.1 基本技术

挺身式跳远　　走步式跳远　　走步式跳远慢动作

完整的跳远技术是由助跑、起跳、腾空和落地缓冲 4 个紧密相连的动作环节所组成的。用力学观点来分析,跳远成绩取决于快速起跳的腾起初速度与合理的腾起角度,而腾起初速度受助跑获得的水平速度和起跳产生的垂直速度影响最大,因而跳远技术的关键是助跑和起跳的结合,其次是维持身体平衡所需要的空中姿势和正确的落地动作。

7.1.1 助跑

跳远助跑的任务是为了获得可控制的最大水平速度和为起跳做好准备。助跑的距离要根据练习者的素质状况和技术水平高低来定,男子一般为 30~40 米,跑 16~22 步;女子一般为 25~35 米,跑 14~20 步。助跑距离的测定,可从起跳板(线)算起,用助跑速度向反方向跑,最后一步踏跳点即为起跑点。助跑起动方式对步点准确性有一定影响,站立式起动和走或跑几步后踏标志线开始助跑是常用的两种起跳方式。

全程助跑应轻松而有节奏,速度应逐渐加快,最后几步达到最高速度。助跑的最后几步,是跳远技术中的重要环节,它能够影响起跳前的速度、踏板的准确性和起跳动作的合理性。在助跑的最后阶段,为了准备起跳,助跑的节奏稍有变化,主要是倒数第 2 步的步长稍有增加,身体重心稍有下降。最后一步加快起跳腿的放脚动作,步幅稍短,重心略升高,进入起跳状态。

7.1.2 起跳

起跳的任务是在尽量减少水平速度损失的情况下获得必要的垂直速度,改变身体重心向前运动的方向,使人体沿适宜的腾起角向空中腾起。起跳动作包括放脚、缓冲和蹬伸3个过程(图13.7.1)。

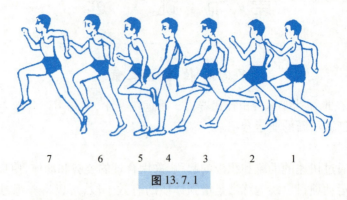

图 13.7.1

助跑最后一步,当摆动腿支撑时,应用力蹬地使身体加快向起跳板推进。起跳腿快速折叠前摆,并积极压大腿,用脚跟触地并迅速滚动至全脚掌;身体重心越过支撑点时蹬直髋、膝、踝3个关节;同时,摆动腿积极向前上方摆至水平位置,摆动时,小腿自然下垂,上体正直,两臂协调配合,起跳腿同侧臂屈肘摆至体前上方,异侧臂屈肘摆至体侧。

蹬伸不仅是起跳腿快速有力地蹬地,而且要与摆腿、摆臂、提肩、提腰等动作协调配合,使整个身体向前上方伸展。当摆动腿与两臂摆动到一定位置时,要有意识地做"突停"。这个"突停"动作不仅能维持身体的平衡,而且能降低起跳腿的压力,增加起跳腾起的速度。

7.1.3 腾空

跳远腾空阶段的任务是维持身体在空中的平衡,并为合理、完善的落地缓冲动作创造有利的条件。

正确的腾空应上体正直,摆动腿保持起跳时的前摆,起跳腿自然放松地留在身体后面。这一起跳结束时延续在空中的动作姿势,叫"腾空步"(图13.7.2)。

"腾空步"以后的空中姿势分为蹲踞式、挺身式和走步式。

1. 蹲踞式(图13.7.3):蹲踞式跳远时,"腾空步"的时间相对较长,摆动腿的大腿抬得较高,膝关节的曲度较大,两大腿之间的夹角较大。当身体重心达到抛物线的最高点时,起跳腿屈膝向前

图 13.7.2

提拉并与摆动腿并拢,形成"蹲踞"姿势,上体前倾,两臂同时自前向下、向后摆动,小腿自然前伸准备落地缓冲。

图 13.7.3

2. 挺身式（图 13.7.4）：挺身式跳远起跳后，保持"腾空步"的时间比蹲踞式稍短。起跳后，摆动腿自然下放，小腿向后下方弧形摆动，两腿迅速靠拢，形成插身姿势；两臂在摆动腿放下时同时下落，然后配合收腹举腿作绕环摆动；接着前伸小腿准备落地缓冲。

挺身式跳远腾空

图 13.7.4

挺身式跳远的空中动作，能拉长体前肌肉，有利于做收腹举腿和伸腿落地动作，效果比蹲踞式好，但要注意挺身反弓的程度和时机，否则会使动作紧张，不利于身体在空中的平衡。

7.1.4　落地

正确的落地动作能帮助提高成绩，同时可以防止伤害事故发生。因此，当人体将要落地时，应保持上体前倾，高抬大腿，前伸小腿，脚触地刹那，迅速向前屈膝缓冲，髋部前移，两臂屈肘前摆，使身体尽快移过支撑点，并向前或向侧倒体，避免后坐（图 13.7.5）。

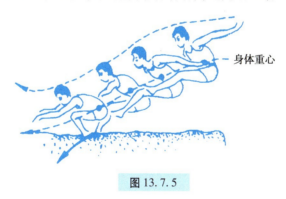

图 13.7.5

7.2　主要练习方法

跳远是技术较为复杂的非周期性的田径运动项目，依据其力学特征，应抓住助跑和起跳相结合这个技术关键，将完整练习法和分解练习法很好地结合起来，同时注意把学习、掌握跳远和发展速度、力量、协调性等身体素质结合起来。只有这样，才能掌握好跳远技术，并使之成为锻炼身体的有效手段。

练习前，应先建立正确的技术概念，即结合示范、讲解跳远技术的重点和难点，并通过录像、图片等进一步了解跳远的完整技术。

7.2.1 助跑与起跳结合技术的练习方法

1. 摆臂练习。起跳腿同侧臂屈肘向前上方摆动,异侧臂屈肘摆向体侧,两肘与肩平时急停,同时顶肩拔腰。

2. 摆腿。摆动腿屈腿高抬向前上方摆出,并把同侧髋带出。

3. 起跳腿放脚攻板练习。起跳腿低平而快前摆,大腿积极下压,脚掌由上向下后扒踏,同时配合摆腿和摆臂动作。

4. 走步、小步跑、半高抬腿跑等结合起跳成"腾空步"。

5. 3～4 步助跑起跳成"腾空步"。

6. 6～8 步助跑起跳成"腾空步",以摆动腿落坑向前跑出。

7.2.2 落地技术练习方法

1. 立定跳远练习。空中团身,落地前及时伸腿,并利用两臂前摆,使身体重心移到落地点,然后前倒或侧倒入沙坑。

2. 高台原地单腿起跳、团身落地练习。抬腿、伸腿、移重心等要求同 1。

立定跳远

7.2.3 蹲踞式动作练习

1. 悬垂于单杠或支撑于双杠上成"腾空步"姿势,接着起跳腿屈膝提举与高抬的摆动腿靠拢成蹲踞姿势。

2. 原地单腿起跳成蹲踞式练习。起跳腿提举拉收与摆动腿靠拢成蹲踞姿势。

3. 4～6 步助跑蹲踞式跳远。

4. 挺身式动作练习:

(1) 原地模仿练习。成"腾空步"姿势,随即摆动腿下放后摆,手臂配合由上向下、向后上方摆动,展髋挺身成"反弓",然后身体跃起收腹举腿落地。

(2) 3 步助跑起跳成"腾空步",完成挺身式动作。

(3) 4～6 步助跑成"腾空步",完成挺身式动作。

(4) 6～8 步助跑成"腾空步",完成挺身式动作。

5. 完整技术练习方法:

(1) 丈量全程助跑步点前,进行全程助跑练习。

(2) 在准确的步点基础上完成起跳成"腾空步"。

(3) 进行蹲踞式或挺身式的完整技术练习。

7.3 比赛规则简介

1. 运动员的试跳顺序应抽签决定。

2. 运动员超过 8 人时,每人先试跳 3 次,前 8 名可再试跳 3 次。如第 8 名出现成绩相等,则成绩相等的运动员均可再试跳 3 次。运动员只有 8 人或不足 8 人时,每人均可试跳 6 次。

3. 如有下列情况之一,则判为试跳失败:

(1) 无论是在未做起跳的助跑中,还是在跳跃动作中,运动员以身体任何部分触及起跳线以外者;

(2) 从起跳板两端之外,不论是起跳线延伸线的前面或后面起跳者;

（3）在落地过程中触及落地区外地面，而区外触点较区内最近触点离起跳线近者；

（4）完成试跳后，向后走出落地区者；

（5）采用任何空翻姿势者。

4. 除上述 3 项之外，运动员在起跳板后面起跳，应为有效。

5. 试跳成绩应从运动员身体任何部分着地的最近点至起跳线或起跳线的延长线成直角丈量。

6. 每名运动员应以其最好的一次试跳成绩，包括第 1 名成绩相等决名次的试跳成绩，作为其最后的决定成绩。

第 8 节 推 铅 球

中国田径运动之最

巩立姣，1989 年 1 月 24 日出生于河北省石家庄市，中国女子铅球运动员。

2017 年 8 月 10 日，巩立姣以 19 米 94 的成绩夺得伦敦世锦赛女子铅球冠军。同年 8 月 25 日，巩立姣以 19 米 60 的成绩获得国际田联钻石联赛苏黎世站女子铅球冠军，成为第一位夺取田联钻石联赛总决赛冠军的中国田径运动员。

2018 年 8 月 26 日，巩立姣在女子铅球决赛中以 19 米 66 的成绩夺得 2018 雅加达亚运会田径女子铅球金牌。这是 29 岁的巩立姣连续两届在亚运会上获得的第二块女子铅球金牌。中国队从 1978 年曼谷亚运会起，在该项目上已经实现了 11 连霸，巩立姣是继恩师李梅素、前辈隋新梅后，第三位两获亚运金牌的中国女子铅球运动员，她也是亚运会历史上第 5 位实现蝉联的女子铅球选手。

2018 年 8 月 31 日，巩立姣又获得布鲁塞尔国际田联钻石联赛女子铅球冠军。

8.1 基本技术

推铅球技术有侧向滑步推铅球、背向滑步推铅球和旋转推铅球 3 种。动作方法虽不相同，但都是一个完整连贯的技术。为了分析，从技术上可分为握球和持球、预备姿势、滑步、最后用力和维持身体平衡 5 个部分。本书着重介绍侧向滑步推铅球技术。

推铅球技术

8.1.1 握球和持球（以右手为例）

1. 握球。握球手五指自然分开，球托于食指、中指和无名指的指根面上，拇指和小指扶在球的两侧，手腕背屈（图 13.8.1）。

2. 持球。握好球后，将球置于锁骨窝处，颈部贴紧铅球，右臂屈肘稍外展，掌心向前，上臂与躯干约成 45 度，完成持球动作（图 13.8.2）。

握球和持球

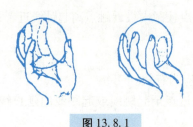

图 13.8.1   图 13.8.2

8.1.2 预备姿势

上体正直,身体左侧对投掷方向,两脚左右开立与肩同宽,右脚靠近投掷圈的后沿,左脚前脚掌内侧着地,重心落在右腿上。然后,上体稍向右倾,左臂微屈在体前上方自然举起。

8.1.3 滑步

滑步的目的是为了使器械获得预先速度,并为最后用力推出创造良好的条件。滑步前,左腿向投掷方向作一两次预摆。预摆时,左腿微屈,以大腿带动小腿向投掷方向摆起,上体向右倾倒,接着左腿屈膝回摆靠近右腿,同时右腿屈膝,降低重心,上体稍前倾,收腹含胸,左臂摆至身前准备滑步。滑步时,左腿积极用力向投掷方向摆出,右腿用力蹬地,使身体重心向投掷方向移动。在右腿蹬离地面的瞬间,右腿积极收拉右小腿,前脚掌落在圆心附近,同时左腿积极下压,用前脚掌内侧着地(与右脚几乎同时着地),并与投掷方向成 45 度,以形成稳固有力的左侧支撑,且左脚尖与右脚跟在一条与投掷方向一致的直线上,人体重心落在弯曲的右腿上,完成滑步动作(图 13.8.3)。滑步的关键是身体移动快,重心起伏小。滑步结束时,身体处于最后用力前的有利姿势。

滑步

图 13.8.3

8.1.4 最后用力

最后用力是推铅球技术的关键环节。动作的正确与否直接影响出手速度、角度和出手高度。当左脚即将着地的瞬间,右脚迅速蹬地,右膝内转,右髋积极前送,使上体抬起并转向投掷方向。当身体左侧移至与地面垂直的瞬间,左臂摆至身前制动,以左肩为轴,右肩积极向投掷方向送出,抬头挺胸,右臂快速伸直将球推出,其出手角度为 38 度~42 度。当球离手一刹那,两腿充分伸直,手腕内转屈腕,手指拨球,加快铅球出手的初速度。

8.1.5 维持身体平衡

在铅球出手后,要及时交换两腿,同时右腿屈膝、降低重心,以维持身体平衡。

8.2 主要练习方法

8.2.1 原地前抛铅球（1~2千克）
双手持球，面对投掷方向，将球由前下向前上方抛出。体会用力顺序及上下肢的协同配合。

8.2.2 原地后抛铅球（1~2千克）
双手持球，背对投掷方向，将球由前下经头上向后上方抛出。

8.2.3 正面原地推铅球
面对投掷方向，两脚前后（左右）站立，前后站立时左腿在前，右手持球于锁骨窝处，用推铅球持球技术将球推出。

8.2.4 侧向原地推铅球
左腿在前，侧对投掷方向，原地将球推出，体会上下肢的协调用力及铅球出手方向，掌握正确推球技术。

8.2.5 徒手或持球做侧向滑步推铅球
徒手做侧向滑步推铅球；持较轻球做侧向滑步推铅球；在投掷圈内做侧向滑步推铅球。

原地前抛铅球

原地后抛铅球

正面原地推铅球

侧向原地推铅球

徒手侧向滑步推铅球

8.3 主要规则简介

1. 铅球应从圈内在肩部用单手推出。
2. 运动员必须从静止姿势开始试掷。
3. 铅球必须完全落在落地区角度线内沿里，试掷方为有效。
4. 丈量是从铅球着地的最近点起沿与圆心之间的直线量至投掷圈内沿。
5. 运动员在器械落地后方可离开投掷圈。

思 考 题

1. 简述短跑、中长跑、跨栏跑和接力跑的技术特点及其基本要求。
2. 简述跨越式、背越式跳高的助跑、起跳、过杆和落地的基本要求。
3. 简述跳远助跑、起跳技术和蹲踞式、挺身式空中姿势的基本要求。
4. 简述推铅球技术的基本要求。

第14章 球类运动

第1节 篮 球

篮球运动是广大学生最喜爱的运动项目之一,具有复杂多变、竞争激烈、集体性与独立性并存、趣味性与观赏性很强等特点。

篮球运动始于1891年,是由美国马萨诸塞州斯普林菲尔德市基督教青年会训练学校体育教师詹姆士·奈史密斯所创。由于当时是用球做投掷的器具,用装桃子的篮子做投掷的目标,故取名"篮球"。

经常参加篮球运动,对促进身体素质的发展,提高机体能力,培养勇敢果断、机智灵活的意志和作风,养成终身锻炼的习惯,都具有积极的意义和作用。

本节主要介绍篮球基本技术、基本战术配合、基本规则、教学方法及教学中应注意的问题。

篮球技术是在篮球比赛中所运用的各种专门动作方法的总称。它分为进攻技术和防守技术两大部分,其动作分类如图14.1.1所示。

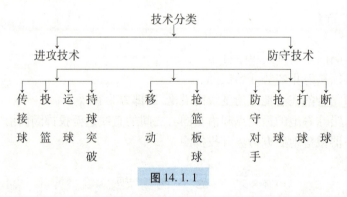

图 14.1.1

1.1 移 动

移动是篮球比赛中队员为了改变位置、方向、速度和高度所采用的各种脚步动作方法的总称。

1.1.1 基本站立姿势

队员在比赛中需要保持一种既稳定又机动、既能随时破坏平衡又能保持平衡的准备姿势。这种应变性强、起动快的准备姿势就称为基本站立姿势。其动作方法是:两脚开立、略宽于肩,两膝微屈,含胸塌腰,上体稍前倾,两臂屈肘自然置于体侧,身体重心落在两脚之间

（脚跟稍提起），目视场上情况。防守时，站立姿势稍有不同（图14.1.2）。

1.1.2　起动

起动是队员在场上由静止状态变为运动状态的突变动作。起动时，上体迅速前倾或侧转向前，后脚前脚掌用力蹬地；向侧起动时，异侧脚内侧脚掌用力蹬地；手臂积极摆动，做到短促快速，在最短的时间内达到最快的速度。

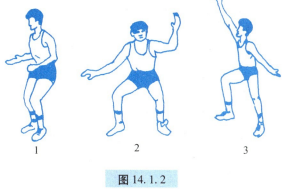

图14.1.2

1.1.3　滑步

滑步是防守移动时的一种主要方法，主要可分为侧滑步、前滑步和后滑步3种。

1. 侧滑步。以比基本站立姿势略低的准备姿势开始，向一侧移动时，另一侧的脚内侧蹬地移动，注意保持重心，身体不要上下起伏。

2. 前滑步。向前滑步时，前脚向前迈出一步，着地的同时，后脚前掌内侧蹬地，保持前后开立姿势，向前滑动，注意屈膝降低重心。

3. 后滑步。方法与前滑步相同，但方向相反。滑步的动作要点是蹬跨协同用力，两臂伸展，做到身体平衡。

1.1.4　变向跑

变向跑是队员在跑动中突然改变方向，摆脱防守或堵截进攻的一种方法。变向跑时（以从右向左变向为例），最后一步右脚着地，脚尖稍向内扣，前脚掌内侧用力蹬地，屈膝，腰左转，上体向左前倾移重心，左脚向左前方跨出，右脚迅速向左跨步，加速跑动。

动作要点：重心转移快，变向迈步快，牢记蹬、移、跟、转、跨5字诀。

1.1.5　侧身跑

侧身跑是队员为便于观察和接球而采用的一种转头、侧身跑动的方法。侧身跑时，头部和上体自然转向有球一侧，脚尖朝着跑动方向。

动作要点：自然转体，脚尖朝前，看球跑动。

1.1.6　急停

急停分跨步急停和跳步急停两种，是队员在快速跑动中突然制动的一种动作方法。

1. 跨步急停。急停时先向前跨出一大步，用脚跟着地并迅速过渡到全脚，屈膝，上体稍后仰，重心后移；第二步用脚前掌内侧蹬地，两膝弯曲，身体稍侧转。两臂屈肘张开，重心落在两脚之间。

动作要点：仰、降、扣、蹬。

2. 跳步急停。急停时，单脚或两脚稍跳起，上体后仰，两脚同时落地（脚后跟先着地，迅速过渡到全掌），两膝弯曲，两臂屈肘微张，重心落在两脚之间。

动作要点：仰、降、屈、稳。

1.1.7　转身

转身是以一脚为轴，另一脚蹬地向不同方向跨步，以改变身体方向和位置的一种方法。转身可分为前转身和后转身两种。凡是移动脚向作轴脚脚尖方向进行转动的叫前转身；反之,则叫后转身。转身时,移动脚的脚内侧用力蹬地,作轴脚前掌用力碾地,腰部带动上体转动,向前或向后做转身动作,保持重心平稳,身体不能上下起伏;转身后,重心落在两脚之间。

动作要点:碾、跨、转。

1.1.8 移动技术教与学提示

1. 要抓住方法、重心及快速 3 个要素,将各种移动技术及专项身体素质训练有机地结合起来进行练习。
2. 应以提高脚步动作的突然性、快速性和灵活性为重点。
3. 应多运用视、听信号,培养学生眼观六路、耳听八方的习惯和能力。

1.1.9 移动技术练习方法(图 14.1.3)

1. 原地做基本站立姿势练习,注意脚跟稍提起,做成随时能起动的姿势。
2. 原地转身练习,听信号看手势做起动、急停、滑步练习。
3. 两人一组做"之"字形自抛自接球练习。
4. 单、双脚起跳摸篮板练习,跳台阶、跳沙坑练习。
5. 综合性练习。

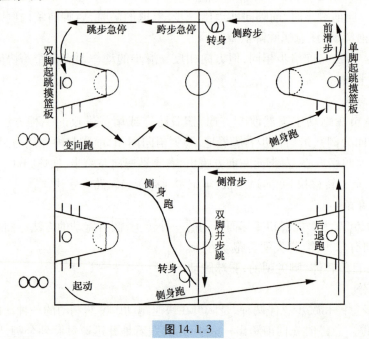

图 14.1.3

1.2 传 球

1.2.1 双手胸前传球

双手持球于胸前,掌心空出,两肘自然下垂,传球时,后脚蹬地,重心前移,伸臂翻腕将球传出(图 14.1.4)。

动作要点:动作协调连贯,双手伸直,用力均匀。牢记蹬、伸、翻、抖、拨 5 字诀。

双手胸前传接球

图 14.1.4

1.2.2 单手肩上传球（以右手传球为例）

传球时，左脚向传球方向迈出半步，右手引球至肩上方，肩关节外展，重心落在后脚上。通过蹬地、转体、甩臂将球传出。

动作要点：引、蹬、转、甩、扣。

1.2.3 单手胸前传球（以右手传球为例）

传球时，将球引至右肩下部，右手翻腕，掌心向前，左手扶球的侧下部。通过右臂的短促前伸及扣腕、拨球动作将球传出。

动作要点：抖、伸、弹。

单手肩上传接球

1.2.4 反弹传球

这是一种通过球击地后反弹给同伴的隐蔽传球方法，多用于向内线传球。其特点是隐蔽性强，不易被对方抢断。

反弹传球的击地点一般应在传接球队员之间距离的 2/3 处，其动作方法与各种传球方法基本相似。但腕、指用力要更大些，球反弹的高度最好在接球人的腰部位置。

动作要点：击地点及力量要适当，反弹高度要适宜。

原地双手
反弹传接球

1.2.5 接球

接球一般分双手接球与单手接球两种，无论使用什么方法接球，都必须主动伸臂迎球，当手指触球后，迅速回收以缓冲来球力量，并保护好球，为下面要做的动作做好准备。

动作要点：迎、收、护（保护球）。

1.2.6 传、接球技术教与学提示

1. 在传接球技术的教学中，应重视并先讲接球方法。先教接球，再教传球，并做到传接结合、动静结合、长短结合。

2. 重点解决好手和脚的协调配合、重心的转移及传球的点面关系。

3. 加强传球隐蔽性练习，提高实战中运用传接球技术的能力。

1.2.7 传、接球技术练习方法

1. 2 人 1 组 1 球，面对面站立，做各种传球练习。

2. 2 人 1 组 2 球，面对面站立，做不同高度、不同方向的传接球练习。

3. 2 人 1 组，2 人之间距离 3~4 米侧身跑，做移动传接球上篮练习。

4. 四角传球练习，从 1 个球做到 3 个球同时传（图 14.1.5）。

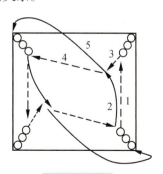

图 14.1.5

5. 综合性练习(图 14.1.6)。

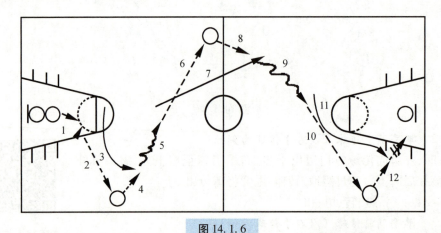

图 14.1.6

1.3 运球

用单手连续接由地面反弹起来的球,叫运球。运球动作是由身体姿势、手臂动作、球的落点、手脚协调配合 4 个环节组成的。

原地运球　　高低运球

1.3.1 高运球

球反弹的高度在腰部以上位置叫高运球。运球时,上体稍前倾,抬头看前方,以肘关节为轴,用手按拍球的后侧上方。

动作要点:手脚协调配合,按拍部位正确。

1.3.2 运球急停急起

运球急停急起指运球时利用速度的突然变化,以摆脱防守的一种方法。急停时,用手拍球的前上方,做跨步急停动作,并转入低运球。急起时,后脚用力蹬地,手按拍球的后上方,加速超越对手。

动作要点:跨、停、推、蹬。

1.3.3 体前变向换手运球

体前变向换手运球是运球队员突然改变运球方向,以突破防守的一种运球方法。运球时,先向对手左侧快速运球(以运球队员右手运球向对手右侧突破为例),当对手向左侧移动堵截时,突然变向,将球按拍至身体左侧,同时,右脚迅速向左侧前方跨出,上体左转并前倾侧肩,换手推拍球的后上方,加速运球突破(图 14.1.7)。

体前变向运球

动作要点:拍、跨、转、侧、推。

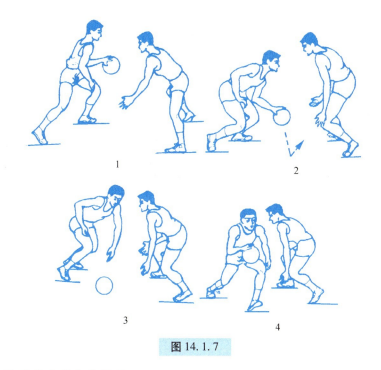

图 14.1.7

1.3.4 运球技术教与学提示

1. 在运球技术教学和训练中,重点应加强手对球的控制能力和手脚配合练习,做到循序渐进,由易到难。

2. 加强弱手练习,培养学生抬头运球的习惯及随时保护好球的能力。

3. 运球与持球突破、投篮等技术结合起来进行练习,掌握运球时机,合理运用运球技术。

1.3.5 运球技术练习方法

1. 原地运球练习。每人1球做高、低运球;左、右手交替在体前做横运球;脚分前后做前推后拉运球等练习。

2. 行进间运球练习。让学生在行进间做高、低运球,急停急起运球,曲线运球,弧线运球练习。

3. 综合性运球练习(图14.1.8)。

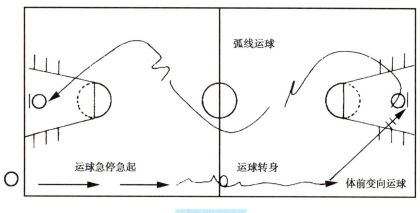

图 14.1.8

1.4 投 篮

投篮是队员运用各种专门的动作将球投入球篮的方法。其动作主要由手法、瞄准点及抛物线3个要素组成。

1.4.1 单手肩上投篮（图14.1.9）

以右手投篮为例，右脚稍前或两脚平跨，两膝微屈，重心落在两脚之间，五指分开，以指根及指根以上部位触球，掌心空出，翻腕托球于肩上，肩内收，左手扶球的左侧。投篮时，通过蹬地、提肘、伸臂、压腕和拨球动作，使球从食指、中指指端后旋式飞出。

动作要点：蹬、提、伸、压、拨。

原地单手
肩上投篮

图 14.1.9

1.4.2 行进间单手低手投篮（以右手投篮为例，图14.1.10）

右脚跨步接球，左脚上步起跳，右腿屈膝上提，当身体接近最高点时，右手掌心向上托球的下部，右臂向前上方伸展，接近球篮时，用手腕上挑和手指的拨球动作使球前旋入篮。

动作要点：跨、蹬、提、伸、拨。

行进间单手
低手投篮

图 14.1.10

1.4.3 行进间单手肩上投篮（以右手投篮为例）

右脚跨步接球,左脚上步起跳,右腿屈膝上提,双手接球于右肩前上方,跳起后,掌心向前,接近最高点时,用力柔和地将球投出。

动作要点：跳起身体稍后仰,控制平衡柔和投。

1.4.4 原地跳起单手肩上投篮（以右手投篮为例）

双手持球胸腹间,两脚左右开立,屈膝,重心在两脚之间。投篮时,通过蹬地、起跳、提腰动作,双手持球至右肩前上方,当身体腾空接近最高点时将球投出。

动作要点：重点掌握好持球、起跳、耸肩及球出手时机,牢记蹲、蹬、提、伸、拨5字诀。

1.4.5 投篮技术教与学提示

1. 投篮技术教学要注意由易到难、由近到远、由点到面的原则,多利用表象训练,使学生形成正确的动作概念。

2. 重点抓好单手肩上投篮、行进间单手低手投篮的教学,突山手型、手法的练习,并使具有较高的练习密度。

3. 将投篮技术与传运球等技术结合运用,当学生达到一定水平后,要适当安排对抗练习。

1.4.6 投篮技术练习方法

1. 原地做徒手投篮模仿练习。2人1组做对投练习和不同位置的近距离投篮练习。

2. 行进间接球投篮练习。学生传球给教师,跑至教师面前,跨右脚接球,左脚上步起跳投篮(图14.1.11)。

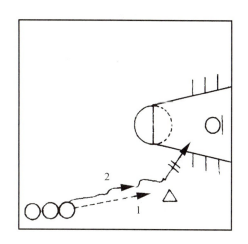

图 14.1.11

3. 原地徒手、持球跳起投篮练习。原地徒手跳起投篮;原地持球跳起不出手练习;原地持球跳起对投;运球上步跳起投篮。

4. 综合性投篮练习(图14.1.12)。

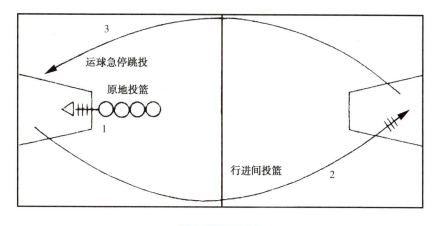

图 14.1.12

1.5 持球突破

持球突破是持球队员合理运用运球技术与脚步动作相结合,从而超越防守队员的一项进攻技术,其动作主要由蹬转、假动作转体、探肩、推拍球、加速超越等几个环节组成。

1.5.1 原地持球交叉步突破

以从防守队员左侧突破为例,突破时,用上体、头部及左脚向左做假动作,左脚前掌内侧蹬地。移重心,体右转,左脚向右侧前方跨一大步,探左肩,右手推拍球超越对手。

动作要点:蹬、移、转、跨、探、拍、蹬。

1.5.2 同侧步(顺步)突破

以从防守者左侧突破为例,突破时,体前倾,右脚顺势向右前方跨一大步,体右转,探左肩,左脚内侧蹬地,右手推拍球,左脚跨步抢位,加速运球超越对手。

动作要点:蹬、跨、转、探、推。

1.5.3 持球突破教与学提示

1. 在持球突破教学中,一定要注意教会学生使用中枢脚,并做好突破前的准备动作。
2. 加强突破意识的培养,培养敢打敢拼的精神。
3. 先教原地持球突破,再教行进间接球急停持球突破。

1.5.4 持球突破练习方法(图 14.1.13)

1. 每人一球,做原地持球突破及向前抛球上步接球后持球突破练习。
2. 2人1组,轮流做原地及抛接球后持球突破练习。
3. 接球急停突破练习。

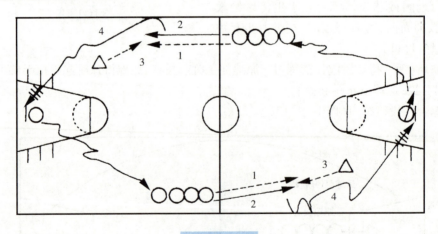

图 14.1.13

1.6 个人防守

防守技术是指在比赛中防守对手时,为了达到防守目的所采取的各种专门动作的总称。个人防守技术是一项综合性的技术动作(图 14.1.14)。

图 14.1.14

1.6.1 防无球队员

防无球队员时,要注意防守位置与距离的选择,根据球和自己的防守对手所处的位置来确定和调整自己的防守位置。应始终保持"球、我、他"的原则,所处位置在球与对手之间成钝角三角形。掌握近球紧、远球松、强侧(有球侧)紧、弱侧松的原则,做到人、球、区兼顾。

1.6.2 防有球队员

防有球队员时,应位于对手与球篮之间,根据对手所处位置、动作特点、进攻意图等采用平步或斜步防守。做到防突、防投、防传。

1.6.3 抢球、打球、断球

抢球、打球、断球是一项攻击性防守技术。抢球的方法有拉抢和转抢两种。打球有打持球队员手中的球、打运球队员的球、打行进间投篮队员手中的球以及"盖帽"等几项技术。断球有横断球、纵断球及封断球等几种形式。

1.6.4 个人防守技术教与学提示

1. 在防守技术教学中,应注意克服重攻轻守思想,先学习防无球队员,后学习防有球队员。
2. 使学生重点掌握夹、补、滑、封、打、堵、贴、挤、送、卡等技术的运用。
3. 注意攻守关系,加强战术意识培养,做到以攻带守,以守促攻。

1.7 抢篮板球

队员在空中争抢投篮未中的球,统称为抢篮板球。抢篮板球是一项较复杂的技术,它是由判断、抢占位置、起跳、空中抢球动作和得球后的动作等环节组成的。

抢篮板球技术教与学提示如下:
1. 强化抢篮板球意识,养成有投必抢的习惯。
2. 加强观察、判断、抢断能力的培养,注意教会学生做好得球后的动作。
3. 使学生掌握双脚起跳挤抢及单脚起跳冲抢的能力。

1.8 竞赛规则简介(2017版)

1.8.1 篮球比赛

篮球比赛由 2 个队参加,每队出场 5 名队员。每队的目标是在对方球篮得分,并阻止对方队得分。比赛由裁判员、记录台人员和技术代表(如到场)管理。被某队进攻的球篮是对方的球篮,由某队防守的球篮是该队的本方球篮。在比赛时间结束时得分较多的队,将是比赛的胜者。

1.8.2 球场和器材

（1）比赛场地

比赛场地应是一块平坦且无障碍物的硬质地面。其尺寸是长28米、宽15米，从界线的内沿丈量。

（2）后场

某队的后场由该队本方的球篮、篮板的界内部分，以及由该队本方球篮后面的端线、两条边线和中线所界定的比赛场地部分组成。

（3）前场

某队的前场由对方的球篮、篮板的界内部分，以及对方球篮后面的端线、两条边线和距对方球篮最近的中线内沿所界定的比赛场地部分组成。

（4）器材

挡件，篮球，比赛计时钟，记录屏，进攻计时钟，供暂停计时的计秒表或适宜的（可见的）装置（不是比赛计时钟），记录表，队员犯规标志牌，全队犯规标志牌，交替拥有指示器等。

1.8.3 球队

每个队不超过12名有资格参赛的球队成员，包括一名队长；一名教练员，如果球队需要可有一名助理教练员；最多7名有专门职责的随队人员可坐在球队席上，如球队管理、医生、理疗师、统计员、翻译员等；在比赛时间内，每队应有5名队员在场上并可被替换；球队应使用0、00和从1至99的号码。

1.8.4 比赛通则

（1）比赛时间、比分相等和决胜期

比赛应由4节组成，每节10分钟；在预定的比赛开始之前，应有20分钟的比赛休息时间；在第1节和第2节（上半时）之间，第3节和第4节（下半时）之间以及每一决胜期之前应有2分钟的比赛休息时间；如果第4节比赛时间结束时比分相等，比赛有必要再继续一个或几个5分钟的决胜期来打破平局。

（2）比赛或节的开始和结束

在跳球抛球中，当球离开主裁判员的手时第1节开始；所有其他的节比赛，当掷球入界队员可处理球时，该节开始。

（3）球的状态

球可以是活球或死球。球成活球，当：跳球中，球离开主裁判员抛球的手时；罚球中，罚球队员可处理球时；掷球入界中，掷球入界队员可处理球时。球成死球，当：任何投篮或罚球中篮时；活球中，裁判员鸣哨时；在一次罚球中球明显不会进入球篮，且该次罚球后接着有另一次或多次罚球时和进一步的罚则（罚球或掷球入界）时；比赛计时钟信号响以结束每节时；某队控制球进攻计时钟信号响时；投篮中飞行的球在上述情况后被任一队的队员触及时。

（4）跳球和交替拥有

跳球：在第一节开始时，一名裁判员在中圈、在任何两名互为对方的队员之间将球抛起，一次跳球发生；当双方球队各有一名或多名队员有一手或两手紧握在球上，以至不采用粗野动作任一队员就不能获得控制球时，一次争球发生。

交替拥有：交替拥有是以掷球入界而不是以跳球来使球成活球的一种方法。

（5）球中篮的得分值

一次罚球出手中篮,计 1 分;从 2 分投篮区域出手中篮,计 2 分;从 3 分投篮区域出手中篮,计 3 分;在最后一次或仅有一次的罚球中,球触及篮圈后,在球进入球篮之前被一名进攻队员或防守队员合法触及,中篮计 2 分。

（6）暂停

教练员或助理教练员请求中断比赛是暂停。在上半时 2 次暂停;在下半时 3 次暂停;在每一决胜期 1 次暂停。

（7）替换

替补队员请求中断比赛成为队员是一次替换。(对于双方队)当球成死球,比赛计时钟停止,以及当裁判员已结束了与记录台的联系时;(对于双方队)在最后一次或仅有一次的罚球成功后,球成死球时;(对于非得分队)当比赛计时钟在第四节和每个决胜期中显示 2 分钟或少于 2 分钟时,投篮得分时。

1.8.5 违例

违例是违犯规则。

（1）球出界

所谓球出界,即当球触及了界外的队员和任何其他人员时,界线上方、界线上或界线外的地面或任何物体时,篮板支撑架、篮板背面或比赛场地上方的任何物体时。

（2）带球走

当队员在场上持着一个活球,其一脚或双脚超出本规则所述的限制向任一方向非法移动时是带球走;在场上正持着一个活球的队员用同一脚向任一方向踏出一次或多次,而其另一脚（称为中枢脚）不离开与地面的接触点时为旋转（合法移动）。

（3）3 秒钟

当某队在前场控制活球并且比赛计时钟正在运行时,该队的队员不得停留在对方队的限制区内超过持续的 3 秒钟。队员在下列情况下应被默许:他试图离开限制区;在限制区内,当他或他的同队队员正在做投篮动作并且球正离开或恰已离开投篮队员的手时;他在限制区内已接近 3 秒钟时运球投篮。

（4）5 秒钟

一名队员在场上正持着活球,这时对方队员处于一个积极且合法的防守位置,距离不超过 1 米,该队员是被严密防守的。一名被严密防守的队员必须在 5 秒钟内传、投或运球。

（5）8 秒钟

每当:一名队员在后场获得控制一个活球时;在掷球入界中,球触及后场的任何队员或者被后场的任何队员合法触及,掷球入界队员所在队仍拥有在后场的球权。该队必须在 8 秒钟内使球进入该队的前场。

（6）24 秒钟

每当:一名队员在场上控制一个活球时;在一次掷球入界中,球触及任何一名场上队员或者被他人合法触及,拥有掷球入界队员所在球队仍然控制着球时,该队必须在 24 秒钟内尝试投篮。

（7）球回后场

球队在前场控制活球,如果:

- 双脚触及前场地面的该队队员正持球、接球或在他的前场运球。
- 球在位于前场的该队队员之间相互传递。

在前场控制活球的球队使其非法地回到他的后场,如果该队的一名队员在他的前场最后触球,并且随后球被该队一名队员首先触及:

- 该队员有部分身体触及后场。
- 在球已触及该队后场之后。

这个限制适用于在某队前场的所有情况,包括掷球入界。然而,它不适用于队员从他的前场跳起,仍在空中时建立新的球队控制球,然后和球一起落在该队的后场内。

1.8.6 犯规

犯规是对规则的违犯,含有与对方队员的非法身体接触或违反体育道德的举止。

(1) 掩护:合法的和非法的

掩护是试图延误或阻止一名不持球的对方队员到达他希望到达的场上位置。

当正在掩护对手的队员:

- 发生接触时是静止的(在他的圆柱体内)。
- 发生接触时双脚着地。

这是合法的掩护。

当正在掩护对手的队员:

- 发生接触时正在移动。
- 在静止对手的视野之外做掩护,发生接触时,没有给出足够的距离。
- 发生了接触时,对移动中的对手没有顾及时间和距离的因素。

这是非法的掩护。

(2) 撞人

撞人是持球或不持球队员推开或移动对方队员躯干的非法身体接触。

(3) 阻挡

阻挡是阻碍有球或无球对方队员行进的非法的身体接触。

如果试图做掩护的队员在移动中与静止或后退的对方队员发生接触,则他发生了一起阻挡犯规。

(4) 侵人犯规

侵人犯规是无论球是在活球或死球的情况下,一名队员与对方队员发生的非法的身体接触的犯规。队员不应通过伸展他的手、臂、肘、肩、髋、腿、膝、脚或将身体弯曲成"不正常的姿势"(超出他的圆柱体)去拉、阻挡、推、撞、绊对方队员,或阻止对方队员行进;也不应放纵任何粗野或猛烈的动作去这样做。

(5) 双方犯规

双方犯规是两名互为对方的队员大约同时相互发生侵人犯规的情况。

(6) 技术犯规

技术犯规是没有身体接触的犯规,行为种类包括但不限于:无视裁判员的警告;不尊重裁判员、技术代表、记录台人员或球队席人员的行为;与裁判员、技术代表、记录台人员或对方队员交流中没有礼貌;使用很可能冒犯或煽动观众的粗话,或手势戏弄,或嘲讽对方队员;在对方队员的眼睛附近挥手或保持不动妨碍其视觉;等等。

（7）违反体育道德犯规

违反体育道德的犯规是一名队员发生的接触犯规，根据裁判员的判断，包括：不在规则的精神和意图的范围内合法地试图去直接抢球；在努力抢球或身体对抗的过程中造成过分的、严重的身体接触；在攻防转换中，由防守队员造成一起不必要的身体接触，导致进攻队员停止了已经开始的快速推进；等等。

（8）取消比赛资格犯规

队员和球队席人员的任何恶劣的违反体育道德的行为是取消比赛资格的犯规。已被取消比赛资格的教练员应由登记在记录表上的助理教练员接替。如果记录表上没有登记助理教练员，应由队长（CAP）接替。

1.8.7 一般规定

（1）队员5次犯规

一名队员已发生5次犯规，裁判员应通知他必须立即离开比赛，并且必须在30秒钟内被替换。先前已发生了第5次犯规的队员的犯规，被认为是一名出局的队员的犯规，并登记在教练员名下和在记录表上记入"B"。

（2）可纠正的错误

如果仅在下述情况中某条规则被无意地忽视了，裁判员可纠正其失误：判给不应得的罚球；没有判给应得的罚球；不正确地判给得分或取消得分；允许不该罚球的队员执行罚球。

1.9 篮球三对三竞赛规则（中国篮球管理中心审定）

1.9.1 场地和器材

1. 场地：14米×15米，半个标准的篮球场地或按半场比例缩小（长度减2米，宽度减1米），地面平整、坚实。
2. 球篮：距地面3.05米的篮圈供男女成年组、男子初中以上（含初中）青年组使用，距地面2.80米的篮圈供男子小学、女子初中和小学组使用。
3. 球：男女成年组、男子初中以上（含初中）青年组可使用圆周为75～78厘米、重量为567～650克的球；男子小学、女子初中和小学组可使用圆周为68～72厘米、重量为450～500克的球。

1.9.2 工作人员及职责

1. 裁判人员：设1～2名裁判员和1名记录员。
2. 服装：裁判员与记录员着装一致（最好灰上衣、黑裤子、黑鞋、黑袜子），服装颜色、款式应有别于运动员。
3. 权力：比赛设1名裁判员时，他是比赛中唯一的执法宣判人员。比赛设2名裁判员，即主裁判员和副裁判员时，2名裁判员对场上队员违反规则的行为都有权作出宣判，如发生问题，主裁判员是最终裁决人员，并负责在记录表上签字。副裁判员监管20秒违例。
4. 记录员职责：记录员记录两队累计投篮和罚球命中的得分、全队和个人犯规次数以及比赛时间，并按规则要求宣布比赛进行的时间和比分。

1.9.3 规则

1. 运动员人数：每队可报名4～5人，上场队员为3人。组织者可根据情况选择下列比赛时间：初赛和复赛不分上、下时，全场比赛时间为10分钟、12分钟或15分钟。比赛进行到5分钟和9分钟时记录员宣告时间。如只有10分钟的比赛时间,则双方球队都不得暂停(遇有队员受伤,裁判员有权暂停比赛1分钟);如比赛安排为12分钟或15分钟,则分别允许请求1次或2次暂停,每次暂停时间为30秒。

2. 决赛分为上、下两半时的时候,每半时8分钟,上半时与下半时之间休息3分钟。

3. 比赛中除在罚球、暂停、球员受伤及比赛结束等情况下停止计时表外,其余情况均不停表。

4. 比赛开始:双方以掷硬币的形式决定发球权,由对方队在发球区掷界外球开始比赛。决赛阶段,上半时获发球权的队,下半时则不再获发球权,由对方队在发球区掷界外球开始比赛。

发球区:中圈弧线内算作发球区,发球区的地面(包括线)属于界外。

发球:在发球区掷界外球,算作发球。

5. 攻守转换:每次投篮后,都由对方发球。所有交换发球权的情况(如违例、界外球及投篮命中后)均为死球。在发球区发球,继续比赛。所有不交换发球权的情况(如不执行罚球的犯规),则在就近的3分线外发球。在这种情况下发球,必须由裁判员递交球。守方队员断球或抢到篮板球后,必须将球运(传)出3分线外(持球队员的双脚必须踏在3分线外),这样方可组织进攻,否则判进攻违例。

双方争球时,争球队员分别站在罚球线上跳球,任何一方得球都必须将球运(传)出3分线(持球队员的双脚必须踏在3分线外)后,方可组织进攻,否则判进攻违例。跳球中的意外投中无效。在本条攻守转换中出现的违例,裁判员的手势为:两手前臂交叉于脸前以示违例,交换发球权。

6. 20秒规则:每队1次进攻时间为20秒。

7. 犯规罚则:比赛中每个队员允许3次犯规,第4次犯规罚出场。任何队员被判夺权犯规,则取消该队比赛资格。每个队累计犯规达5次后,该队出现第6次以后的侵人犯规时,由对方执行2次罚球。前5次犯规中,凡对正在做投篮动作的队员犯规:投中,记录得分和对方个人、全队犯规次数,不追加罚球,由攻方发球;如投篮不中,则判给攻方被侵犯的队员1次罚球,罚中得1分,并由攻方继续掷界外球,如罚球不中,仍由攻方继续掷界外球。在使用小篮架的比赛中,不允许队员出现扣篮动作,也不允许队员将身体任何部位悬挂于篮圈(或篮架)上,否则,可被判罚离场,并不能再替换进场,该队失去球权。

8. 替换:只能在停止比赛计时钟的情况下进行替换,被换下的队员不能重新替换上场(场上队员不足3人时除外)。

9. 得分相等和决胜期:比赛时间终了,以得分多者为胜方。初赛、复赛阶段,比赛时间终了,如得分相等,将执行依次一对一罚球,只要出现某队领先1分时即为胜方,比赛结束。

在决赛阶段,比赛时间终了,双方得分相等,则增加3分钟决胜期,发球权仍以掷硬币的形式决定。如果决胜期仍得分相等,将执行依次一对一罚球,只要出现某队领先1分时即为胜方,比赛结束。

10. 比赛中,队长是场上唯一发言人。

11. 比赛中球队应绝对服从裁判,以裁判员的判罚为最终判决。

本规则适用全国各种级别的三对三比赛。

1.10 小篮球规则简介(2017版)

1.10.1 比赛

(1) 小篮球定义

小篮球比赛应是年龄12周岁或12周岁以下的男孩和女孩参加的比赛,也可以是男孩和女孩一同混合编组参加的比赛。

小篮球比赛是2个球队参加,每个球队的目的是将球投入对方球篮得分,并且阻止对方球队得分。

(2) 场地器材

球场尺寸可以根据当地设施而调整,标准的尺寸为长28米,宽15米。

尺寸可以根据场地实际情况按比例缩减,在26米×14米到12米×7米的相同比例下变化。

球篮由篮圈和篮网构成。每个球篮要符合以下规格:11~12岁,球篮的高度距离地板2.75米;9~10岁,球篮的高度距离地板2.60米;7~8岁,球篮的高度距离地板2.35米;还可以有更低的球篮(1.80米以下)适用于幼儿园的孩子。

篮球规格:9~12岁的孩子们应使用5号球,周长为69~71厘米,重量在470~500克之间;8岁和8岁以下的孩子们应使用4号球,周长为62~66厘米,重量在430~460克。

1.10.2 比赛通则

(1) 比赛时间

比赛由两个半时组成。11~12岁:每半时12分钟,半时之间休息5分钟。每半时分为两节,每节6分钟,节间休息1分钟;10岁和10岁以下:每半时10分钟,半时之间休息5分钟,每半时分为两节,每节5分钟,节间休息1分钟;教学比赛(便于体育课开展)由两节组成,每节10分钟,节间休息2分钟。比赛时间由计时员控制。

(2) 跳球

第1节开始时,裁判员在中圈任何2名互为对方队员之间将球抛起,一次跳球发生。

跳球时,2名跳球队员站在靠近本方球篮一侧中圈半圆内,非跳球队员要站在中圈外,直到球被跳球队员拍击。

球达到最高点后,应被至少一名跳球队员拍击。跳球队员不得双手抓住球。

队员不能违反规定影响一次跳球,罚则是,将球判给对方掷球入界。

如果双方队违例或裁判员抛球失误,则重新跳球。

(3) 交替拥有

交替拥有是以掷球入界而不是跳球来使球成为活球的一种方法,即所有跳球情况中,拥有交替球权的队在最靠近跳球情况发生的地点掷球入界。

(4) 球中篮和它的分值

活球从上方进入球篮并停留在球篮内或穿过球篮叫球中篮。

一次投篮中篮计2分,一次罚球中篮计1分。

球中篮后或最后一次罚球成功,对方的队员持球在端线上或端线后任一地点掷球入界(5秒钟之内)。

(5)替换

教练员应将本队的 12 名队员分成两组阵容,在比赛开始前报告给记录员。每组 6 名队员,其中 5 名场上队员,1 名替补队员,分别参加第 1 节比赛和第 2 节比赛。半时结束,教练员可重新调配两组阵容,分别参加第 3 节、第 4 节比赛。

由于队员受伤,取消比赛资格犯规或宣判队员个人 5 次犯规必须被替换下场,造成某一组场上队员不足 5 人时,则由对方教练员在另一组阵容中挑选队员替补上场。

1.10.3 违例

违例是违犯规则。罚则是判给对方在最靠近发生违例的地点掷球入界。

(1)掷球入界

除了投篮得分或最后一次罚篮成功外,由掷球入界的队员在裁判员指定的地点,将球传入比赛场地内时,是掷球入界。

裁判员必须将球递交或抛传给掷球入界队员。

当掷球入界队员可处理球时,他要在 5 秒钟之内将球传给场上的另一队员。

当掷球入界开始时,其他队员的身体任何部分不得越过界线,否则重新掷球入界。

(2)队员出界、球出界

队员出界是指他身体的任何部分触及界线、界线上方或界线外的除队员以外的地面或任何物体。

球出界是指球触及界线、界线上方或界线外的队员、地面或任何物体,包括篮板支架或篮板的背面。

球出界,是一次违例,会将球判给对方掷球入界。

(3)3 秒钟规则

3 秒钟规则,指某队在他的前场控制活球并且比赛计时钟正在运行时,该队队员不得停留在对方限制区内超过持续的 3 秒钟。

(4)5 秒违例

一名队员在场上持着活球,这时对方队员正处于积极防守姿势,距离不超过正常的 1 步,则该队员是被严密防守的。

被严密防守的队员在 5 秒钟之内没有传、投或运球将被宣判一次违例,会将球判给对方掷球入界。

(5)球回后场

一名队员在他的前场控制活球,不得使球非法回到他的后场,这一限制对掷球入界也有效。

球被非法回到后场,当控制球队的队员在他的前场最后触及球,而后他或他的同队队员首先触及回到后场的球。

非法使球回后场是违例,将球判给对方在最靠近违例的地点掷球入界。

1.10.4 犯规

犯规是对规则的违犯,含有与对方队员的非法身体接触或违反体育道德的举止。

(1)侵人犯规

侵人犯规是队员犯规,包括与对方队员的身体接触。

队员不应通过伸展他的手、臂、肘、肩、髋、膝、脚或将身体弯曲成"不正常的姿势"去拉、阻挡、推、撞、绊对方队员,或阻止对方队员行进,也不应使用任何粗暴的战术。

如果发生身体接触且造成了不公平的利益,违背规则意图,裁判员应宣判对该接触负有责任的队员侵人犯规,并将犯规登记在记录表上。

如果对没有做投篮动作的队员发生犯规,则将球判给对方掷球入界。

如果对正做投篮动作的队员发生犯规,而投篮不成功,判给2次罚球。

如果对正做投篮动作的队员发生犯规,并且投篮成功,则不判给罚球,由对方在端线掷球入界开始比赛。

(2)违反体育道德的犯规

违反体育道德的犯规是一起个人犯规,根据裁判员的判断,不在规则的精神和意图的范围内,不合法地试图去直接抢球。

如果一名队员努力地去抢球造成了过分的接触(严重的犯规),则这个接触也要被判为违反体育道德的犯规。

一名队员被判罚两次违反体育道德的犯规,或累计一次违反体育道德犯规和一次技术犯规,将自动地被取消比赛资格。

判给被违反体育道德的犯规的队员两次罚球,除非这名队员投篮并得分,随后由同一队在记录台对面的中线延长线掷球入界。

(3)取消比赛资格的犯规

任何恶劣的违反体育道德的行为都属于取消比赛资格的犯规。

判给对方两次罚球,随后由同一队在记录台对面的中线延长线掷球入界。

(4)双方犯规

双方犯规是两名互为对方的队员大约同时相互发生侵人犯规的情况。

要登记每一名犯规队员一次侵人犯规,并且场上没有控制球队时,一次跳球情况发生。

1.10.5 行为准则

(1)技术犯规

在小篮球运动中,所有的队员都要始终展示出最好的合作精神、体育道德及公平竞争意识。

任何故意的或一再不遵守本规则的精神,应被认为是一次技术犯规,这一行为应是非接触犯规。

裁判员可以尝试警告,甚至宽容不严重的技术性违犯,除非警告后重复出现类似的违犯。

一名队员被判罚两次技术犯规,或累计一次技术犯规和一次违反体育道德犯规,将自动地被取消比赛资格。同时,判给对方一次罚球并随后由同一队在记录台对面的中线延长线掷球入界。罚球队员由教练员指定。

1.10.6 一般规定

(1)队员5次犯规

一名队员发生了5次侵人犯规和技术犯规,裁判员应通知其本人立即离开比赛。他必须被替补队员替换。

(2)罚球

一次罚球是给予一名队员从罚球线后的半圆内的位置上,在无争抢的情况下得1分的机会。

裁判员递交球后,罚球队员应在 5 秒钟之内投篮出手。在球进入球篮或触及篮圈之前,他不能触及罚球线及进入限制区。

队员尝试罚球时,最多有 5 名其他队员占据分位区的位置:
- 两名防守队的队员可以占据两个接近球篮的位置。
- 两名投篮同队的队员可以占据接下来的两个位置。
- 一名防守队的队员可以占据下一个相邻的位置。

第 2 节 排 球

排球运动是由两队在长 18 米、宽 9 米,中间用网隔开的场地上,运用发球、垫球、传球、扣球、拦网等攻防技术,将球击入对方场区而不使球落在本方场区的一种球类运动。

1895 年,美国马萨诸塞州霍利奥克城基督教青年会的干事威廉·摩根发明了一种新的游戏,他在室内网球场上,把参加游戏的人分成两队,用篮球内"胆"当球隔着球网拍来拍去,力争不使球落在自己的场区内,这种游戏经过不断发展,最终演变成了现代排球运动。后来,斯普林菲尔德市立学校的艾·特哈尔斯戴博士将这种游戏命名为 volleyball,意即"空中飞球"。排球运动于 1900 年传入亚洲,先后经历了 16 人制、12 人制和 9 人制,最后统一为国际上通行的 6 人制。1917 年,排球运动传入欧洲,并形成一项竞赛运动,多采用 6 人制,它在苏联、法国等国家开展十分广泛。排球运动采用 16 人制时,人们根据双方排成队进行较量的阵形,形象地称它为"排球""队球",1930 年才统一称作"排球",并沿用至今。

1947 年 4 月,在法国巴黎正式成立了国际排球联合会,国际排联举办的世界排球锦标赛和世界杯排球赛,以及奥运会排球赛是当今世界排坛最重要的三大赛事,每四年举行一次。这使排球运动在世界上广泛开展,其技术、水平得到飞速发展。排球比赛的激烈角逐和高水平竞争,得到人们的广泛关注和喜爱。

1905 年排球运动传入我国,开始时采用 16 人制,1919 年改为 12 人制,1927 年改为 9 人制,1950 年后逐渐成为 6 人制。

当今,世界排球运动正向着职业化、商业化方向发展,技术和战术也向全面、高度、快速、多变方向发展,规则则向有利于攻防平衡方向发展,排球教学、训练向多学科综合运用和科学化方向发展。

排球运动是便于开展、易于锻炼的运动项目,不受年龄、性别的限制,既可竞技,又可娱乐健身、丰富业余文化生活。它是"弹跳运动"和"速度运动"的综合,经常参加,可以增强人体的神经、呼吸、血液循环等系统的机能,提高人体的力量、速度、灵敏度、耐力、弹跳、柔韧性等素质,有利于培养机智果断、勇敢顽强的拼搏精神和团结协作、密切配合的集体主义思想。

小知识

> 中国国家女子排球队(简称中国女排)隶属于中国排球协会,是中国各体育团队中成绩突出的体育团队之一。中国女排曾在1981年和1985年世界杯、1982年和1986年世锦赛、1984年洛杉矶奥运会上夺得冠军,是世界上第一个"五连冠"的排球队。这个队又曾在2003年世界杯,2004年奥运会,2015年世界杯,2016年奥运会四度夺冠,9次成为世界冠军(包括世界杯、世锦赛和奥运会三大赛)。
>
> 2016年8月21日,在里约奥运会的女排决赛中,中国女排在先失一局的情况下连扳三局,以3∶1逆转战胜塞尔维亚女排,这是中国女排时隔12年再次获得奥运冠军,也是她们第三次获得奥运会金牌。2017年9月9日,在大冠军杯第四轮比赛中,中国女排提前一轮夺冠,也是时隔16年再夺大冠军杯冠军。2018年9月23日,中国女排又夺得第六届女排亚洲杯冠军。

2.1 基本技术和练习方法

排球技术是指运动员在排球比赛中所采用的合理击球动作和完成动作必不可少的其他配合动作的总称。基本技术有准备姿势和移动、发球、垫球、传球、扣球和拦网。

2.1.1 准备姿势和移动

准备姿势和移动是排球运动中各项技术的基础,其目的是为了迅速起动、快速移动接近球。准备姿势的好坏,直接影响着脚步的移动,而脚步的移动,又直接影响到技术动作的质量。判断、准备和起动的衔接是学习的关键,起动快慢是学习的难点。

2.1.2 准备姿势动作规格

两脚左右开立,略宽于肩,脚尖向

准备姿势

图 14.2.1

前稍向内扣,脚跟稍提起,两腿弯曲,膝关节投影点超过脚尖,上体前倾,重心靠前,两臂自然弯曲,双手置于腹前,上体放松,两眼注视来球,随时准备起动、移动或做相应的动作(图14.2.1)。

2.1.3 练习方法

1. 徒手做准备姿势。
2. 看手势做准备姿势。教师向上举手,学生直立;平举时,学生做半蹲准备姿势。
3. 跑进过程中看到信号或听到哨音向前跨一步做半蹲、稍蹲、低蹲准备姿势。
4. 2人1组做好半蹲准备姿势。

2.1.4 移动的方法及动作规格

在准备姿势和起动的基础上,队员根据完成技术动作和战术配合的需要,灵活运用各种步法进行移动。在准确判断之后要快速移动,边移动边注视

移动步法

来球,使身体尽快接近球并做好击球的准备姿势。根据来球的距离和速度采用不同的移动步法(图14.2.2和图14.2.3)。

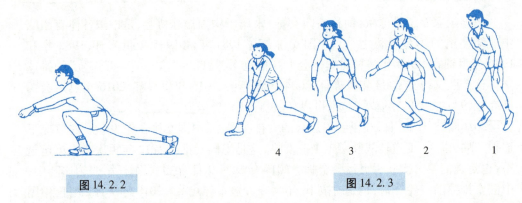

图14.2.2　　　　　　　　　　　图14.2.3

1. 跨步法。当来球较低,离身体一两步之间时,可采用跨步法。移动时,一脚蹬地,另一脚向来球方向跨出一大步;上体前倾,使重心移至跨步脚上,另一脚适当伸直或随重心移动而跟着上步,成为击球的准备姿势。

2. 并步法。当来球离身体一步左右时,可采用并步法。移动时,移动方向的同侧脚先向移动方向跨出一步,当跨出脚落地时,另一脚迅速并上成击球前的准备姿势。

3. 交叉步法。当球在体侧或体前侧距离1米左右时,可采用交叉步法。若向右移动,起动时,上体稍向右转,左脚从右脚前向右交叉迈出一步,然后右脚再向右跨出一步,同时身体转向来球方向,形成击球前的准备姿势。

4. 跑步法。球的落点距身体较远时,采用跑步法。跑步时,应迅速起动,跑动的最后阶段要逐渐降低重心,做好击球前的准备姿势。

5. 后退法。当来球落点在身后时采用。移动时,身体保持稍低的姿势,两脚交替快速向后退步,重心应保持在体前。

2.1.5　练习方法

1. 徒手做各种方向的移动练习。以半蹲准备姿势站立,看手势做前、后、左、右移动,包括一步或两步移动。

2. 两人面对站立成半蹲准备姿势。双手互拉,由其中一人主动做前、后、左、右的移动,另一人跟随做。

3. 将球抛向不同方向,练习者用不同步法迅速将球接住。

4. 练习者以坐、蹲、卧等不同姿势,听信号后快速起动冲刺6米,然后放松慢跑回。

2.2　发　　球

发球是队员在发球区内自己抛球后,用一只手或手臂将球击入对方场区的一种击球方法,是比赛和进攻的开始。发球按性能一般可分为旋转与飘球两大类。旋转球有正面上手发球、勾手大力发球等。飘球有正面上手和勾手飘球等。各类发球的抛球、击球、用力是发球的3个重要环节,抛球和击球是教学的难点。下面介绍侧面下手发球和正面上手发球。

2.2.1 侧面下手发球

2.2.1.1 动作规格（以右手发球为例）

左肩对网站立,两脚左右开立与肩同宽,两膝微屈,上体稍前倾,左手持球于腹前。发球时,将球垂直上抛在身体的正前方约一臂距离,离手约30厘米,同时右臂摆至右侧后下方。引臂后,利用右脚蹬地和向左转体的动作,带动右臂迅速向前挥动,在体前腹部高度用掌根击球后下方。击球后,身体应转成面向球网(图14.2.4)。

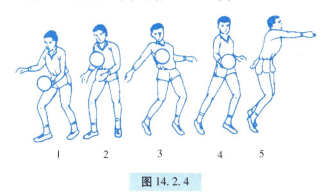

图 14.2.4

2.2.1.2 练习方法

1. 徒手练习。体会身体的协调用力和挥臂的动作及路线。
2. 抛球练习。球抛起要垂直向上,人和球的位置和抛起高度要适当。
3. 对墙发球练习。距墙6~8米,注意击球手法和击球部位,球击到墙要有一定高度。
4. 近、远距离隔网发球练习。2人1组相距8~10米,逐渐到端线外,隔网发球。

2.2.2 正面上手发球

2.2.2.1 动作规格（以右手发球为例）

面对球网,两脚前后开立,左脚在前,重心偏于右脚,左手持球于身前。发球时,将球抛向右肩上方约高出击球点两个球的地方,右臂同时抬起,屈肘后引,肘与肩平,上体移向右侧转动,挺胸展腹。击球时,利用蹬地、收腹挥臂的力量,用全掌击球的后中下部,手腕向前推压(图14.2.5)。

正面上手发球

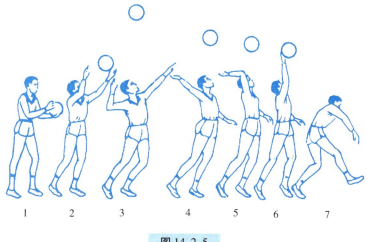

图 14.2.5

195

2.2.2.2 练习方法

1. 徒手发球练习。2人1组,体会完整动作过程,主要是挥臂动作。

2. 对墙发球练习。距墙3~5米,在墙上定个目标,发出的球尽量打中目标。体会抛球与击球时的手臂挥动配合。

3. 近、远距离隔网发球练习。2人1组,相距6~8米,逐渐到端线外发球。体会击球用力和动作的连贯性。

4. 发直线球和斜线球。将对方场区一分为二,固定发球位置,然后要求发直线球和斜线球。同时,要求发球稳、准。

2.3 垫 球

垫球是用手臂从球的下部,利用来球的反弹力向上击球的技术动作,主要用来接发球和接扣球。垫球技术种类很多,可分为接发球垫球、接扣球垫球、接拦回球垫球和垫击二传球。各种垫球技术教学的难点是击球,即击球点和击球部位。下面介绍正面双手垫球。

正面双手垫球

2.3.1 动作规格

根据来球路线迅速取位,使球尽量保持在腹前。双手重叠互握,掌根并拢,拇指平行。两臂伸直相夹并外旋成平面。垫球时,重心降低。两臂前伸插入球下,击球点保持在腹前,取好击球角度,手臂夹紧,利用蹬地、提肩、顶肘、压腕的动作,用腕上10厘米左右的小臂内侧构成的平面将球击出(图14.2.6和图14.2.7)。

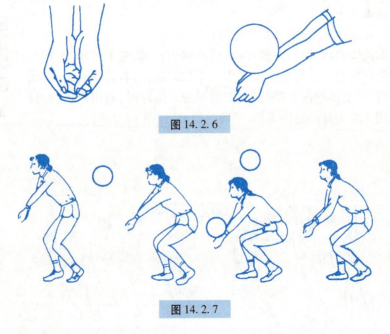

图 14.2.6

图 14.2.7

2.3.2 练习方法

1. 固定球垫击练习。2人1组,一人持球于腹前,另一人做垫击动作。体会击球部位的感觉,掌握好插、夹、提、压动作。

2. 自垫球练习。自行将球垫起，垫出的球要有高有低。巩固垫球动作。

3. 抛垫、对垫练习。2人1组，相距3~5米，一抛一垫或对垫。要求垫出的球要有适当高度。

4. 3人2球移动垫球练习。3个人拿2个球，2人相距4米左右，平行站立，向前抛球，另一个人移动垫球。要求移动快，尽量将球置于腹前。

自垫　　　　　对垫　　　　　接发球

5. 接发、扣球垫球练习。2人1组，一发一垫或一扣一垫。距离由近到远，尽量将球垫到位。

2.3.3　传球

传球是利用全身协调力量并通过手指、手腕的弹力去迎击球的一种技术动作。它在组织进攻、串联攻防中起纽带作用。传球的方式很多，有正面双手传球、背传、跳传、侧传、单手传等。这些传球动作是由准备姿势、迎球、击球、手型、用力5个动作部分组成的。触球时的手型是教学中的重点和难点，下面介绍正面双手传球。

传球手型

2.3.3.1　动作规格

根据来球迅速移动到传球合理位置。当球接近额前时，两手在脸前成半圆形，主动迎球。两拇指成"一"字型，食指、中指托住球的后下部，无名指、小指在球两侧辅助控制球。触球瞬间，手指、手腕适当紧张，用手指、手腕的弹力和蹬地、伸膝、伸臂的协调力量，在额前上方约一球距离处将球传出（图14.2.8和图14.2.9）。

图14.2.8　　　　　图14.2.9

2.3.3.2　练习方法

1. 徒手传球练习。2人1组徒手做传球动作，徒手模仿传球的蹬地、伸膝、伸臂，在额前上方用正确手型做推送动作。

2. 抛接练习。轻轻将球在额前抛起，在额前上方用正确手型将球接住，检查手型和击球点正确与否。

3. 自传练习。向上一高一低传球，体会传球手形和手触球部位。

4. 对墙传球练习。向墙上固定目标连续传球或自传一次再向墙上固定目标传一次。体会身体协调伸展及手的推送动作。

自传技术

197

5. 平网对传练习。2 人 1 组,平行站于网前,传高球和传平球交替进行。体会网前传球动作。

6. 网前移动传球练习。4 人 1 组,4 号位站 1 人,6 号位站 1 人,2、3 号位之间站 2 人,2、3 号位传向 4 号位,4 号位传向 6 号位,6 号位传向 2、3 号位,2、3 号位传球后跑到进攻限制线后,2 人交替移动传球。体会实践中的移动传球动作。

对传

2.3.4 扣球

扣球是练习者跳起在空中,利用身体的爆发力和快速挥臂,最后以全手掌击球的一种技术动作。它是排球技术中最有效的进攻方法。扣球包括正面扣球、勾手扣球、扣快球等。在扣球动作环节中,选择好起跳点及起跳时机,保持好人与球的位置是扣好球的基础,挥臂击球是完成扣球动作的关键环节。起跳、击球是教学的难点。下面介绍正面扣球。

2.3.4.1 动作规格(以右手为例)

1. 助跑起跳。一般采用 2 步或 3 步助跑。2 步助跑时,左脚先向球的落点方向迈出一步(方向步),紧接着右脚根据球的落点调整步幅,确定位置跨出一大步,同时左脚跟上,双脚落地后,立即用力蹬地起跳。起跳时,两臂由后经腹前屈臂向上猛摆,配合起跳(图 14.2.10)。

2. 挥臂击球。起跳后,要挺胸展腹,上体稍向右转,右臂向上向后挥起,肘高于肩,左臂上摆在头前,身体成反弓形。挥臂时,以迅速转体、提肩、收腹动作发力,带动肩、肘、腕各关节成"鞭打"动作向前上方挥出。击球时,手呈勺型包满掌,击球在后中上部。

扣球助跑起跳

3. 落地。双脚前脚掌先着地,再过渡到全脚掌着地,随势屈膝、收腹、缓冲落地。

图 14.2.10

2.3.4.2 练习方法

1. 助跑起跳练习。听口令做 2 步助跑起跳练习。体会助跑、起跳的衔接和节奏。

2. 挥臂击球手法练习。徒手做扣球挥臂击球动作。一人双手执球于头上,另一人扣固定球。体会挥臂动作及手法、击球部位。

3. 原地对墙自抛自扣或原地自抛起跳扣球。2 人相距 6~7 米,自抛起跳对扣。体会人与球的位置、起跳时机、挥臂击球动作。

4. 结合二传扣球练习。扣球人在限制线附近传球至二传处,由二传进行传球,扣球人用助跑起跳扣传过来的球。巩固扣球的完整技术动作。

扣球练习

2.3.5 拦网

拦网是队员在球网上空拦阻对方击球过网的一种技术动作,它是一种具有进攻性的防御技术。拦网分为单人拦网和集体拦网。其技术动作由准备姿势、移动、起跳、空中击球和落地5个部分组成。起跳时间是否恰到好处是关键。正确地确定起跳时间和起跳点是教学的难点。

拦网技术

2.3.5.1 动作规格

1. 准备姿势和移动。拦网的准备姿势与一般的准备姿势不同。队员面对球网,距离30厘米,两脚分开与肩同宽,平行站立。两膝稍屈,上体稍前倾,两臂弯曲置于胸前。当判断出对方进攻点时,一般采用横向并步或交叉步迅速移动,并降低重心做好起跳准备(图14.2.11)。

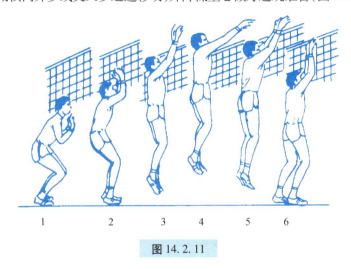

图 14.2.11

2. 起跳。两脚用力蹬地,两臂在体侧前方划小弧用力上摆,带动身体垂直向上跳起。起跳后,稍收腹,以便控制平衡和延长腾空时间。

3. 空中拦截。在身体腾空后,两手从胸前向头上方伸出,两臂向上伸直并有提肩动作,两手平行上举,尽量接近球。当手触球时,两手要紧张,手腕下压"盖帽"捂球。

4. 落地。拦网后身体要自然下落,先以前脚掌着地,随之屈膝缓冲身体落地力量,同时迅速做好下一个动作的准备。

2.3.5.2 练习方法

1. 原地做拦网的徒手动作。体会手向上直伸、拦球动作。
2. 教师站在高台上双手持球,学生轮流起跳拦网。体会起跳拦网动作。
3. 2人隔网相对站立,向左(或右)移动一步起跳拦网。体会移动拦网动作。
4. 双人拦网移动起跳配合练习。2、4号位网前各站1人,3号位网前站2人。听口令后,2名3号队员分别向左、右移动,与2、4号位队员配合拦网。
5. 扣、拦练习。教师在网前2、3、4号位扣球,队员轮流做拦网练习。

2.4 竞赛规则与裁判法简介

2.4.1 场地与设备

比赛场区为18米×9米的长方形。中间隔一球网(男子网高2.43米,女子网高2.24

米),球网两边挂有标志带,其外沿有1.80米长的标志杆。所有的界线宽5厘米。边线和端线都包括在比赛场区的面积之内(图14.2.12)。

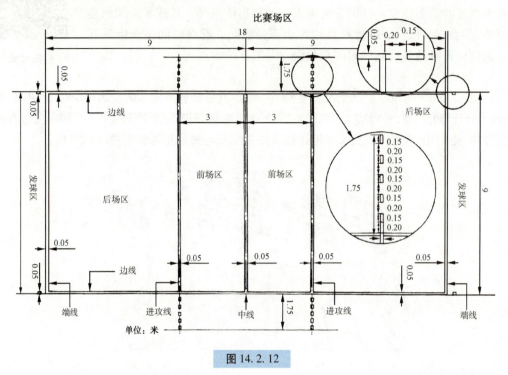

图 14.2.12

2.4.2 主要裁判员的分工和主要职责

1. 第一裁判员。负责全场裁判工作。比赛前负责检查场地、器材和设备是否合乎规定,召集双方队长挑选场区和发球权,主持入场式。比赛中:(1)根据规则判定死球、失机、得分、犯规及取消某队员或全队的比赛资格。各种判定须鸣哨,鸣哨后应立即以法定的手势表明。(2)对不良行为和延误比赛行为进行判罚。(3)决胜局前召集双方队长重新挑选场区和发球权。(4)有权决定涉及比赛的一切问题,包括规则中没有规定的问题。第一裁判员在比赛中的判定是最终判定。

2. 第二裁判员。第一裁判员的助手。比赛前负责分发和索取位置表,站位后核对队员位置,丈量网高,并控制比赛球。比赛中:(1)对自己职责范围内的一切判断及时鸣哨。例如,接发球队员的位置错误、队员触网或标志杆、队员进入对方场区、后排队员进攻性击球与拦网。(2)比赛成死球后,准许教练或场上队长提出暂停和换人,并掌握暂停的时间和换人时的规定。(3)每局结束,向双方教练员索取下一局的位置表,并交记录员。(4)每局开始,决胜局交换场地,必要时检查场上队员的实际位置是否与位置表相符。(5)可以用手势指出他职权以外的犯规,但不得鸣哨,亦不得向第一裁判员坚持自己的判断。

3. 比赛方法。

(1)比赛采用五局三胜制。以先胜3局的队为胜一场。比赛采用每球得分制,比分为25分制,决胜局采用15分制。(2)先得25分并同时超出对方2分的队胜1局。当比分为25:25时,比赛继续进行至某队领先2分(如27:25、28:26)为止。(3)决胜局(第5局)无最高分限。当比分为15:15时,比赛继续进行直至某队领先2分为止。

4. 发球犯规、失误与判罚。发球时未将球抛起,身体的任何一部位触球;脚踏端线或踏越发球区短线;击球过网或触网;球触及标志杆或从非过网区越过;球落在界外;球落地前触及空中障碍物;抛球未击,但球落地前触及发球者;鸣哨后5秒内未击球;发球次序错误;球越过掩护发球的个人或集体。

判罚:失分。

5. 重新发球。在以下几种情况下可允许重新发球:未鸣哨允许将球发出、遇到特殊情况认可的停止比赛时如队员受伤、来自外界的干扰等。

6. 场上队员的位置与位置错误的判断。靠近球网的3名队员为前排队员,其位置为4号位(左)、3号位(中)和2号位(右)。另外3名队员为后排队员,其位置为5号位(左)、6号位(中)和1号位(右)。如果没有按照正确的轮转次序发球,则构成发球次序错误。

7. 击球时的犯规与判罚。如遇下列情况,则判罚失分:

(1)4次击球。1个队连续触球4次则判为4次击球(拦网除外)。(2)借助击球。队员在比赛场地以内借助同伴或任何物体的支持进行击球。(3)持球。没有将球击出,造成接住或抛出。(4)连击。1名队员连续2次击球或球连续触及他身体的不同部位(拦网除外),则判为连击。但1个队在第1次接球中,同一动作的连续触球不为连击。

8. 队员在球网附近的犯规。如遇下列情况,则判罚失分:(1)对方进攻性击球前或击球时在对方空间触及球或对方队员。(2)从网下穿越进入对方空间并妨碍对方比赛。(3)越过中线进入对方场区。指队员的1只(2只)脚或1只(2只)手超过中线触及对方场区。手或脚如还有部分接触中线或置于中线上空不判为犯规。队员身体的任何其他部分都不允许接触对方场区。(4)队员触及球网。但队员在试图进行击球的情况下偶尔触网不算犯规。

9. 进攻性击球犯规。击球出界;后排队员在前场区完成进攻性击球,并且击球时球的整体高于球网上沿,均判失分。

10. 暂停、换人规则与临场处理。(1)正常的比赛间断有"暂停"和"换人"。每局比赛中,每队最多请求2次暂停和6人次换人。(2)当比赛成死球时,裁判员鸣哨发球之前,教练员或场上队长使用正式手势请求暂停和换人。(3)一次暂停的时间限30秒,可以连续请求暂停。暂停时,比赛队员必须离开比赛场地。暂停后允许请求换人,换人后也允许请求暂停。(4)每队每局最多只能换6人次,可分几次或一次完成。每局被替换下场的队员再上场时,只能回到该局中替换他的队员的位置,替补队员在每局比赛中只有1次被换上场的机会。换人后未经比赛不得再次请求换人。(5)国际排联世界性比赛暂停采用以下方法:第1~4局,每局有2次技术暂停,各为1分钟,每当领先队达到8分和16分时自动执行。相应每个比赛队每局仅有1次机会请求30秒的普通暂停。决胜局(第5局)无技术暂停,每队在该局可请求2次30秒的普通暂停。

11. 比赛被拖延的间断处理。任何意外的情况阻碍比赛进行时,第一裁判员、比赛组织者和主管委员会成员应共同研究决定,采取措施使比赛恢复正常。1次或数次间断时间累计不超过4小时。

如果比赛仍在原场地进行,间断的一局应保持原比分、原队员和场上位置,已结束的各局保留比分。如果比赛改在另外场地进行,则间断的一局应取消,但要保持该局开始时的阵容和位置,重新比赛,已结束的各局比分保留。

一次或数次间断时间累计超过 4 小时,则全场比赛重新开始。

2.5 沙滩排球

沙滩排球是一项每队由两人组成,在被球网分开的沙滩场地上,利用身体任何部分击球来进行比赛的运动。近年来,沙滩排球以其独特的魅力吸引了很多爱好者,它可以是全家的娱乐游戏,中老年人的健身手段,又可以成为青少年锻炼身体的运动项目。

沙滩排球最初只是一项体育娱乐活动,是 20 世纪 20 年代在地中海海边的度假胜地开始兴起的,以后这项体育娱乐活动被逐渐推广到世界各地的海滩上。首先是大西洋海滩,后来是北海海滩和波罗的海海滩。由于从事沙滩排球的人越来越多,水平也越来越高,沙滩排球这项体育娱乐活动就逐渐演变成了一项新兴的竞技体育运动。

第 1 届男子沙滩排球锦标赛是 1987 年 2 月在巴西举行的,参加的队来自美国、意大利、阿根廷、智利、日本、墨西哥和巴西。1988 年国际排联正式成立了世界沙滩排球领导小组,将其纳入了现代排球的统一规划和管理之中,并开创了国际排联世界沙滩排球系列大奖赛。1993 年国际奥委会正式接纳沙滩排球进入 1996 年亚特兰大奥运会。将一个运动项目设立两种比赛形式,这在奥运会历史上是绝无仅有的。亚特兰大奥运会沙滩排球赛共有 24 支男队和 16 支女队参加角逐,从此开辟了沙滩排球的新纪元。

沙滩排球在我国是刚起步的新项目,为了开展和推广沙滩排球,1989 年以来我国连续举办了 8 届国际沙滩排球邀请赛。1993 年 9 月又在山东烟台海滨举办了"弘扬杯"首届国内沙滩排球邀请赛,使沙滩排球在我国逐步得到了人们的赏识和喜爱。为了进一步推动沙滩排球运动的开展,选拔参加广岛亚运会沙滩排球比赛的队伍,并纪念排球运动诞生 100 周年,国家体委在 1994 年主办了全国沙滩排球巡回赛。自此,每年我国都组织全国性的沙滩排球比赛,并将这项运动列为第 8 届全国运动会的正式比赛项目。我国既有漫长的海滨沙滩,又有较好的排球运动基础,因此在发展 6 人室内排球的同时,应积极地推广沙滩排球运动,尽快提高其运动水平,实现冲出亚洲、走向世界的夙愿。

2.5.1 沙滩排球的竞赛方法

1. 比赛方式:一般分为 A、B 两种。

方式 A:一局制。

1 个队赢得 15 分同时超过对方 2 分时即取得此局和此场比赛的胜利。当比分为 16:16 时,先获得 17 分、仅领先 1 分的队即取得此局和此场比赛的胜利。

方式 B:三局两胜制。

前两局 1 个队赢得 12 分的同时超过对方 2 分时胜一局。当比分为 11:11 时,先获得 12 分、仅领先 1 分的队即为胜队。

决胜局采用每球得分制,先得 12 分,同时至少超过对方 2 分的队则胜该局。如比分为 11:11 时,比赛继续进行直至某队领先 2 分为止,没有最高分限制。

沙滩排球赛一般分为预赛、复赛和决赛。在预、复赛中采用一局制,在决赛中采用三局两胜制。如果用单循环,则在决赛中进行前 2 名的附加赛以决定冠、亚军。

2. 成绩的确定。

沙滩排球成绩确定的方法基本同室内 6 人排球赛。只是在预、复赛采用一局制时,直接在成绩表中登记比赛的比分,如积分相等,则计算 Z 值。因此在成绩表中,只需设 Z 值栏。

2.5.2 场地、器材的准备

2.5.2.1 网柱的设置与球网的要求

由于沙滩排球比赛需在海滩上举行,因此网柱的设置尤为重要,网柱设置的关键是能在沙地上固定,因此要先焊接 1.5 米见方、四角长 1.5 米的角钢框架,钢架的中部备有与网柱相连接的螺孔,然后在网柱距边线 1 米处挖 1.5 米见方的坑,坑深至少 60 厘米,将钢架打入沙坑里,上面用一定数量的石条或其他重物压上,网柱底部也应有与钢架连接的螺孔。用螺丝将网柱与钢架相连。球网的上、下沿全长各缝有 5~8 厘米的双层帆布,最好是深蓝色或其他色彩鲜明的颜色。标志带以宽 5~8 厘米的彩色带子制成。

2.5.2.2 场地的要求

1. 比赛场地。

比赛场地的面积大小同 6 人排球,地面必须是水平的沙滩。沙滩必须至少深 40 厘米,由细沙组成并有一定的湿度;没有石块、壳类及其他易造成运动员损伤的杂物。场地四周至少有 3 米宽的无障碍区。从地面向上至少有 7 米高的无障碍空间。国际排球正式比赛场地,边线外的无障碍区至少 5 米,比赛场地上空的无障碍空间至少 12.5 米。比赛场地的设置应考虑到阳光照射的方向,一般南北向设置为宜。

2. 场地界线的设置。

在无障碍区外,设置 4 个铁制桩(约相距长 24 米、宽 15 米),将场地界线的带子固定在铁桩上,并打入沙体内。另外,在比赛场区的四角及球网垂面与边线的交叉点上分别设一定长度的 6 个木桩,桩上用铁钉固定一条小绳,将木桩打入沙体 30 厘米深处,用小绳将界线的带子固定好。沙滩排球竞赛规则规定,场地上不设中线和进攻线,场地界线应使用弹性材料制成的绳带,其宽度为 5~8 米,最好是深蓝色,或与沙地形成鲜明对比的颜色。

2.5.2.3 比赛用球

球是由柔软的皮革材料制成的,这些材料不能吸水并且要防滑,因为比赛有时是在雨中进行的。球的颜色为全黄或其他鲜明的色彩(如橙黄、粉色等)。球的气压为 0.175~0.225 千克/平方厘米。

2.5.3 主要规则

1. 1 个队只有 2 名队员,分别为 1 号和 2 号,1 名教练员或无教练员。
2. 队员的服装包括短裤或泳装。除比赛有特殊规定外,队员可选择穿上衣或胸衣。
3. 除经裁判员批准外,运动员必须赤脚。
4. 队员可戴眼镜或太阳镜进行比赛,但所引起的一切后果自行负责。
5. 比赛中允许 2 名队员中的任何 1 名在成死球时:(1)请求裁判员对规则和规则的执行进行解释;(2)请求裁判员允许更换服装和器材,核对发球队员号码,检查球网、球,重新整理场地线成为一直线;(3)请求暂停。
6. 比赛中不允许教练员在场内就座。
7. 比赛中没有换人和替补队员。
8. 队员发球时,记录员要用号码牌示意。示意后出现的发球次序错误由队员自负。
9. 队员在场上没有固定位置。
10. 拦网触球后,防守队只允许再触球两次。
11. 队员不允许张开手指用单手进行吊球,允许其他方式的吊球,但不得推、掷和携带球。

12. 队员在防守时，可以穿越网下垂直面，但不得影响对方的比赛行动。

13. 防重扣时，允许队员用上手传球，对"持球"尺度适当放宽。当双方队员网上同时触球时，可以"持球"。

14. 队员在攻击性击球时不允许做与两肩垂直方向不同的传球，但正确传球后因风的关系而使球被吹过网不算犯规。

15. 每队每局有 4 次暂停，可单独使用也可连续使用，每次暂停时间为 30 秒。

16. 在方式 A 的比赛中，比赛队的得分相加是 5 或 5 的倍数时；在方式 B 的比赛中，比赛队的得分相加是 4 或 4 的倍数时，两队队员必须交换比赛场地。这时可休息 30 秒钟。

17. 队员受伤可给予 5 分钟的休息时间，但不能给予同一队员在一局比赛中多于两次的休息时间。

2.6 气排球

排球运动对于中国人来说并不陌生，但竞技排球终究对技术、战术和参赛选手的各项素质要求非常之高，在老百姓中推广普及有着一定的难度。

气排球是我国土生土长的一项群众性排球活动。1984 年，呼和浩特铁路局集宁分局为了开展老年人体育活动，在没有规则限制的情况下，组织离退休职工用气球在排球场上打着玩儿。由于气球过轻且易爆，他们将两个气球套在一起打，最后又改用儿童软塑球。随后又参照 6 人排球规则定制了简单的比赛规则，并将这种活动形式取名为"气排球"。

气排球运动是一项集运动、休闲、娱乐为一体的群众性体育项目，作为一项新的体育运动项目，如今它已经受到越来越多老年朋友的青睐。气排球作为全国老年体协的五大竞技项目之一，自从中国火车头老年体协首先推出该项目以来，先后在浙江、福建、上海、江苏、湖南、广西、重庆等地得到了很好的推广，打球健身的老年人越来越多，尤其以广西最为普及。

气排球由于运动适量、不激烈，男女都可以混合进场，适合各个年龄层次的人进行强身健体。

2.6.1 气排球规则（2017—2020）

2.6.1.1 器材和设备

（1）比赛场地

比赛场地包括比赛场区和无障碍区。比赛场区为长 12 米、宽 6 米的长方形。其四周至少有 2~3 米宽的无障碍区，从地面向上至少有 7 米高的无障碍空间。每个场区各画一条距离中心线 2 米的进攻线。进攻线（包括进攻线的宽度）前为前场区，进攻线后为后场区。进攻线外两侧间距 20 厘米、长 15 厘米的三段虚线为进攻线的延长线。两条进攻线的延长线之间、记录台一侧边线外的范围为换人区。在距端线后 1 米处画一条平行于且与端线长度相等的平行线为跳发球限制线；跳发球必须在该线后完成起跳动作。

（2）球网

球网架设在垂直地面中线上空。球网为黑色，长 7 米，宽 0.8 米，网孔为 8 厘米见方。网的上沿缝有 5 厘米宽的双层白色帆布，中间用柔软的钢丝绳穿过，网的下沿用绳索穿起，上下沿拉紧并固定在网柱上。球网的两端各系一条宽 5 厘米、长 0.8 米的标志带，垂直于边线。在两条标志带外沿、球网的不同侧面，分别设置长 1.80 米、直径 1 厘米的标志杆，高出球网 1 米。

标志杆每10厘米涂有红白相间的颜色。男子球网高度2.1米、女子球网高度1.9米。球网高度用量尺从场地中间丈量。球网两端离地面必须相等，不得超过规定高度2厘米。

（3）球

球为圆形，球的面料由柔软的高密度合成革材质制成，颜色为彩色。圆周长为72～78厘米，重量为120～140克，气压为0.15～0.18千克/平方厘米。一次比赛所用的球必须是同一特性、同一品牌的球。

2.6.1.2　比赛参加者

（1）比赛队

一个队由10人组成，其中有1名领队、1名教练员、8名队员，比赛中领队、教练员可兼运动员。

只有登记在记分表上的球队成员，方可进入场地和参加比赛。一经教练员、队长在记分表上签名确认后，即不得更换。

（2）服装

队员服装要统一，上衣前后须有号码，序号为1～10号。身前号码至少15厘米高，身后号码至少20厘米高。号码笔画宽度至少2厘米。队长上衣应有一条与上衣颜色不同的长8厘米、宽2厘米的标志。

2.6.1.3　比赛方法

（1）记分方法

比赛采用每球得分制，即胜一球得一分。比赛采用三局两胜制，胜两局的队为胜一场。如果1∶1平局，则进行决胜局（第三局）的比赛。第1、2局先得21分同时超过对方2分为胜一局，当比分20∶20时，比赛继续进行，直至某队领先两分（22∶20、23∶21、……）为胜一局。决胜局，先得15分同时超过对方2分的队获胜，当比分14∶14时，比赛继续进行，直至某队领先两分（16∶14、17∶15……）为胜一局。决胜局8分时双方队员交换场地进行比赛，比赛按照交换时的阵容继续进行。

（2）场上位置

发球队员击球时，双方队员（发球队员除外）必须在本场区内按轮转次序站位。

四人制比赛队员位置：靠近球网2号位（右）、3号位（左）两名队员为前排队员，另外两名队员1号位（右）、4号位（左）为后排队员。1号位队员与2号位队员同列，3号位队员与4号位队员同列。

五人制比赛队员位置：靠近球网2号位（右）、3号位（中）、4号位（左）三名队员为前排队员，另外两名队员1号位（右）、5号位（左）为后排队员。1号位队员与2号位队员同列，4号位队员与5号位队员同列。

（3）轮转

轮转次序、发球次序以及队员位置的确定均以位置表为依据。

某队得1分，同时得发球权后，所有队员必须按顺时针方向轮转一个位置，由2号位队员轮转至1号位发球。

如某队因对方被判罚而得1分，本方所得该分后也必须轮转一个位置，原该分该轮的发球队员不再发球，轮转由下一轮发球队员发球。

2.6.1.4 比赛行为

(1) 界外球

下列情况为界外球：

球接触地面的部分完全在界线以外；

球触及场外物体、天花板或非场上的成员等；

球触及标志杆以及标志杆以外的球网、网绳或网柱；

球的整体从网下穿过；

球的整体或部分从过网区以外过网进入对方场区；

球的整体越过中线的延长线。

(2) 比赛中的击球

比赛中队员与球的任何触及都视为击球，队员必须在本方场区和本方无障碍区空间击球。每队最多击球三次，无论是主动击球或被动触及，均作为该队的一次击球。球可以触及身体的任何部分，球必须被击出，不可接住或抛出，击球时（包括第一、二、三次击球），允许身体不同部位在一个动作中连续触球。击球时的犯规包括，"四次击球""借助击球""持球""连击"。

(3) 触网

队员触网即犯规，比赛过程中在任何情况下都不得触网。队员击球后可以触及网柱、全网长以外的网绳或其他任何物体，但不得干扰比赛。由于球被击入球网而造成球网触及队员，不算犯规。

(4) 发球

后排右（1号位）队员在发球区内将球击出而进入比赛的行动，称为先发球。

首先发球：第一局和决胜局由抽签选定发球权的队首先发球。第二局由前一局未首先发球的队先发球。

发球次序：队员发球的次序按位置表上的顺序进行。一局中首先发球之后，队员按下列规定进行发球：当胜一球时，必须轮转发球，由前排右（2号位）队员轮换至1号位发球。

(5) 进攻性击球

除发球和拦网外，所有直接击向对方的球都是进攻性击球。

在进攻性击球时，吊球是允许的，但击球必须清晰并不得接住或抛出。

球的整体通过球网垂直面（包括触及球网后再进入对方空间）或触及对方队员，则被认为完成进攻性击球。

进攻性击球的限制：

击球起跳时脚不得踏及或越过进攻线；

队员可以在进攻线前（前场区）完成进攻性击球，但球的飞行轨迹必须高于击球点，有明显向上的弧度过网进入对方场区；

击球后脚可以落在前场区；

接发球队员不能对在本场区内高于球网上沿的对方发球作进攻性击球。

(6) 拦网

拦网是队员靠近球网，在高于球网处阻挡对方来球的行动，与触球点是否高于球网无关；只有前排队员可以完成拦网。

拦网的犯规包括：后排队员完成拦网或参加完成拦网的集体；拦对方的发球；拦网出界；从标志杆外进入对方空间拦网；拦网队员过网拦网,在对方进攻性击球同时或之前触球；当球飞向网而尚未过网,有同队队员准备击该球时完成拦网。

2.6.1.5　比赛间断与延误比赛

（1）比赛间断

正常的比赛间断有"暂停"和"换人"。每局比赛中,每队最多可以请求两次暂停和4人次（四人制）或5人次（五人制）换人,所换队员不受位置限制。每次暂停时间为30秒。

暂停时,比赛队员必须离开比赛场区到球队席附近的无障碍区。

换人必须在换人区内进行。换人由教练员或场上队长请求,换人时,场外队员要做好上场的准备。如果要替换两名或两名以上的队员,要用手势表明请求替换人次。

（2）延误比赛

一个队拖延比赛继续进行的不正当行动为延误比赛,包括以下行为：换人延误时间；在裁判员鸣哨恢复比赛后,拖延暂停时间；请求不合法的替换；再次提出不合法的请求；球队成员拖延比赛的继续进行。

对延误比赛的判罚："延误警告"和"延误判罚"是对全队延误比赛的判罚；延误比赛的判罚对全场比赛有效；所有延误比赛的判罚都记录在记分表上；在一场比赛中,对一个队的成员的第一次延误比赛,给予"延误警告"；在一场比赛中,同一队的任何成员造成任何类型的第二次以及其后的延误比赛,都给予"延误判罚",对方得1分,并由对方发球；局前和局间的延误比赛判罚记在下一局中。

（3）受伤

比赛中如出现严重伤害事故,裁判员应立即中断比赛,允许医务人员进入场地,并重新比赛。

如受伤队员不能进行合法替换和特殊替换,则给予受伤队员5分钟的恢复时间。一场比赛中同一队员只能给予一次恢复的时间。

5分钟后仍不能进行比赛,该队被宣布阵容不完整。

（4）局间休息和交换场区

局间休息：第一局结束后休息2分钟,决胜局前休息3分钟。

交换场区：第一局结束后,比赛队交换场区；决胜局中某队获得8分时,两队交换场区,不休息,队员在原来的位置继续比赛；如果没能及时交换场区,应在此错误被发现时立即进行交换,保留交换场区时两队已得比分。

2.6.1.6　不良行为

（1）轻微的不良行为

对轻微的不良行为不进行处罚,但第一裁判员有责任防止运动队出现接近被处罚程度的行为。这里使用两种形式：通过场上队长进行口头警告；向相关队的成员出示黄牌,虽然没有处罚,但要登记在记录表上,警告该队其行为已经接近被处罚的程度。

（2）给予处罚的不良行为

球队成员对裁判员、对方、同伴或观众的不良行为,按程度分为3类。

粗鲁行为：违背道德准则或文明举止。判罚时,裁判员出示红牌,对方得一分并发球。

冒犯行为：诽谤或侮辱的言语或形态,或有任何轻蔑的表示。判罚时,裁判员出示红牌+黄牌(同持一手),取消该局比赛资格,无其他判罚。被判罚的球队成员必须坐在本队球队席上。

侵犯行为:人身攻击、侵犯或威吓行为。判罚时,裁判员出示红牌+黄牌(双手分持),取消该场比赛资格,离开比赛控制区,无其他判罚。

2.6.1.7 裁判员职责与法定手势

(1) 裁判员组成

一场比赛的裁判员由第一裁判员、第二裁判员以及两名司线员、一至二名记录员组成。比赛过程中只有第一裁判员和第二裁判员可以鸣哨。

(2) 第一裁判员

位置:第一裁判员站在球网一端的裁判台上执行其职责,他的水平视线必须高出球网上沿50厘米。

权力:他自始至终领导该场比赛,对所有裁判员和球队成员行使权力。比赛中,他的判定为最终判定,如果发现其他裁判员的错误,他有权改判。他甚至可以撤换不称职的裁判员;他有权决定涉及比赛的一切问题,包括规则中没有规定的问题。

他不允许对其判定进行任何讨论。但当场上队长提出请求时,他应对判定所依据的规则和规则的执行给予解释。

如果场上队长表示不同意他的解释,并立即声明保留比赛结束后将抗议写在记分表上的权力时,他必须准许。

(3) 第二裁判员

位置:第二裁判员站在第一裁判员对面比赛场区外的网柱附近,面向第一裁判员执行其职责。

权力:第二裁判员是第一裁判员的助手,但他也有自己的权限。当第一裁判员不能继续工作时,代替第一裁判员进行工作。

可以用手势指出他权限以外的犯规,但不得鸣哨,也不得对第一裁判员坚持自己的判断。

掌管记录台的工作。

监督球队席上的球队成员,并将他们的不良行为报告给第一裁判员。

允许比赛暂停和换人的请求,掌握间断时间和拒绝不符合规定的请求。

掌握各队暂停和换人的次数,并将第二次暂停和第四人次或第五人次的换人告诉第一裁判员和有关教练员。

发现队员受伤,允许其进行特殊换人,或给予5分钟的恢复时间。

检查比赛场地的条件,主要是前场区。比赛中他还要检查球是否符合比赛的要求。

(4) 记录员

位置:记录员在第一裁判员对面的记录台上,面对第一裁判员行使其职责。

(5) 司线员

位置:两名司线员,其位置在两名裁判员右侧场区角端,距场角0.5~1米处,各自负责其一侧的端线和边线。

第 3 节 足 球

足球运动被誉为"世界第一运动",是目前世界上开展得最为广泛和影响最大的体育项目。它在政治、经济、文化和人们生活中所占据的位置和影响,已远远超出体育运动的范畴。

古代足球游戏起源于中国,被称为蹴鞠,先后经历了汉、唐、宋、元、明、清等朝代。现代足球起源于英国,1863 年 10 月 26 日英国成立了世界上第一个足球组织——英国足球联合会,并制定了统一的足球规则。1904 年 5 月 21 日在法国巴黎成立了国际性的组织——国际足球联合会。随后,世界各大洲的足球联合会也相继成立。

自 1930 年开始,每四年举办一次世界杯足球赛,至今已举行了 17 届(第二次世界大战期间停办过两次),是世界足球最高水平的比赛。此外,国际性足球比赛还有世界青年足球锦标赛、世界少年足球锦标赛。

1840 年鸦片战争以后,现代足球传入我国的香港和东南部沿海大城市的教会学校。1908 年成立了我国现代足球运动的第一个组织——南华足球会。

新中国成立后,在党和政府的领导下,足球运动得到迅速发展,1956 年开始实行全国甲、乙级足球联赛制度。1959 年足球比赛被列入每届全国运动会比赛项目。1993 年实行俱乐部制,使足球运动逐步走向职业化。

经常参加足球运动,能增强人的体质,有效地提高血液循环系统、呼吸系统、内脏器官和神经系统的机能,有利于全面发展身体素质,培养坚强的意志和竞争精神。

3.1 基本技术

3.1.1 颠球技术

颠球是学习足球运动的一把金钥匙,是初学者熟悉球性、提高兴趣、发展身体的协调性、提高对球的反应能力、学习和掌握其他基本技术的基础。在健身运动中,颠球也是一种很好的娱乐和锻炼身体的方法。

3.1.1.1 颠球的部位与技术要领

颠球一般有正脚背颠球、脚内侧颠球、脚外侧颠球、大腿颠球、头部颠球、肩部颠球、胸部颠球,约触及身体 12 个部位。本节重点介绍前 4 种。

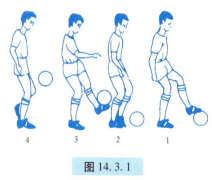

图 14.3.1

1. 正脚背颠球。从挑球开始,球放在脚前 30 厘米处,用脚向后轻拉球,当球的中心部位滚过脚趾时,立即向上挑起,颠球就开始了。颠球时必须触及球的底部。当颠球的高度在膝关节以下时,膝、踝关节要适当放松,并柔和地向前上方甩动小腿,脚尖稍翘起,将球颠起(图 14.3.1)。

2. 脚内侧颠球。支撑腿膝关节微屈,身体重心在支撑脚上。当球落至膝关节高度时,颠球腿屈膝盘腿,脚内侧向上摆,脚内翻,轻击球的底部将球颠起,全身放松(图 14.3.2)。

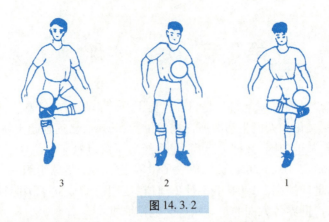

图 14.3.2

3. 脚外侧颠球。支撑腿膝关节微屈,身体重心在支撑脚上。当球落至膝关节高度时,颠球腿屈膝内扣,腿外侧向上摆,脚外翻,轻击球的底部,将球颠起,全身放松(图 14.3.3)。

4. 大腿颠球。支撑腿膝关节微屈,身体重心在支撑脚上。当球落至髋关节高度时,颠球的大腿屈膝上摆,摆至水平状态时,轻击球的底部,将球颠起,全身放松(图 14.3.4)。

图 14.3.3　　　　　　　图 14.3.4

3.1.1.2　颠球教与学提示

1. 初学者应以正脚背颠球练习为主。选项课的学生,以正脚背和大腿交替颠球练习为主。专项课的学生,以多部位交替颠球练习为主,逐渐发展到 12 个部位颠球。

2. 颠球练习,不要单纯追求数量,应注意提高对球的方向、高度、旋转的控制能力的培养。

3.1.2　**踢球**

踢球是足球基本技术中最主要的技术之一。根据脚与球接触部位不同而分为脚内侧、正脚背、脚背内侧、脚背外侧踢球,另外还有足尖、脚跟踢球等。不管哪种踢球都是由助跑、支持脚的位置、踢球腿的摆动、脚与球接触的部位、踢球后维持身体的平衡 5 个方面组成的。脚与球的接触部位是决定踢球质量的关键因素。

3.1.2.1　踢球技术动作

1. 脚内侧踢球。脚内侧接触面积大,出球平稳准确。常用于短传和射门,以及二过一的战术配合。

动作要领:踢球时,支持脚踏在球的侧后方 15 厘米左右,膝部微屈,踢

脚内侧踢球

球脚稍向后提起,膝关节外转,脚尖稍翘起,前摆时小腿加速,脚掌与地面平行,脚腕用力,用脚内侧(踝骨下面,跟骨前面)的部位踢球的后中部(图14.3.5)。

图 14.3.5

向左传球时(以右脚为传球脚,下同),传球脚的内侧正对出球方向,由右向左侧摆,用推送或敲击的动作将球传出。向右传球时,以支持脚前脚掌为轴,上体向右扭转,使脚内侧正对出球方向推送球。空中球直接传球时,大腿在踢球前先抬起,小腿拖在后面,脚内侧对正出球方向,利用小腿摆动平敲球的中部。如要踢出低球或高球,可踢球的中上部或中下部。

易犯错误:
(1)踢球脚的膝盖外转不够,脚尖没翘起,脚太放松,触球部位不准。
(2)动作紧张,直腿扫踢球,没用小腿加速前摆踢球。

2. 正脚背踢球。

(1)正脚背踢球。因腿的摆动与髋、膝关节的结构相适应,便于加大摆幅和摆动速度,动作自然顺畅,脚与球接触面积也大,踢出的球准确有力。常用于中、远距离传球、射门等。

动作要领:正面助跑,最后一步稍大并要积极着地,支撑脚踏在球侧10~15厘米处,脚尖对准出球方向。踢球腿后摆放松,前摆时大腿带动小腿,当膝盖摆正至接近球的正上方的刹那,小腿加速前摆,脚面绷直,脚趾扣紧,用脚背击球的后中部,踢球腿提膝随球前摆(图14.3.6)。

正脚背踢球

图 14.3.6

易犯错误:

① 踢球腿前摆时,小腿过早加速用力,容易造成脚尖踢地。

② 踢球时脚背没有绷直,膝盖没在球的上方,上体后仰,将球踢高。

③ 踢球时怕脚触地,不敢绷脚面,造成不能用脚面击球,击球无力。

(2) 正脚背踢反弹球。

动作要领:判断好来球落点,支撑脚踏在落球点的侧面,当球将要落地时,踢球脚小腿急速前摆,在球刚反弹离地时,踢球的后中部(图 14.3.7)。

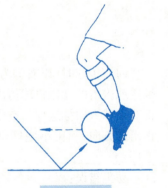

图 14.3.7

易犯错误:

① 判断球的落点不准确,支撑脚位置不当。

② 踢球时,踢球脚的膝盖没有在球的上方。

③ 不是在刚刚反弹时踢球,击球时间过晚。

3. 内脚背踢球。用脚的大趾骨后方脚背的部位踢球。腿的摆幅较大,出球有力,由于脚与球接触的面积大,所以踢球准确。适合于中长距离的传球与射门。

动作要领:斜线助跑,身体与球成 45 度,支持脚落在球的侧后方(踢平直球要踏在球的侧方)距球约 25~30 厘米处,足尖指向出球方向。在支持脚着地同时,踢球脚以髋关节为轴,大腿带动小腿由后向前摆。当身体转向出球方向,膝关节摆至接近球的内侧上方的刹那,小腿加速前摆,脚面绷直,脚跟提起,用脚背内侧击球的后中部。出球后,踢球腿顺势前摆,两臂自然摆动(图 14.3.8)。

内脚背踢球

图 14.3.8

易犯错误：

① 助跑方向与球角度不当，支持脚足尖没有指向出球方向，出球不准。

② 支撑脚膝关节过于弯曲，踢球脚前摆时划弧，成扫球动作。

4. 外脚背踢球。它能充分利用脚腕的动作和力量，隐蔽性强，对方不易判断出球方向。常用于中、近距离传球、射门和二过一战术配合。

动作要领：基本上与正脚背踢球相同，只是踢球脚的膝关节和脚尖内转，脚面绷直，脚趾扣紧，以脚背外侧触球。

踢弧线旋转球时，支撑脚踏在球侧约 20 厘米处，身体稍向支撑脚一侧倾斜，踢球的侧后方，踝关节紧张，用力切削球。踢球后，腿向侧上方摆出，以加大旋转力量（图 14.3.9）。

易犯错误：

① 踢球时脚尖没有内收，造成不能用脚背外侧踢球。

② 踢球时脚背绷得不直，脚腕无力，造成出球无力。

③ 向侧面摆腿，触球部位偏侧，面积小，造成球旋转而出球无力。

 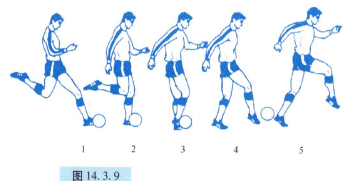

图 14.3.9

3.1.2.2　踢球教与学提示

1. 重点加强支撑脚、摆腿、触球部位、脚的练习。

2. 要循序渐进。首先要求动作准确,然后再逐步要求增加力量和距离的练习。

3. 正脚背踢球,可采用"逆式教学",即先学踢半空球、反弹球、迎面滚来的球,最后学定位球。

4. 多结合游戏和教学比赛进行。

3.1.2.3　踢球的练习方法

1. 个人练习方法。

(1) 颠球。用正脚背、脚内侧、脚背外侧颠球,能够有效地提高"脚感"(脚的部位感觉和触球部位的感觉),有利于踢球技术的掌握。

(2) 模仿踢球动作练习。体会动作要领,重点是支撑脚取位、摆动腿和身体协调动作。

(3) 对板墙,距离3~5米,做各种踢球练习。

2. 集体学习。

(1) 2人1组,1人用脚掌着球,1人做轻踢球练习。体会动作及触球部位。

(2) 2人或2队1组,相距10~15米,对踢定位球。进一步体会动作要领和触球部位。

(3) 2人或2队1组,相距10~15米,踢迎面轻滚过来或抛来的球。

(4) 3人1组,三角传球,先做停球后再传球,再做不停球直接传球;先做原地的,再做跑动中的。

(5) 2人1组6~8米跑动中的传球练习。

(6) 3人1组20米左右跑动中传球练习。

(7) "斗牛"游戏。几个人围成圈传球。1人或2人在中间抢球,只要触到球或传接球失误,双方即换位置。游戏中可规定某种踢球动作和触球次数。

(8) 2~3人1组的传球练习都可以结合射门进行练习。

3.1.3　停球

停球就是利用身体的合理部位把运行中的球停挡在所需要的控制范围的动作,其原理都是泄力的原理。准确地判断来球、触球的部位和触球瞬间的泄力动作(后撤或下撤)是停球技术中的关键。

3.1.3.1　停球技术动作

1. 脚内侧停球。脚触球的面积大,易停稳,便于改变方向和衔接下一个动作。停地滚球时,支撑脚膝关节微屈,停球脚正对来球,小腿放松,当球滚到身体下方时,触球的中部,若来球力量较大时,停球脚随球后撤,把球停好(图14.3.10)。

脚内侧停球

易犯错误:

(1) 停球脚离地面过高,造成漏球。

(2) 后撤动作过早或过晚,使球碰脚弹出。

停反弹球时,支撑脚踏在球落点的侧前方。接触球时,停球脚小腿与地面成45度,小腿放松,当球刚落地反弹离地时,用脚内侧压推球的后上部,把球停在身前。

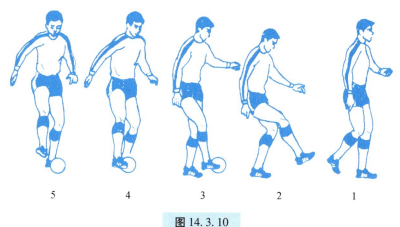

图 14.3.10

易犯错误：

（1）判断来球的落点不准，支撑脚的位置距球过前或过后。

（2）停球脚小腿与地面的角度不好，或脚离地过高，造成漏球。

停空中球时，停球腿大腿高抬，膝关节外转，停球脚前迎以脚内侧对准来球，脚触球刹那，小腿放松，顺势向后下撤，将球停好。

2. 正脚背停球。便于在快速奔跑中停球，同时也便于连接下一个动作，在停高空下落球时多采用。

动作要领：面对来球，支撑脚立于停球点侧后方，膝关节微屈。停球脚小腿前伸，以脚背对准正在下落即将触地的球，使球砸在放松的脚面上，即可将球停住（图14.3.11）。

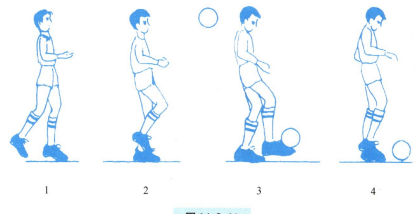

图 14.3.11

易犯错误：

（1）球的落点判断不准，球落不到脚面上。

（2）停球脚紧张，放松不够。

3. 脚外侧停球。脚外侧停球常与假动作结合起来做，具有隐蔽性，但重心移动较大。

动作要领：停正面来的地滚球，停球脚稍提起，膝关节和脚内转，以脚外侧对正面来球，在支撑脚的前侧接触球的侧后方部位，触球时向停球脚一侧轻拨，把球停在侧方或侧后方。

易犯错误：

（1）身体重心移动慢，造成不能以脚外侧正对来球。

（2）停球脚压在球的上方。

4. 大腿停球。用大腿的股四头肌的部位触球，面积大，停球稳准，动作较为简单，容易掌握，停空中下落的球时多采用这种方法。

动作要领：判断好球的落点，支撑脚立在停球点的侧后方。停球时，大腿高抬，小腿自然下垂，以大腿停球的部位对准来球，触球一刹那，大腿肌肉放松，并顺势向后下撤，把球停在体前（图14.3.12）。

大腿停球

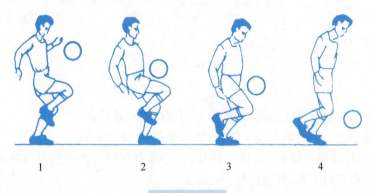

图 14.3.12

易犯错误：

大腿提起迎球动作不够，做下撤动作时肌肉紧张。

5. 胸部停球。用胸大肌之间的部位触球。触球面积大，位置高，停球稳，用途广。一般停空中下落球时多用挺胸方法。

动作要领：正对来球，两腿微屈，上体稍后仰，身体重心放在后脚或两脚之间。当球与胸接触一刹那，吸气，两脚蹬地，胸部迎球上挺，触球的后中下部，使球微微弹起，把球停在体前（图14.3.13）。

胸部停球

图 14.3.13

易犯错误：

身体后仰不够，挺胸动作与脚蹬地动作不协调。

3.1.3.2 停球教与学提示

1. 以停球动作、触球部位和泄力动作为重点。

2. 培养学生迎球、停球和停球前观察场上情况的习惯。

3.1.3.3 停球的练习方法

1. 个人练习。颠球，最后一下颠过头顶，做停球练习。

2. 自己慢跑中，向前上方抛球，做停球练习；做组合停球练习，如大腿停球，再接着做一只脚内侧停反弹球练习。

3. 2人1组，相距6～8米。原地稍做移动，停对面抛来的地滚球、平球、高球、反弹球。

4. 2人1组传接球,停迎面踢来的地滚球、平球、高球、反弹球。距离由近到远逐步增加。

5. 结合各种踢球练习做停球练习。

3.1.4 运球

运球是运动员在跑动中,有目的地连续用脚推拨球的动作,使球处于自己的控制之下,寻找传球、突破、射门的机会。一般常用外脚背和脚内侧运球。

3.1.4.1 运球的技术动作

1. 脚外侧运球。用脚外侧运球,便于快速奔跑和改变方向,十分灵活。

动作要领:运球时,身体自然放松,跑动中运球脚提起,脚尖稍向内转,踝关节放松,在向前迈步将要落地前,用外脚背推拨球的后中部(图14.3.14)。在做改变方向的运球时,如向右运球时,支撑脚在球的左侧后方,身体向右侧倾转,以运球脚去推拨球的左侧。

脚背内外侧运球

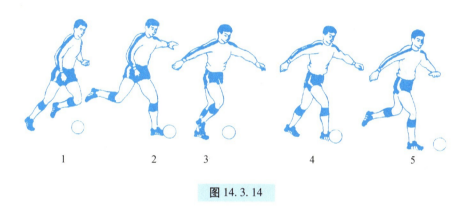

图 14.3.14

易犯错误:

(1)身体重心高,做变向运球时,身体倾转不够。

(2)运球脚不能正确地去推拨球,而是踢,使球离身体太远,失去控制。

2. 脚内侧运球。当接近防守队员,要用身体掩护球时,多采用脚内侧运球。

动作要领:右(左)脚运球时,左(右)脚向前跨出一步,在球的前侧方落地,膝微屈,身体重心随着向前移动,上体前倾并稍向右转。右(左)脚提起用脚内侧推拨球的后中部(图14.3.15)。

在变向运球时,常用两种办法,即用右脚内侧做直线运球时需要左侧运球,用右脚背内侧扣拨球的前侧方;用左脚外脚背向左拨球,使球改向左侧,接着再用左脚脚内侧运球。

图 14.3.15

易犯错误:

脚踝太紧张,触球时不是用推拨的动作而是踢,造成追球。

3.1.4.2 运球教与学提示

运球教学的重点,应放在运控球上,提高对球的控制能力,以满足大学生们日常小场地比赛的需要,激发他们学习的欲望。例如,学习运球过人以及战术配合等。

3.1.4.3 运控球的练习方法

1. 慢跑中,交替用两脚的内侧做直线运球,主要体会推拨球的动作。
2. 原地用脚内侧连续做横拨球,加转身180度,做连续横拨球练习。
3. 用两脚的内侧,做1步节拍的(一左一右)向斜前方运球。做2步节拍的向斜前方运球。注意身体重心的移动。
4. 动作同练习1,但要做出一侧慢、一侧快的节奏来。做2步节拍快动作时,第1节拍推拨球后,运球脚不要落地,立即完成第2节拍的推拨球动作。
5. 用两脚的脚背外侧,做1步节拍的向斜前方运球。注意换脚时,运球脚先向外侧跨一步再换脚。做2步节拍时向斜前方运球。注意身体重心的快速移动。
6. 动作同练习5,但要做出一侧慢、一侧快的节奏来。做2步节拍快动作时,第1节拍推拨球后,运球脚不要落地,立即完成第2节拍的推拨球动作。
7. 用一只脚的脚内侧、脚背外侧,连续做向里推、向外拨球的动作。再做出一侧慢、一侧快的节奏来。
8. 同1~7练习,增加1名消极防守者进行练习;结合射门的练习。
9. 在较小的区域内,多人进行随意运球。要抬头看人,人球兼顾,注意观察。
10. 结合运球、传球,做3对3或5对5的控制球练习。

3.2 竞赛规则简介

3.2.1 足球比赛场地

1. 足球比赛场地必须是长方形的平整场地,长度为90~120米,宽度为45~90米,国际比赛场地长100~110米,宽64~75米,场地的长度必须大于宽度。
2. 场上各线宽不得超过12厘米。
3. 角旗。场地四角必须各竖一平顶的旗杆,杆高不低于1.50米,上挂小旗一面叫角旗。
4. 中线旗。在中线两端的边线外至少1米处可以各竖一面与角旗相同的小旗叫中线旗。
5. 球门。两柱的内沿相距7.32米,横木的下沿距离地面2.44米,立柱与横木的宽度和厚度均不得超过12厘米。

3.2.2 比赛方法

足球比赛有7人制和11人制两种,室内足球比赛为5人制。

1. 7人制。每队上场队员7人,其中有守门员1人。比赛分上、下两半时,各35分钟,中间休息10分钟。
2. 11人制。每队上场队员11人,其中有守门员1人。比赛分上、下两半时,各45分钟,中间休息10分钟。

3.2.3 比赛规则简介(2018/2019版)

1. 越位

(1) 一般越位判定

凡进攻队员比球更接近对方球门线者,并且只有一名对方球员比进攻队员更接近于对方的球门线,即为处于越位位置。

下列情况除外:该队员在本方半场内。至少有2名对方球员比该队员更接近于对方的球门线。

(2) 同时触球判定

当队员触及球的一瞬间,同队队员处于越位位置时,裁判员认为该队员有此行为,则应判为越位。

(3) 其他特殊情况

下列情况,队员不应被判越位:队员仅仅处在越位位置;队员直接接得球门球、角球或界外掷球,并排一线时,不算作越位;两名队员突破对方所有防守后处于越位位置,带球队员向平行队员或向处于球后方队员传球,不判越位。

(4) 执行越位处理

队员被判罚越位,裁判员应判由对方队员在越位地点踢间接任意球。如果该队员在对方球门区内越位,那么这个任意球可以在越位时所在球门区内任意位置上执行。

2. 任意球

任意球是罚球的一种。多种球类运动中都有任意球的判罚,通常在一般性犯规或者违例时判罚,可分为直接任意球与间接任意球两种。

(1) 直接任意球

也称"一脚球",是足球竞赛的一种罚球方式。当一方队员故意违反足球运动规则的有关条款时即被判罚直接任意球,由对方主罚队员在犯规地点直接射门,得分有效。裁判员认为:如果队员草率地、鲁莽地或使用过大的力量造成犯规中的任何一种(绊摔、跳向、冲撞、动手、推动、拉扯等)时,将判给对方踢直接任意球。被判定为罚任意球时,由另一方在犯规发生地点踢直接任意球。如果直接任意球直接踢入对方球门,判为得分;如果直接任意球直接踢入本方球门,判给对方踢角球。禁区内的直接任意球为点球。

(2) 间接任意球的判定

持球:守门员持球6秒钟以上。

触及:守门员发球后其他队员未触及,守门员再次用手触及球。

故意:守门员手接队友故意回传球。

手接:守门员手接本方界外球。

动作:普通队员危险动作。

阻挡:阻挡队员。

越位:阻挡守门员发球和越位。

其他:其他未提到的犯规。

(3) 任意球的执行

① 执行规定

任意球的执行也有一些具体的规定:

队员在本方罚球区内踢直接或间接任意球时,在球被踢出罚球区前,所有对方队员都应站在该罚球区外,并至少距球 9.15 米。当球滚至球的圆周距离,并出罚球区后竞赛即为恢复。守门员不得将球接入手中后再踢出进入竞赛。如球未被直接踢出罚球区,则应令重踢。

队员在本方罚球区外踢直接或间接任意球时,所有对方队员在球被踢出前应至少距球 9.15 米,除非他们已站在自己的球门线上。当球滚动至球的圆周距离时,竞赛即为恢复。

如果对方队员在任意球踢出前,进入罚球区或距球少于 9.15 米,裁判员应令其退到规定的位置后方可执行罚球。

踢任意球时,必须将球放定。踢任意球的队员将球踢出后,在球经其他队员触及前不得再次触球。

② 地点

足球规则对任意球的地点规定:守方在本方球门区内踢任意球时,可以在球门区内的任何地点执行;凡攻方在对方球门区内踢间接任意球时,应在距犯规地点最近的、与球门线平行的球门区线上执行。

③ 罚则

如踢任意球的队员在球被踢出后,经其他队员触及前再次触球,则应判由对方队员在犯规地点踢间接任意球。如队员在对方球门区内犯规,则这个任意球可以在球门区内的任何地点执行。

3. 掷界外球

掷界外球是重新开始比赛的一种方法。掷界外球不能直接进球得分。

(1) 判定

越过:当球的整体不论是从地面还是从空中越过边线时。

边线:从球越出边线处掷界外球。

触球:判给后触球队员的对方。

(2) 程序

在掷出球的一瞬间,掷球者应面向比赛场地,使用双手掷球,将球从头后经头上掷出。

4. 罚角球

罚角球是重新开始竞赛的一种方法。罚角球可以直接射入对方球门而得分。

(1) 判定

当球的整体不论在地面或空中越过球门线,而且最后触球者为守方队员,并根据计胜规则不是进球得分时。

(2) 程序

判定为角球后,遵照以下程序进行:

① 放在:将球放在离球出界处最近的角旗杆的角球弧内。

② 移动:不得移动角旗杆。

③ 距球:对方应在距球至少 9.15 米以外,直至竞赛进行。

④ 踢球:由攻方队员踢球。

⑤ 进行:当球被踢出时竞赛即为进行。

⑥ 触球:踢球队员在其他队员触球前不得再次触球。

5. 纪律制裁

在比赛中,裁判员只有对场上人员、替补队员或是被替换下场的队员,才能出示红黄牌。

(1) 出示黄牌

如果队员违反下列 7 种犯规中的任何一种,将被警告并出示黄牌:

① 道德:有违反体育道德行为。

② 异议:用语言或行动质疑裁判。

③ 违反:持续违反规则。

④ 延误:延误竞赛重新开始。

⑤ 退出:当以角球或任意球的方式重新开始竞赛时,有队员不退出规定的区域。

⑥ 许可:未得到裁判员许可进入或重新进入竞赛场地。

⑦ 故意:未得到裁判员许可故意离开竞赛场地。

(2) 出示红牌

出示红牌即是要罚令出场。如果队员违反下列 7 种犯规中的任何一种,将被出示红牌并罚令出场:

① 犯规:严重犯规。

② 行为:暴力行为。

③ 唾沫:运动员向对方或其他任何人吐唾沫。

④ 故意:故意用手球破坏对方的进球或有明显的进球得分机会,不包括守门员在本方罚球区内。

⑤ 破坏:破坏对方向本方球门移动的有明显进球得分机会可判为任意球或点球的犯规。

⑥ 动作:使用无礼的、侮辱性的或辱骂性的语言及动作。

⑦ 警告:在同一场竞赛中得到第二次黄牌警告者。

被红牌罚令出场的队员,必须立即离开竞赛场地附近和技术区域内。

第4节 乒乓球

乒乓球因打球时发出乒乓声音而得名,19 世纪末起源于英国,20 世纪 20 年代传入我国。1959 年 3 月在德国举行的第 25 届世界乒乓球锦标赛中,我国运动员容国团首次获得男子单打冠军。1961 年第 26 届世界乒乓球锦标赛在北京举行,我国获得了男子团体世界冠军,庄则栋获得了男子单打世界冠军,邱钟惠获得了女子单打世界冠军。从此,我国乒乓球技术进入世界先进水平,一直雄踞世界乒坛霸主地位。

 小知识

中国乒乓球队成立于1952 年,拼搏不息,攀登不止,经历了由弱到强、持久昌盛的发展历程。中国乒乓球队包括中国女子乒乓球队和中国男子乒乓球队,是中国体育军团的王牌之师,屡次在国际大赛上争金夺银,被体育迷们习惯地称为梦之队。

中国乒乓球队继在2008年北京奥运会上包揽男单、女单、男团、女团4枚金牌之后,在2012年伦敦奥运会、2016年里约奥运会上再次包揽男单、女单、男团、女团八枚金牌,成为当之无愧的梦之队。2018年5月6日,中国乒乓球队包揽2018年瑞典世乒赛团体赛男团、女团两项团体冠军。

截至2019年2月26日,中国乒乓球队已有114人成为世界冠军,共获得233枚金牌,其中奥运会金牌28枚,包括6个团体冠军,22个单项冠军;世乒赛金牌140枚,包括42个团体冠军,98个单项冠军;世界杯金牌65枚,包括19个团体冠军,46个单项冠军(含1个女双冠军)。

4.1 基本技术和练习方法

4.1.1 直拍握法

直握球拍法常见的有快攻型握拍法、弧圈型握拍法和削攻型握拍法。

1. 快攻型握拍法:拇指与食指自然而平均地钳住拍柄,拍柄贴住虎口,其他三指自然弯曲重叠于拍面背后,中指第1指关节顶在拍背1/2处,使球拍保持平衡(图14.4.1)。

直拍握法

图 14.4.1

2. 弧圈型握拍法:握拍与快攻型握拍相同。在握的前面,食指扣住拍柄,形成一个环状,拇指贴住拍柄左侧;拍面背后,中指和无名指较直地以第1指节顶住拍面背部,小指自然贴在无名指之下(图14.4.2)。

图 14.4.2

3. 削攻型握拍法:此种握拍法是拇指自然弯曲紧贴拍柄左侧,第1指关节用力下压,其余四指自然分开托住球拍背面(图14.4.3)。

图 14.4.3

4.1.2 横拍握法

横拍攻击型(快攻和弧圈型)和削攻型握拍方法基本相同,中指、无名指、小指自然地握住拍柄,拇指在球拍的正面,食指自然伸直斜放于球拍的背面,虎口贴在拍肩。正手攻球时,食指稍向上移动;反手攻球时,拇指可稍向上移动(图 14.4.4)。

横拍握法

图 14.4.4

练习方法如下:
1. 握拍的模仿练习。
2. 2 人 1 组对练,体会和掌握各种握法技术。

4.1.3 发平击球

动作要点:发球时持球手将球向上轻轻抛起,同时持拍手向后引拍,上臂自然靠近身体右侧。当球从高点下降时,持拍手以肘为轴,前臂向右前方横摆击球。向前挥拍时,拍面稍前倾,击球中上部。击球后,第 1 落点应在球台中区(图 14.4.5)。

正手发平击球

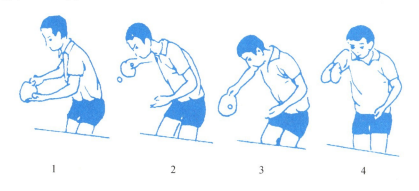

图 14.4.5

4.1.4 反手发上旋长球

动作要点:发球时,持球手将球轻轻抛起,与此同时持拍手向后引拍,上臂自然地靠近身体右侧,当球从高点下降到高于台面低于球网时,持拍手以肘为轴心,前臂向右前方横摆发力击球。触球时,拍面稍前倾,摩擦球的中上部,使球快速前进并具有一定上旋。球离拍后,第 1 跳要落在球台端线附近。

反手发上下旋球

223

4.1.5 正手发下旋加转球与不转球

动作要点：持球手将球抛起后，持拍手向上方引拍，拍呈横状并略微前倾。发加转球时，手臂由后上方向前下方挥摆，前臂作旋外的转动要快些，使拍面后仰的角度大些，要用球拍的下部靠左的地方去摩擦球的底部。力臂大，故球的旋转也就强。发不转球时，手臂由后上方向前下方挥摆，前臂作旋外的转动则要慢些，使球拍后仰角度小些，用球拍下部偏右的地方去碰球的中下部，由于力臂小，故球的旋转也就弱（图14.4.6）。

正手发下旋
加转球与不转球

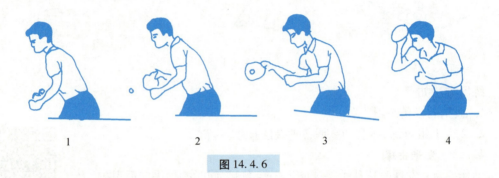

图 14.4.6

练习方法如下：
1. 反复练习将球抛起后再击球。
2. 模仿练习，发多球练习。
3. 2人1组，一人反复发一种类型的球，一人推挡球。

4.1.6 接发球

接发球技术的基本方法由点、拨、带、拉、攻、推、按、削等综合组成。

1. 选择合适的站位。根据对方发球位置选择站位。一般来说，对方站在球台的右角，接发球站位应靠左一些。对方究竟要发什么样的球，有时极难预料，所以选择站位要有利于照顾球台的各个部位，站位距离球台不宜过远或过近，一般离台30～40厘米左右。

2. 准确地识别发球的旋转和落点。接发球的关键是注意对方球拍和球触及瞬间的触拍和触球的部位、球拍移动方向、用力程度。一般来说，对方发斜线球时，手臂常会向斜前方用力；对方发直线球时，手臂由后向前用力。发球时，手腕抖动摩擦球体，旋转较强，因此要盯紧球拍触球瞬间的动作，只有这样才不会被对方的假动作迷惑。

3. 区别不同性能的球拍。在遇到使用长胶粒与反贴胶皮相结合的两面不同性能球拍的对手时，可以听对方球拍击球的声音来区别不同的旋转。一般来讲，声音较响的那一面是长胶粒，声音不太响的那一面是反胶。

4. 接好各种旋转球。对方发的旋转球，一般是逆着对方发球旋转方向进行还击，如回接左侧旋发球，拍面方向和用力方向略朝对方右侧偏斜；回接右侧旋发球时，拍面方向和用力方向略朝左侧偏斜；回接上旋发球时，拍面角度略为前倾，用力方向略向下；回接下旋发球时，拍面角度略向后，用力方向略向上；回接左侧上（下）旋发球时，拍面角度略为前倾（后仰），拍面方向略朝对方右侧偏斜，多向对方的右下（上）方用力击球。

练习方法如下：

1. 2人1组,一人反复发一种类型的球,另一人接发球,以适应各种发球。
2. 接对方连续发多球练习。

4.1.7 正手近台快攻

特点是站位近、出手快、动作幅度小,可以为加力扣杀创造条件,也可以直接得分。

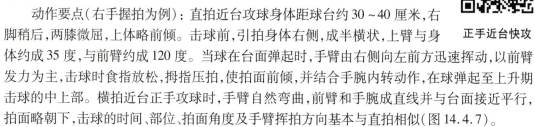

正手近台快攻

动作要点(右手握拍为例):直拍近台攻球身体距球台约30~40厘米,右脚稍后,两膝微屈,上体略前倾。击球前,引拍身体右侧,成半横状,上臂与身体约成35度,与前臂约成120度。当球在台面弹起时,手臂由右侧向左前方迅速挥动,以前臂发力为主,击球时食指放松,拇指压拍,使拍面前倾,并结合手腕内转动作,在球弹起至上升期击球的中上部。横拍近台正手攻球时,手臂自然弯曲,前臂和手腕成直线并与台面接近平行,拍面略朝下,击球的时间、部位、拍面角度及手臂挥拍方向基本与直拍相似(图14.4.7)。

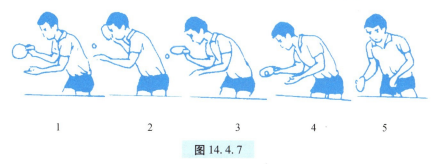

图 14.4.7

练习方法如下:
1. 徒手模仿快攻练习。
2. 2人对练,一人自抛自攻,另一人用挡球回击。
3. 2人1组对攻练习。

4.1.8 基本战术介绍

4.1.8.1 攻对攻战术

1. 发球抢攻。用相似的动作发不同旋转球,配合落点的变化,找机会抢攻。
2. 推挡变线。推左右两角,突击一点或中路。
3. 搓中突击。用搓球控制落点或转与不转球,伺机突击。
4. 加、减力推挡。用加力推或减力挡,调动对方,伺机突击。
5. 突击变换。紧逼一角,突击另一角。

4.1.8.2 攻对削战术

攻对削战术有:发球抢攻;拉两角突击中路;长拉短吊,打乱对方步法,伺机扣杀;搓球变线或变换落点,调动对方,趁机攻球。

4.1.8.3 削对攻战术

削对攻战术有:紧逼一角,突击空当;削转与不转球,扰乱对方,趁机攻球;交替逼两角,伺机扣杀;发转与不转球,抢攻。

4.1.8.4 双打战术

双打战术有:发球抢攻或拉攻;接发球抢攻;控制强者,攻击弱者;紧逼一角,突袭另一角。

人物介绍

容国团：1959年获第25届世界乒乓球锦标赛男子单打冠军，成为新中国第1个世界冠军。

邱钟惠：1961年获第26届世界乒乓球锦标赛女子单打冠军，成为新中国第1个女子世界冠军。

4.1.9 主要规则简介

4.1.9.1 比赛场地设备

1. 球。乒乓球直径为3.8厘米，重2.5克，黄色。

2. 球网装置。球网长183厘米，高15.25厘米，用一根绳子系在网柱上，网柱外缘离台面边外缘15.25厘米。

3. 球台。长274厘米，宽152.5厘米，高76厘米，台面为暗色无光泽，沿边缘有2厘米宽的白线。双打时，各台面由中间一条0.3厘米宽的白线分成两个相等的半区。

4. 球拍。球拍的大小、重量和形状不限。海绵胶拍的海绵连同黏合剂厚度不超过0.4厘米。拍面为不同的暗色。

4.1.9.2 合法接球

发球时，球应放在不执拍的手掌上，手掌张开和伸平，球静止在比赛台面的水平面之上，端线之后；发球员须用手把球几乎垂直地向上抛起，不得使球旋转，使球在离开了不执拍手的手掌之后，上抛不少于16厘米。当球从抛起的最高点降落时，发球员方可击球，使球先触及本方台区，然后越网再触及接发球员的台区。从被抛球在掌上静止的最后一瞬间到击球时，球和拍应在比赛台面的水平面之上。

4.1.9.3 比赛状态

从球被抛起前静止状态的最后一瞬间起，球即处于比赛状态直到球触及比赛台面、球网装置、执拍手中的球拍、执拍手手腕以下部位的任何物体，或是当这个回合被判为重发球或得分。

4.1.9.4 重发球

如果发出的球触及球网装置后被发球员或同伴阻挡；如果接发球未准备好时，球已发出而且发球员没有企图击球，那么就要重发球。

4.1.9.5 得分和失分

一局和一场比赛中，如果未能合法发球、未能合法还击、阻挡、连击、两跳、用不符合规定的拍面击球、移动台面、不执拍手触及台面或触网，发生其中任何一种情况均为本队失分，而对方得分。

比赛中先得11分的一方为胜一局，打到10分平后，先多得2分的一方为胜一局。一场比赛七局四胜制。

4.1.9.6 发球、接发球方位的次序

选择发球、接发球和方位的权力应由抽签来决定，此权力的获得者，可以选择先发球或先接发球，或选择方位，或者要求对方先行选择。

在获得每2分之后，接发球一方即成为发球方，以此类推，直至该局结束。或者直至双

方比分达到 10 分平,即实行轮换发球法。这时,发球和接发球次序仍然不变,但每方只轮发一分球。

一局中首先发球的一方,在该场下一局应首先接发球。一局中,在某一方位比赛的一方在该场下一局换到另一方位。在决胜局中,一方先得 5 分应变换方位。

第 5 节 羽 毛 球

人物介绍

庚耀东:1978 年在第 1 届世界羽毛球锦标赛中获男子单打冠军。他是中国第一个羽毛球男子单打世界冠军。

韩爱平:1979 年在世界羽毛球锦标赛中获女子单打冠军。她是中国第一个羽毛球女子单打世界冠军。

李玲蔚:1983 年在第 3 届世界羽毛球锦标赛上夺得女子单打冠军,1983 年~1988 年共获 50 余枚世界级金牌,被世界羽坛誉为"羽坛皇后""一代羽毛球女王"。

林丹:2006 年在西班牙世界羽毛球锦标赛上首次夺得男单世界冠军。至 2012 年成为拥有奥运会、世锦赛、世界杯、全英赛、亚运会、亚锦赛、团体赛中荣获汤姆斯杯、苏迪曼杯全部冠军的"超级全满贯先生",被世界羽联和媒体称为"超级丹"。

谌龙:2007 年世界青年锦标赛男单冠军。2014 年在哥本哈根世锦赛上获得男单冠军。2016 年在里约奥运会上获得男单冠军。

5.1 基本技术

5.1.1 握拍法(以右手为例)

5.1.1.1 正手握拍

动作要领:握拍时,先用手拿住拍柄,使拍面与地面垂直,然后张开右手,使手掌下部(小鱼际)靠在球拍的握柄底托,拍柄末端与小鱼际齐平,虎口对着球拍面的窄面内侧的小棱上,拇指和食指贴在拍面的两个宽面上,食指和中指微微分开,并环扣住拍柄,中指、无名指、小指并拢,握住拍柄。正手发球,一般用于右场区的各种击球和头顶击球(图 14.5.1)。

正手握拍

5.1.1.2 反手握拍

动作要领:在右手握拍的基础上,拇指和食指使握柄稍微外旋,食指向中指并拢,第 2 指关节贴在拍柄内侧的宽面上,其余四指并拢握住握柄,柄端靠紧小指根部,使手心留出空隙。正确的握拍姿势,有利于手腕、手指力量的灵活运用,能合理准确地完成发球、接发球技术,有利于球技的掌握和提高(图 14.5.2)。

反手握拍

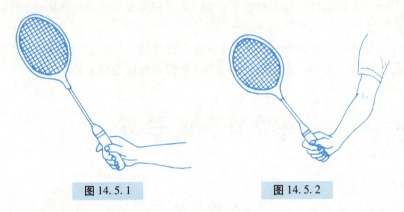

图 14.5.1　　　　　　　　图 14.5.2

5.1.2　发球（以右手发球为例）

发球分正手发球和反手发球两种。高质量的发球，能给本方创造进攻的机会，使对方只能作防守性的回击，甚至造成失误。

5.1.2.1　正手发高远球

动作要领：站于靠中线一侧，离前发球线1米左右。左脚在前，右脚在后，身体稍对网，两脚与肩同宽，上体自然直立，重心落在右脚上；右手握拍并自然屈肘于身体右侧，左手拇指、食指、中指夹住球，举在身体右前方的胸腹部。发球开始，左手手指分开，使球落下，右臂后引，由上臂带动前臂，从右后方沿身体向左上方挥拍，在击球一刹那握紧球拍，由伸腕经前臂内旋到屈腕，向左前方发力击球。击球后，球拍顺势自左前上方缓冲挥动，身体重心也由右脚过渡到左脚，右脚跟稍提起，最后手收到胸前（图14.5.3）。

正手发高远球

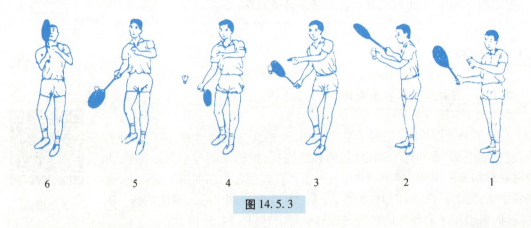

图 14.5.3

5.1.2.2　发平高球

动作要领：基本同发高远球，只是飞行弧度较高远球低，速度较高远球快，所以在击球一刹那，前臂加速外旋，带动手腕向前上方挥动，使球落在对方后场底线。

5.1.2.3　正手发网前球

动作要领：准备姿势同发高远球，发球时用力轻，主要靠前臂带动手腕

正手发网前球

向前切送;拍握松,夹臂动作小,使球飞行弧线较低,距离较短,刚好越网而过,落在对方前发球线附近。

5.1.2.4 反手发球

准备姿势:面对球网,反手握拍,两脚前后站立,重心在前脚上。击球时,前臂带动手腕向前横切推送,用力要轻(图14.5.4)。

反手发球

图14.5.4

5.1.3 击球

羽毛球的击球技术可分为后场高空击球技术、前场击球技术、中场平击球技术。作为初学者,这里只介绍后场正手击高远球和扣球技术。

5.1.3.1 正手击高远球

高远球就是击出的球高而远,直到对方上空并垂直落在有效场区内。

动作要领:正手握拍,判断好正确的来球方向和落点,迅速移至适当位置,侧身对网,左脚在前,右脚在后,稍屈膝,重心在右脚。左臂屈肘自然上举,右手持拍于身体右侧。击球时,右臂后引展顶胸,肘关节明显高于肩部,球拍后引,手腕后伸,接着后脚蹬地、转体,腰腹协调用力,并以肩为轴,上臂带动前臂急速向前上方挥动,手腕抖动发力,握紧球拍,在手臂伸直的最高点击中球的后部。击球后,手臂随惯性收至胸前,身体转成面向球网方向,重心移至左脚,并迅速向中心回动(图14.5.5)。

正手击高远球

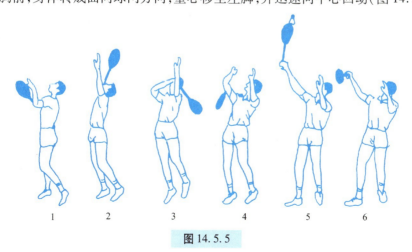

图14.5.5

229

5.1.3.2 扣球

扣球就是把高球用力向前方重压、重切、重点击球，使球的飞行弧线较直，落地快，给对方较强的威胁力。

动作要领：动作基本同击高远球，只是在击球一刹那，手腕加速向下扣压，使球迅速贴网沿直线落入对方场区(图 14.5.6)。

扣球

图 14.5.6

5.1.4 步法

击球步法是指迅速、准确地起动或移动来完成击球动作并迅速回到中心位置。羽毛球的击球步法可分为上网步法、后退步法、两侧移动步法和起跳突击步法。这些步法用垫步、跨步、并步、蹬步、交叉步等脚部动作完成。快速、灵活的步法与准确、巧妙的手法协调配合，能使打球者得心应手，为掌握较高难度的动作打下基础。

上右网前步法

上左网前步法　　向左后侧移动步法　　向右后侧移动步法　　向左侧移动步法　　向右侧移动步法

5.1.4.1 基本战术简介

1. 单打战术。

(1) 平高球压后场底线。伺机大力扣杀或吊网前空当。

(2) 攻对方场地四角。控制落点，使对方前后左右奔跑，打乱阵脚，攻其空当。

(3) 快拉快吊控制网前。先以平高球压对方于后场两底角，然后突然以吊球或劈杀引对方上网，再迅速控制网前，创造中后场扣杀机会。

(4) 守中反攻。先以拉吊对方四角，调动对方勉强进攻，当对方攻球质量不好时，或回击被动球时，乘机出击，争取一拍成功。

2. 双打战术。

(1) 攻人战术。集中力量攻击对方较弱的一个,形成"二打一"。

(2) 攻中路战术。将球尽量攻到两人之间的孔隙区,造成对方漏接或争接失误。

(3) 攻后场战术。当后场扣杀较差时,可采用平高球、平推球等把对方一人紧逼在底线附近,使其处于被动。

5.1.4.2　主要竞赛规则

1. 场地与器材。

(1) 球场。羽毛球场地为长方形,长13.4米,双打场地宽度为6.1米,单打场地宽度为5.1米,球场上各线宽为4厘米,球场四周2米内不得有任何障碍物。在距球网1.98米的两侧各有一条前发球线,前发球线的中点与端线的中点的连线为中线。中线把场区分为左、右发球区,球网长6.1米,宽76厘米,高1.55米,球网中部上沿离地面1.524米(图14.5.7)。

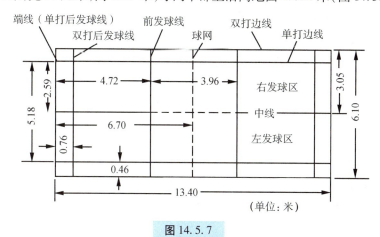

图14.5.7

(2) 球与球拍。羽毛球重4.74~5.50克,有16根羽毛固定在软木托上。拍框为椭圆形平面,拍长不超过68厘米,拍宽不超过23厘米,拍重为95~120克。

2. 比赛通则。

国际羽联新的计分规则最大变化是取消了发球得分制,实行每球得分制,另外将所有单项的每局获胜分统一定为21分。新的计分规则具体规定如下:

单打比赛

(1) 每场比赛采取三局两胜制;

(2) 率先得到21分的一方赢得当局比赛;

(3) 如果双方比分打成20比20,获胜一方需超过对手2分才算取胜;

(4) 如果双方比分打成29比29,则率先得到第30分的一方取胜;

(5) 首局获胜一方在接下来的一局比赛中率先发球;

(6) 当一方在比赛中得到11分后,双方队员将休息1分钟;

(7) 两局比赛之间的休息时间为2分钟。

双打比赛特殊规则

(1) 改双发球权为单发球权;

(2) 后发球线保留,现行规则适用;

（3）比赛开始前,双方选手通过投掷硬币方式确定由哪一方来选择是先发球还是后发球。例如,如果双方在 A/B 一对组合和 C/D 组合之间进行,A/B 一方选择先发球。假如 A 站在两人的右手区域,那么 A 先发球给对角线位置上的 C(假设),如果 A/B 一方得分,那么 A 和 B 需要交换彼此的站位元区,还是由 A 来发球,将球发给 D(A/B 一方得分,C 和 D 两人不换位置);如果此时 C/D 一方得分,那么双方 4 名队员都不换位置,发球权交给 C/D 一方,由刚才接发球的 D 来发球,D 发球给对方刚才发球的选手 A;如果 D 发球后 C/D 一方得分,那么 C 和 D 交换位置,继续由 D 发球给 B;如果 D 发球后得分的是 A/B 一方,那么双方队员不用换位,发球权交给 B。总的来说,双打比赛除了改一方两次发球权为一次发球权之外,其他规则与原规则类似,没有较大变化,球迷看球时不会感到不适应。也许比赛进行速度和分数增长、速度加快才是观众最初看比赛最不适应的。

3. 违例与判罚。

（1）发球违例。发球员任何一脚踩线、触线或移动;故意拖延发球时间和做假动作;发球时未击中球或球的最初接触点不在球托上;击球瞬间,球的任何部分高于发球员的腰部（发球过腰）;球拍杆没有指向下方,使得整个球拍拍头没有明显低于发球员的握拍手部（即发球过手）;球的落点不在规定场区内。

（2）接发球违例。对方球发出以前,接球员脚步移动或踩线;或以任何行动和叫喊故意干扰发球员的发球。

（3）击球违例。队员两次挥拍连续两次击中球,或双打中两名队员连续各击中一次球;击球时,球停滞在拍上,紧接着被拖带抛出;任何一方妨碍对方的合法击球;比赛中,运动员的球拍、身体或衣服侵入对方场区或触及球网或球网的支撑物（触网）;在比赛进行中,对方击来的球尚未过网,而本方队员则在对方场区上空抢先击球（过网击球）。

思 考 题

1. 简述篮球运动的基本技术、战术及其运用。
2. 简述排球运动的基本技术、战术及其运用。
3. 简述足球运动的基本技术、战术及其运用。
4. 简述乒乓球运动的基本技术、战术及其运用。
5. 简述羽毛球运动的基本技术、战术及其运用。

第 15 章 体　　操

体操运动是学校体育教学内容的一个重要组成部分,在各级各类学校的体育课和课外活动中,体操都是重要的内容。本章主要介绍体操运动的发展简史与内容分类,详细介绍技巧、单杠、双杠、支撑跳跃等动作的练习方法及注意事项。

小知识

中国体操队是中国体育军团的王牌之师,尤其是在 2008 年的北京奥运会上,勇夺 9 枚金牌,成为历史上为中国奥运代表团夺得单届金牌最多的队伍。中国体操队男女团体双双夺得冠军,是目前现役中国运动员中拥有最多奥运冠军的团队。在体操世锦赛历史上,中国队的第一块金牌来自马燕红,1979 年第 20 届体操世锦赛上,15 岁的她夺得了高低杠冠军,她也是中国历史上第一个体操世界冠军,正是从此刻起,中国体操成为世界体操赛场上不可忽视的一支强队。在 30 多年的过程中。中国体操队涌现了李宁、童非、楼云、李小双、李小鹏、杨威、程菲、何可欣、邓琳琳、邹凯、张成龙等一批名将。

中国体操队 2018 年共参加国际赛事 17 项,累计获得金牌 54 枚、银牌 34 枚、铜牌 31 枚,奖牌总数 119 枚,创下历史新高。

第 1 节　体操概述

1.1　简史

体操一词,源自古希腊语,意为裸体。传说古希腊人大多是赤裸着身体进行锻炼的。公元前 5 世纪,希腊人把锻炼身体的一切活动,诸如跑、跳、投、摔跤、骑马、舞蹈和军事游戏等统称为体操,显然,当时"体操"一词的含义相当于现在的"体育"。19 世纪末,随着体育运动的发展,以及相关学科(生理、医学、教育等)对体育运动的深入研究与划分,体操逐渐成为独立的运动项目和概念。

体操是体育教育内容的重要组成部分之一,是通过徒手或持轻器械或在器械上进行各种身体操练,完成各种类型和难度的、具有一定艺术性的单人或成套动作的一种运动项目。

体操在我国也有着悠久的历史。远古时期,我国就有了体操的萌芽,大量文物与史料表明,当时已有用于预防疾病和强身健体的许多运动项目,类似于现在的医疗体操和徒手体操。例如,马王堆出土的"导引图",描绘了适合于不同性别和年龄的古人做的直臂、下蹲、收腹、弯腰、深呼吸等四十多种动作。东汉末年的"五禽戏",模仿虎、鹿、熊、猿、鸟的动作设计练习项目。此外,还有宋朝的"八段锦"、明代的"易筋经"等。流传于民间的歌舞杂技和戏剧中的技巧等类似于现在的技巧运动和器械运动,如西汉的乐舞、杂技,汉武帝时期的各种杂技、"白戏"、叠罗汉,秦汉时期的"鱼龙百戏",早期的"杠子功"等。近代体操在我国发展滞缓,鸦片战争后,现代器械体操才传入我国,当时运动水平十分落后。新中国成立后,党和政府非常重视体操运动的开展,1951年11月24日,国家体委(现国家体育总局)公布了第1套成人广播体操。至今,国家体育总局已公布成人广播体操8套、少年广播体操5套、儿童广播体操7套,共20套。六十多年来,在全国范围内推广这么多套广播体操,对增强人民体质,促进健康发展,起到了积极的作用。在群众性体操活动广泛开展的基础上,我国竞技体操也日益发展和逐步增强。1956年是我国体操史上很重要的一年,次年全国体操协会成立,并加入了世界体操联合会。1958年,我国第一次参加世界体操锦标赛(第14届),男子获团体第11名,女子获第7名。1964年,由于国际体联的原因,我国退出国际组织,直到1978年才重新恢复了在"国际体操联合会"的合法席位。

进入20世纪80年代,我国竞技体操得到了飞速发展,终于跨入世界体操强国的行列,在世界大赛中捷报频传。1981—1989年,我国参加了第21届至第25届世界体操锦标赛,共获13枚金牌。其中,在第22届世界体操锦标赛上首次获男子团体冠军,这是中国体操30年来取得的最辉煌的成绩。在1984年和1988年的两届奥运会(美国洛杉矶、韩国首尔)上,我国体操运动员共获金牌6枚。在1982年和1986年的两届世界杯体操赛上(第6、7届),我国体操运动员再获9枚金牌,其中运动员李宁独得全能和6个单项中的5个单项金牌,开创了体操史上个人夺取金牌总数的最高纪录。

90年代,随着世界体操强国苏联的解体,我国在世界体操比赛中的竞争对手增多,但是,运动员发扬拼搏精神,勇于创新,仍在世界大赛上多次获金牌,为祖国和人民赢得了荣誉。

1.2 内容和分类

1.2.1 内容

体操的主要内容早在18世纪就基本形成,随着社会的发展,练习内容和形式又有了新的发展。

1.2.1.1 队列队形练习

队列队形包括原地动作和行进间动作,有图形行进队形变换等,是体育教学和军事训练中的主要练习形式和内容。

1.2.1.2 徒手体操

根据人体各部位的特点,通过一系列徒手动作,以不同的方向、路线、幅度、频率和节奏,按照一定顺序组成的练习。

1.2.1.3 器械体操(含轻器械)

这是在徒手操的基础上,通过利用竞技性器械(单杠、双杠、跳马、平衡木、吊环等)和实用性器械(哑铃、实心球、肋木等)进行的练习。

1.2.1.4 跳跃

这主要是以下肢为主的跳跃和上、下肢结合的支撑跳跃。

1.2.1.5 自由体操

自由体操主要是由徒手体操、技巧的翻腾和各种跳跃平衡及力量性动作组成的成套动作练习。

1.2.1.6 艺术体操

艺术体操主要是由徒手或持轻器械(绳、圈、棒、带、球等)在音乐伴奏下进行的身体练习。

1.2.1.7 实用性体操

实用性体操主要是进行跑、跳、投、攀爬、平衡和翻越障碍的练习。

1.2.2 **分类**

体操的内容丰富而多样,项目众多,锻炼的作用也各有侧重,可依据不同的原则进行分类。下面按体操内容所要完成的主要任务进行分类介绍。

1.2.2.1 基本体操

基本体操是指凡为了增强体质、促进身体发展与提高基本活动能力所采用的体操练习,它包括队列队形练习、徒手操、健美操、轻器械体操和实用性练习等。

1.2.2.2 竞技性体操

竞技性体操是指通过常年科学系统的训练,为达到高超的技术水平,以争优夺胜为目的,有特定的竞赛规程和评判标准的一类体操,它包括竞技体操、竞技技巧和艺术体操。

竞技体操通常称为体操比赛,男子6项(自由体操、鞍马、吊环、单杠、双杠、跳马),女子4项(高低杠、平衡木、跳马、自由体操)。按团体赛、个人全能决赛和个人单项决赛3种比赛进行。

艺术体操是女子特有的比赛项目。比赛器械有绳、棒、圈、球、带5种。比赛分团体赛和个人赛两种。团体赛每队6人参加,集体完成动作,分集体全能赛和单套决赛。个人赛分全能决赛和单项决赛。

基层单位组织竞技性体操比赛,应根据参赛单位和个人的实际情况确定比赛的项目、内容和竞赛标准,以促进群众性的竞技性体操的开展和普及。

1.2.2.3 团体操

团体操是以体操为主的群众性表演项目。通过徒手操、持轻器械体操、技巧、舞蹈、队列队形变化(组字、图案、造型)等配以音乐、服装、道具、背景等艺术装饰,反映一定主体的思想。这种表演项目不受人数的限制,具有宣传教育和锻炼身体的效用,在一些大型的体育比赛和重大活动中被广泛采用。

1.3 特点

体操与其他运动项目相比较,有自己不同的特点,了解和掌握体操的特点,有助于更好地发挥体操的作用。

1.3.1 **内容丰富,形式多样,易于普及**

体操不受年龄、性别、职业等限制,每个人都可根据自身的实际情况,选择合适的练习项目,以达到锻炼的效果。

1.3.2 全面和有重点地锻炼人体

体操内容丰富,项目和动作多、变化多样,可以全面和有重点地锻炼人体的各个部位。

1.3.3 教学训练中广泛采用保护帮助

体操的众多项目是在器械上完成的,动作处在"反常"状态下进行,具有一定的危险性,必须给予保护与帮助。

1.3.4 有一定的艺术要求

体操是健、力、美的体现,运动员要通过动作、形体、音乐服装、精神面貌等表现,给观众以美的享受。

1.3.5 要不断创新

"抓创新就是抓发展,谋创新就是谋未来。"体操运动要发展,就要不断创新(动作的难度、动作的质量、动作的编排等),只有这样,才能推动体操运动不断前进。

第2节 基本体操

基本体操是体育锻炼的最基本内容之一,是学校体育教学的主要内容和训练的辅助手段。它可以促进青少年的生长发育,全面提高身体素质,使他们获得必要的实用技能。本节着重介绍徒手操和轻器械体操。

2.1 徒手操

徒手操根据练习形式不同,分为单人动作、双人动作、3人和集体动作。单人动作根据人体解剖结构,又分为头颈动作、上肢动作、下肢动作、上体动作及全身动作。

2.1.1 单人动作内容及分类

1. 头颈动作:屈、转、绕和绕环。
2. 上肢动作:举、振、屈、伸、绕和绕环。
3. 上体动作:屈、转、绕和绕环、倾。
4. 下肢动作:举、踢、屈、伸、弓步、蹲、跳、绕和绕环。
5. 全身基本动作:立、撑、卧、坐。

2.1.2 双人及多人动作与分类

双人、多人动作是根据单人动作通过互相协调配合共同完成的动作练习。按用力性质的特点,分为助力性、协调性和对抗性3种动作。

助力性动作,即一个帮助另一个做动作。协调性动作,即2人互相借助对方配合做动作。对抗性动作,即2人相互对抗用力做动作。

2.2 轻器械体操

轻器械体操是在徒手操基础上,通过手持哑铃、实心球、体操棍等轻器械,利用器械的特点进行练习,以达到锻炼身体目的的练习形式。

2.2.1 实心球练习

实心球(橡胶)按重量分 0.5 千克、1 千克、2 千克不等,直径为 10~20 厘米。实心球练习是一种安全实用的发展力量素质的轻器械练习方法。

2.2.1.1 掷球练习(图 15.2.1 和图 15.2.2)

方法:站姿,双手或单手持实心球于肩后,正面助跑 2~3 步,向前上方掷球。

图 15.2.1　　单手掷球练习　　图 15.2.2　　双手掷球练习

2.2.1.2 抛球练习(图 15.2.3)

方法:面对或背对掷球方向,屈膝站立,双手持球在体前,蹬腿全身用力向前上方或后上方掷球。

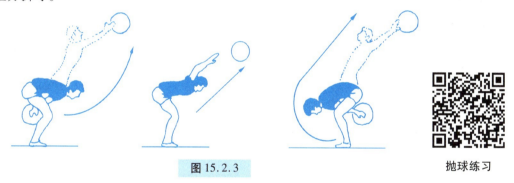

图 15.2.3　　抛球练习

2.2.1.3 掷球练习(图 15.2.4)

方法:在 10~15 米处的地面上画直径不大于 1 米的圆,用单手或双手向圆内掷球。

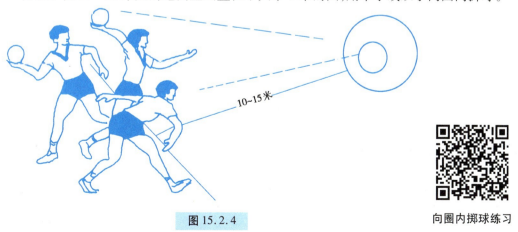

图 15.2.4　　向圈内掷球练习

2.2.1.4　简易保龄球练习

方法：在 10~15 米处的地面上（平整的）画一等边三角形（边长 50 厘米以上），三角形内摆放 10 个手榴弹（或装沙的塑料可乐瓶），用单手或双手地滚球击打目标，击倒目标多者为优胜。

2.2.2　体操棍练习

体操棍是木质圆形棍棒，长 1~1.2 米，直径为 2~2.5 厘米。以棍为限制物，通过各种练习来加大动作的幅度和强度，增强各关节的灵活性和柔韧性。

体操棍的握法有正握、反握、翻握，以及持棍端或棍中间等。其动作分单人和双人两种。

第3节　技　巧

技巧动作俗称垫上运动，是学校体育教学的主要内容之一，它内容丰富，形式多样，既有竞赛性、表演性，又有广泛的群众性，深受广大青少年的喜爱。

技巧动作分动力性动作和静力性动作两大类，是竞技体操中自由体操项目的核心内容。技巧练习对发展力量、灵敏度、柔韧性、协调性等素质，增强关节、韧带和提高平衡器官的能力有显著的作用。通过技巧练习，可以培养勇敢、果断、顽强、不畏困难等优良品质。

3.1　俯平衡（图 15.3.1）

动作方法：直立，单腿后举，上体慢慢前倒，成单脚站立，挺胸抬头，两臂侧举，保持平衡。

技术要领：先举腿后倒体，支撑腿伸直，及时调整重心。

保护帮助：站在练习者侧方，一手托其后腿，一手扶其上臂。

俯平衡

图 15.3.1

3.2　前滚翻（图 15.3.2）

动作方法：蹲撑开始，提臀，身体前移，脚蹬地，同时屈臂低头，含胸，用头的后部、颈、背、腰、臀依次触垫，当背腰触垫时，屈膝抱腿，上体前跟成蹲立。

前滚翻

技术要领：（1）滚动时，头、颈、背腰、臀要依次触垫。（2）上体向前跟进要主动，与抱小腿协调一致。

保护帮助：单腿跪于练习者侧方，推背帮助起立。

图 15.3.2

3.3　后滚翻（图 15.3.3）

后滚翻

动作方法：蹲撑开始，重心后移，低头团身后滚翻，同时双手置于肩上，当滚至肩头着垫时，两手用力推撑，抬头，两脚落下成蹲撑。

技术要领：（1）后滚要有一定速度、团身紧。（2）当身体重心超越头颈上方时，要及时推手。

保护帮助：单腿跪在练习者侧后方，一手托肩，一手推背，助其翻转。

图 15.3.3

3.4　鱼跃前滚翻（图 15.3.4）

鱼跃前滚翻

动作方法：半蹲，两臂前摆，同时两脚用力蹬地向前上方跃起，身体在空中保持稍屈体姿势，手撑垫时屈臂低头，圆身前滚翻起。

技术要领：（1）蹬地、摆臂配合协调，身体腾起保持大弧形姿势。（2）臂要有控制的弯曲，撑地不可过近或过远。（3）手撑地后，腰不要松，滚至腰背时迅速团身。

保护帮助：站在练习者起跳点侧方，托其大腿，顺势前送。

图 15.3.4

3.5　肩肘倒立（图 15.3.5）

肩肘倒立

动作方法：坐撑，上体后倒，两腿上举，两臂压垫同时上伸，迅速屈肘内收，手撑背部，髋关节充分挺开。脚面绷直向上方蹬，呈肩颈和上臂支撑的倒立姿势。

技术要领：（1）伸腿方向应是沿眼睛向上的垂直方向。（2）至倒立部位时，应尽力上伸，紧身、展髋。

保护帮助：站在练习者侧方，两手握小腿上提，一膝顶腰助其充分展髋。

图 15.3.5

3.6　头手倒立（图 15.3.6）

图 15.3.6

动作方法：蹲撑，两手在体前撑垫与肩同宽，用头的前额上部，在手前约等边三角形处顶垫。先将臀部抬起，再一脚蹬地，另一腿上摆，并腿上举成倒立。

技术要领：（1）头手撑垫的位置要准确，双肘内夹。（2）先提高身体重心再蹬地摆腿。（3）并腿上伸时，注意调整身体重心。

保护帮助：站在练习者侧方，扶其腿部帮助控制平衡。当感到重心向前无法控制时，迅速低头团身前滚起。

3.7　侧手翻（图15.3.7）

侧手翻

动作方法：侧向站立，两臂侧举，右腿蹬地，上体侧倒，左腿向侧上摆，两手左、右依次撑垫，成分腿手倒立，两臂依次左、右推起呈分腿站立，两臂侧平举。

技术要领：（1）摆腿要向侧，髋要打开。（2）倒立时要顶肩、立腰、大分腿。（3）腿的蹬摆与手的撑顶要协调配合。

保护帮助：站在练习者背后，两臂交叉抓住练习者腰部，随动作顺势提拨，助其翻转。

图15.3.7

第4节　单　杠

单杠是男子竞技项目之一，以悬垂摆动为基础，进行各种支撑、悬垂屈伸、回环、摆动、摆越、转体练习。通过单杠练习能增强上肢、肩带、躯干肌肉群的力量和柔韧性，并能提高身体的协调性和平衡能力。

4.1　单脚蹬地翻上成支撑（图15.4.1）

单脚蹬地
翻上成支撑

动作方法：两手屈臂握杠站立，一腿同上摆起，一腿用力蹬地，同时屈臂倒肩使腹部贴杠，当两腿并拢翻转至杠后水平部位时，翻腕抬头挺身成支撑。

技术要领：（1）用力屈臂引体，摆腿，腹部要早靠杠。（2）上体翻至杠前水平部位要制动腿。

保护帮助：站在杠前侧方，一手托肩，另一手托臀助其翻上，抬头翻腕时，换成一手托肩，一手托大腿使其成支撑。

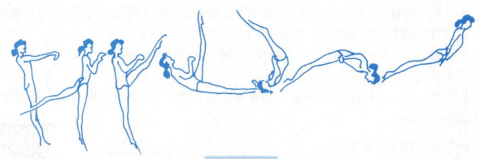

图 15.4.1

4.2 支撑后摆下（图 15.4.2）

动作方法：由支撑开始，两腿先前摆，接着用力后摆，肩稍前倾，两臂伸直撑杠。当后摆接近极点时，稍微含胸并制动两腿，接着两臂伸直迅速用力顶肩推杠，抬上体后挺身落下。

技术要领：（1）两腿前摆时，肩稍微前倾。（2）后摆接近极点时，要用力顶肩推杠。

支撑后摆下

图 15.4.2

保护帮助：站在杠后侧方，一手托练习者腹部，另一手托练习者腿部帮助后摆，然后扶持其身体落地。

4.3 骑撑前回环（图 15.4.3）

动作方法：右腿骑撑反握杠开始，两臂伸直撑杠，稍提高重心，左大腿上部靠杠，右腿举起向前跨出，同时上体挺直迅速前倒，当上体回环至杠后水平部位时，右腿向前下伸压杠，同时展髋、左腿继续后摆，上体积极跟上、立腰，两臂伸直拉压杠，翻腕成骑撑。

技术要领：（1）上体前倒时，保持正直，腿伸直。（2）当上体回环至杠后水平部位时，骑撑腿积极前伸压杠，另一腿继续后摆，上体跟上。

骑撑前回环

保护帮助：站在杠前右侧方，当回环肩过杠下垂直部位时，内侧手从杠下托背，另一手扶压摆动大腿帮助下成骑撑。当回环惯性大于上体继续前倒时，外侧手托肩。

图 15.4.3

4.4 骑撑后腿摆越转体 180 度成支撑（图 15.4.4）

骑撑后腿摆越转体 180 度成支撑

动作方法：由右腿骑撑、右手反握开始，左手顶杠，身体重心移向右臂上体，向右方倒，同时以右臂为轴，用头和上体带动左腿摆越杠，向右转体 180 度，左臂撑杠，两腿并拢成支撑。

技术要领：（1）上体敢于侧倒，靠紧支撑臂。（2）转体时，髋关节要展开，保持平衡。（3）转体后，保持挺身姿势。

保护帮助：站在正前方，握住练习者前脚，助其转体成支撑。

图 15.4.4

第 5 节　双　　杠

双杠是竞技体操比赛项目之一，由动力性动作和静力性动作两大类组成。

双杠练习可以发展人体的上肢、躯干和肩带肌肉群的力量和柔韧性，提高身体的灵敏度和协调能力，培养勇敢、坚强的意志品质。

5.1 杠端跳起成分腿骑坐（图 15.5.1）

杠端跳起成分腿骑坐

动作方法：杠端站立，跳起，双手压杠成支撑，身体前摆至臀部超过杠面时，迅速分腿，以大腿后部压杠成分腿坐。

技术要领：前摆成分腿坐时，双手尽量靠近。

保护帮助：站立杠侧，一手握练习者上臂，一手托送其腰部。

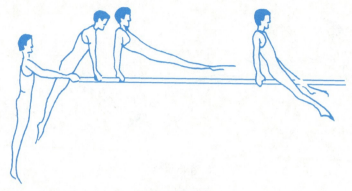

图 15.5.1

5.2 支撑摆动(图 15.5.2)

支撑摆动

动作方法：从后摆最高点开始，直体自然下落，摆过支撑垂直部位时屈髋，并迅速前摆，同时肩稍后移直臂顶肩，拉开肩角，梗头，眼看脚尖，身体伸直。后摆时，身体自然下摆，摆过垂直支撑点后，加快腿的后摆速度，含胸、紧腰，直臂顶肩，拉开肩角。

技术要领：(1)支撑摆动必须以肩为轴，直臂顶肩。(2)前后摆动时应尽量减小肩部的移动幅度，保持稳固的支撑。

保护帮助：站在杠侧，前摆时用手托练习者腰背，帮助上体前送，后摆时用手托练习者腹部或大腿。

图 15.5.2

5.3 支撑后摆挺身下(图 15.5.3)

支撑后摆挺身下

动作方法：由支撑摆动开始，当后摆超过肩水平位置后，左手迅速推离杠换握右杠，同时身体右移出杠，右手推杠侧上举，保持挺胸紧腰姿势落地。

技术要领：推杠用力，换握及时。

保护帮助：站在练习者落地点侧前方，一手握其上臂，一手托腹部。

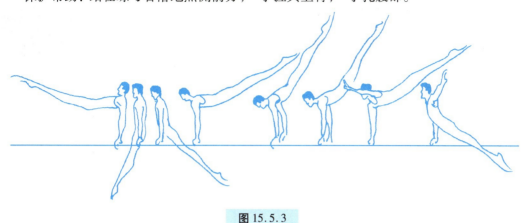

图 15.5.3

第6节 支撑跳跃

支撑跳跃是竞技体操项目之一，动作少、时间短是它的动作特点。支撑跳跃分助跑、踏跳、推手、落地4个阶段。

支撑跳跃练习可发展跳跃、支撑、平衡能力，增强上肢肌肉的爆发力，培养勇敢顽强、敏捷果断的意志品质。

6.1 纵马(箱)分腿腾越(图 15.6.1)

动作方法：快速助跑，上板迅速，踏跳有力，领臂含胸向前上方腾起。两臂主动前伸撑器械远端，并向前下方用力推手顶肩，同时向两侧分腿，接着两臂上领抬上体，挺身并腿落地，屈膝缓冲。

技术要领：踏跳要有力，起跳后敢于摆臂前伸撑远端。

保护帮助：站在器械的前侧方，一手握臂上提，帮助越过器械。

图 15.6.1

6.2 横马(箱)分腿腾越(图 15.6.2)

动作方法:助跑,双脚用前脚掌踏跳,双臂前摆撑器械,含胸,提臀,分腿,直臂顶肩,用力向前下方推手,上体抬起,展髋挺身并腿落地。

技术要领与保护帮助,类同 6.1。

横马(箱)分腿腾越

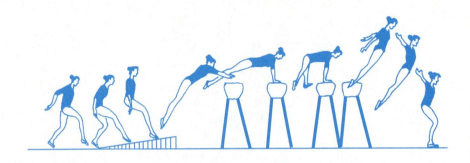

图 15.6.2

 小 知 识

中国竞技体操之最

1. 最早在大型国际比赛中奏响中国国歌的运动员叫刘长胜(1960 年在社会主义国家友军体操锦标赛上获跳马并列冠军)。

2. 最早在世界锦标赛上升起五星红旗的运动员是于烈烽(1962 年获第 15 届体操锦标赛跳马第 3 名)。

3. 我国第 1 个女子体操世界冠军是马燕红(1979 年在第 20 届世界体操锦标赛上获高低杠并列冠军)。

4. 最早获男子体操世界冠军的运动员是黄玉斌(现任国家队总教练,1980 年在第 6 届世界杯体操赛上获吊环并列冠军)。

5. 最早在奥运会上获体操冠军的运动员是李宁(自由体操、鞍马、吊环)、马燕红(高低杠)、楼云(跳马)。

6. 获体操世界冠军最多的运动员是李小鹏。1997—2010 年,他共荣获 4 枚奥运金牌和 16 个世界冠军,正式超越了"体操王子"李宁。

7. 一次比赛中获金牌最多的运动员是李宁,1982 年在第 6 届世界杯体操比赛中一人获 6 枚金牌。

8. 中国男子体操队第 1 次获团体冠军是 1983 年在第 22 届世界体操锦标赛上。

9. 国际体联最早以中国运动员名字命名的动作是鞍马——童非移位,吊环——李宁摆上,双杠——李宁大回环,自由体操——月久空翻。

思 考 题

1. 试述体操运动的内容及分类。
2. 体操运动有哪些特点?
3. 单杠、双杠、支撑跳跃和技巧的基本技术特点是什么?

第 16 章 游泳运动

经常参加游泳锻炼能改善神经系统的机能,增强心肌的收缩能力,增大肺活量,促进肌肉、骨骼和其他内脏器官的发育,全面增强人的体质。如果坚持较长时间的冬泳,还可以增强人的抗寒能力,锻炼人的意志。

第 1 节 熟悉水性

不会游泳的人,初次下到齐胸深的水里,往往会感到呼吸急促、心跳加快、站立不稳和行动困难,身不由己地漂浮起来,甚至会产生怕水的心理,这是因为水有阻力、压力和浮力。所以,开始学习游泳时,首先要熟悉水性。通过熟悉水性的练习,可以消除怕水心理,掌握水中呼吸、漂浮和滑行等方法,为学习和掌握各种游泳姿势打下初步的基础。

1.1 初步练习

1.1.1 水中行走

1. 目的:主要使初学者体会水的阻力、压力和浮力对人体的作用。

2. 方法:站在齐腰深的水里,行走时,身体稍向前倾,两腿自然放松,微屈膝,用脚的前掌着地,同时,两臂在体侧划水,以保持身体平衡,便于推动前进。水中行走应由浅入深,由慢到快。如一人行走有困难,可先 3~4 人或更多的人在一起手拉手行走,然后再一个人行走,摸索规律。

图 16.1.1

1.1.2 水中闭气

1. 目的:主要体会水的压力。

2. 方法:一人单独或两人面对面、手拉手站在齐腰深的水里,先深呼吸一口气,然后闭气闭眼,慢慢下蹲,把头浸没在水中,保持一段时间后,站起来换气(图 16.1.1 和图 16.1.2)。起立时,应抬头,用嘴或鼻向外呼气,这样不容易呛水。闭气的时间应逐渐延长,如一人单独进行,起立时,不要慌张,两手向下压水,帮助身体站起。

1.1.3 浮体和站立

1. 目的:主要体会身体在水中的沉浮,学会在水中控制身体平衡和浮体后的站立。

图 16.1.2

2. 方法：(1)站在齐胸深的水里，深吸气后，闭气下蹲，低头，两手抱小腿，两膝尽量靠近胸部，全身放松，身体就会自然浮起，背部露出水面(图16.1.3)。背部露出水面时，往往稍有晃动，不必惊慌。站立时，两手松开，向前伸出，接着向下划水抬头，同时伸腿，两脚着地站起来；头露出水面后，立即张嘴换气。(2)站在齐胸深的水里，两手前伸，吸足气后，闭气低头浸入水中，两脚蹬离水底，两腿自然伸直，身体就慢慢浮起；或在抱腿浮体的基础上，将手和腿伸直进行浮体(图16.1.4)。站立时，收腹屈膝，同时，两手用力压水，并抬头，使身体站立起来。

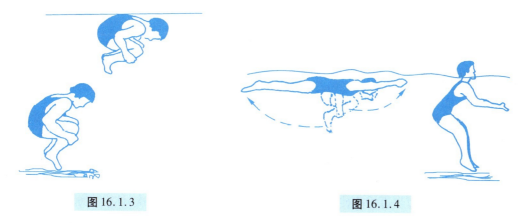

图16.1.3　　　　　　　　　　图16.1.4

1.1.4　蹬底滑行

1. 目的：主要体会人在水中运动时身体的位置，提高在游泳时控制身体的能力。

2. 方法：站在齐胸深的水里，两脚并拢，半蹲，上体前倾，两臂向前平伸(掌心向下)，深吸气后，低头浸入水中，两脚用力蹬离水底，将身体向前上方一耸，使身体伸展前进(图16.1.5)。滑行时，挺胸，收腹，头夹在两臂中间，身体平直，保持背部肌肉有适当的紧张度。站立时，两臂向下划水，抬头，两腿前收，两脚触地，站立。头出水面后，立即换气。

图16.1.5

如在江河中做上述练习，最好在风浪较小的浅水区或流速较慢的水域进行。而且，保护者一定要站在游泳者的下游，以便及时救护(图16.1.6)。

图 16.1.6

1.2 游泳的呼吸

呼吸是掌握游泳技术的一个关键。游泳时,呼吸掌握得好,就能保证人体运动时需要的氧气的供给,就能游得持久。

1. 水中闭气、抬头。站在齐胸深的浅水里,上体前倾,两臂前伸浸入水中,或屈膝半蹲,两手扶膝,头露出水面。开始时,用嘴深吸一口气,将鼻和嘴浸在水中,稍闭气后,鼻和嘴同时用力吹前面的水,边吹边抬头使鼻嘴露出水面。这样反复练习多次,体会在水中闭气以及鼻嘴露出水面时,把鼻腔、口腔中的水排出和把前边的水吹开的动作。

2. 水中闭气、呼吸和抬头吸气。同样是用嘴吸一口气,头浸入水中,稍闭气后,用嘴和鼻(以嘴为主)慢慢呼气,边呼边慢慢抬头,在嘴露出水面的同时,用力将气吹完,接着把嘴张大,迅速吸气。再把头浸入水中,这样反复循环练习,逐步掌握吸气后通过闭气转入慢慢呼气的规律。

3. 结合蛙泳划臂动作做正面呼吸练习。

4. 结合自由泳划臂动作做侧面呼吸练习。

5. 注意事项:

(1) 用嘴吸气,动作要快而深。

(2) 呼气是用嘴和鼻(以嘴为主)同时进行,开始呼气时要慢。

(3) 呼得尽,吸得足。

(4) 快吸气后稍闭气。

1.3 蛙 泳

蛙泳是模仿青蛙动作的一种游式。游时,较省力、耐久、呼吸方便,且能负重、声浪小、易隐蔽、便于观察,是渡江、长游、武装泅渡和救护中拖带游的基本姿势。

蛙泳

1.3.1 身体位置

蛙泳时,身体平俯在水面上,两臂并拢向前伸直,两腿自然地向后并拢伸直;稍抬头,眼眉在水平面处,后脑始终露出水面,微收腹,胸部的一部分、腹部和大腿在水中保持平直姿势,使身体纵轴与水平面成5度~10度角(图16.1.7)。

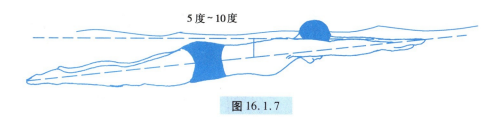

图 16.1.7

1.3.2 腿部动作

腿是蛙泳的基础,是推动身体前进的主要动力,因此必须学好腿的动作。为了便于学习,把腿的动作分为收腿、翻脚、蹬夹、滑行 4 个阶段。

1.3.2.1 动作要领

1. 收腿。收腿前,两腿自然并拢伸直;收腿时,大腿向腹部收起,带动小腿,两腿边收边分开;收腿结束时,两膝相距 20~25 厘米(约与肩同宽)(图 16.1.8)。大腿与上体成 110 度~130 度角(图 16.1.9 和图 16.1.10 之 1~3)。

图 16.1.8   图 16.1.9

2. 翻脚。当收腿的动作快结束时,小腿和两脚跟继续向臀部收紧,两膝向内压,两脚分开比膝稍宽,勾足尖,两脚掌向外侧,使脚内侧和小腿内侧对准后蹬方向(图 16.1.10 之 4)。

3. 蹬夹。翻脚后,两脚掌和小腿内侧向侧后方呈弧形用力迅速蹬夹(图 16.1.10 之 5~9)。

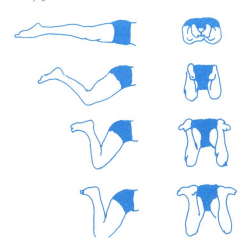

1. 两脚不做蹬水动作时应完全伸展,保持流线型,紧挨水面。两脚应自然伸直(足跖屈)。

2. 开始收腿时,髋关节和膝关节应弯曲。

3. 当脚跟接近臀部时,两脚开始翻起(足背屈),脚跟和膝盖稍稍分开。

4. 膝关节和髋关节弯曲达最大限度时,两脚向外转,上体和大腿间成125度角。

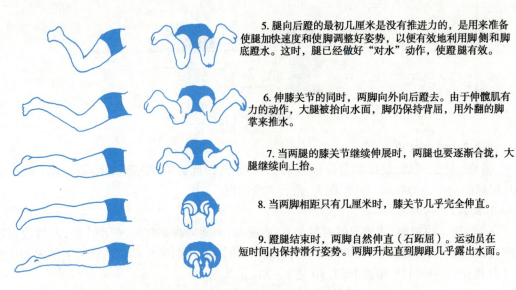

5. 腿向后蹬的最初几厘米是没有推进力的,是用来准备使腿加快速度和使脚调整好姿势,以便有效地利用脚侧和脚底蹬水。这时,腿已经做好"对水"动作,使蹬腿有效。

6. 伸膝关节的同时,两脚向外向后蹬去。由于伸髋肌有力的动作,大腿被抬向水面,脚仍保持背屈,用外翻的脚掌来推水。

7. 当两腿的膝关节继续伸展时,两腿也要逐渐合拢,大腿继续向上抬。

8. 当两脚相距只有几厘米时,膝关节几乎完全伸直。

9. 蹬腿结束时,两脚自然伸直(石跖屈)。运动员在短时间内保持滑行姿势。两脚升起直到脚跟几乎露出水面。

注:这一连贯图展示了蛙泳窄蹬腿的正确技术(用打水板练习时的正确技术)。

图 16.1.10

4. 滑行。蹬夹腿后,两腿要伸直并拢,给予一短时间的漂浮滑行(图 16.1.11)。

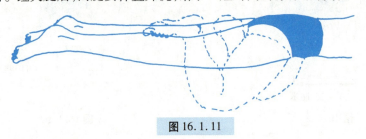

图 16.1.11

1.3.2.2　练习方法

1. 陆上蛙泳腿的模仿练习。

(1) 目的:在陆上建立和体会蛙泳腿的动作,为水中练习做好准备。

(2) 方法:① 坐在岸边或池边,上体后仰,两手放在身后支撑身体,腿伸直并拢,然后腿做蛙泳动作(图 16.1.12);② 俯卧在岸(池)边上,做收腿蹬夹的动作。

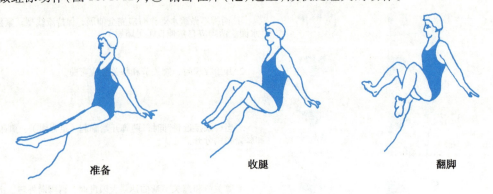

准备　　　　　　　收腿　　　　　　　翻脚

蹬夹　　　　　　　　　　　　并拢伸直

图 16.1.12

2. 水中滑行蹬夹腿练习。

（1）目的：在水中掌握正确的蛙腿动作。

（2）方法：身体姿势与滑行相同，当两脚蹬离地和身体漂起来成水平时，做收腿、翻脚、蹬夹腿和滑行动作。

如果蛙泳腿动作（滑行蹬夹腿练习）做不正确，可再做些辅助练习，如双人练习。甲（学生）扶住乙（帮助者）的腰部，乙用一手托住甲的腰部，观察甲练习蛙泳腿的蹬水动作是否正确并给予帮助。

1.3.2.3　注意事项

1. 收腿时，两膝不能分得过开，大腿不能收得过猛，肌肉要放松，防止臀部起伏过大。
2. 蹬腿前，一定要翻好脚，不能用脚尖、脚背对水。
3. 收腿、蹬腿时，脚不能露出水面。
4. 收腿、翻脚、蹬夹是一个完整的连贯动作，中间不能有停顿。

1.3.3　**臂部动作**

蛙泳的手臂动作，能产生较大的引力和一定的浮力，使身体处于较高的位置，并同时配合腿的动作，保持匀速运动。主要有抱水、划水、收手、前伸4个组成部分，应连贯起来进行（图 16.1.13）。

1.3.3.1　动作要领

1. 抱水。手指自然并拢，先两臂伸直向两侧分开；然后，手与前臂向斜下方划，提肘屈臂做抱水动作，造成手掌、前臂向后方对水。这时，两臂之间成 30 度～40 度角（图 16.1.14），手与水面的距离为 25 厘米左右。

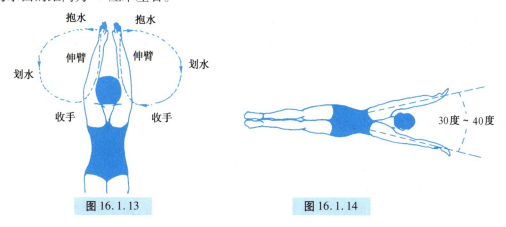

图 16.1.13　　　　　　　　　　　图 16.1.14

2. 划水。在紧接着抱水动作后,以肩带肌群的力量,带动手臂向后划动。当手臂接近肩的垂直线时,更要用力快划,同时手臂向内弯曲,划至与肩垂直时结束(图 16.1.15)。这时大臂与水面成 40 度角左右,小臂与水面成 70 度角左右,大臂与小臂之间的角度由 140 度逐渐减小到 120 度左右。

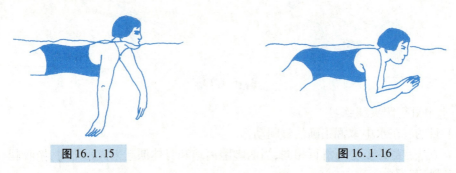

图 16.1.15　　　　　　　　　　图 16.1.16

3. 收手。划水结束后,由上臂带动肘部、前臂和手向中间收。收手时,手掌先向内转,大拇指向上,两手掌向胸部靠拢,同时降肘(图 16.1.16)。
4. 前伸。收手后,两手由下颌向前伸去,随着手的前伸动作,手掌逐渐转向下方,两臂伸直,恢复到原来的滑行姿势(图 16.1.17)。

图 16.1.17

1.3.3.2　练习方法

1. 陆上模仿练习。
(1) 目的:在陆上建立蛙泳臂的动作概念,为水中练习做准备。
(2) 方法:两腿平行开立与肩同宽,两臂向前平举,按蛙泳臂的动作要领进行练习。可按口令做:一做滑下,二做屈臂划水和收肘,三做两臂前伸。
2. 水中臂的划水练习。
(1) 目的:在水中正确掌握蛙泳臂的动作。
(2) 方法:站在齐腰深的水里,两脚前后开立,两臂前伸,上体前倾俯在水中,头浸入水中或抬出水面,按蛙泳臂的动作要领进行练习。这个练习可站在原地做,也可以向前边走边做。

1.3.3.3　注意事项

1. 划水时,两臂不宜过早用。划水范围要适宜:过大(向后超过了肩的垂直线),容易破坏整个动作的节奏;过小,缩短了划水路线,降低划水效果;过浅(太靠近水面),不能充分发挥臂的作用,影响前进速度。
2. 收手时,动作要迅速,由慢到快;两肩不要下沉。
3. 收手与前伸之间动作不能停顿。
4. 前伸时,要尽量向前伸肩并自然挺胸。结束时,两手靠拢,两臂自然伸直。

1.3.4 呼吸动作

目前,蛙泳多数采用中晚吸气,它的动作是与臂的动作配合进行的。

1.3.4.1 动作要领

划水将结束时,稍抬头,嘴露出水面,用力完成呼气动作,并立即用嘴进行强而深的快速吸气动作。收手和臂前伸时,头放平,稍闭气后,用鼻和嘴慢慢呼气,再开始第二次呼吸的循环动作(图 16.1.18)。

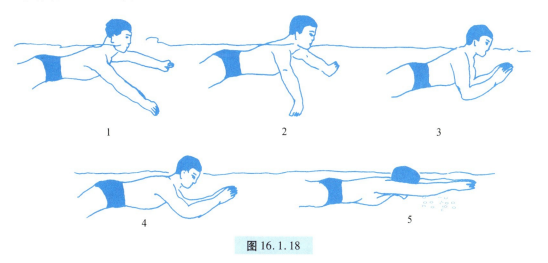

图 16.1.18

1.3.4.2 练习方法

1. 站在陆上,按动作要领进行模仿练习。
2. 站在齐腰深的水中,按动作要领进行划水,结合呼吸练习。
3. 站在齐腰深的水中,边走边按动作要领进行划水,结合呼吸练习。
4. 平俯在水中,由同伴在侧面托住或在后面夹住两腿,使身体浮起,进行划水,结合呼吸练习。可在原地或向前走动。

1.3.4.3 注意事项

1. 身体位置不宜太低,以致抬了头,嘴还出不了水面,不仅吸不到气,反而造成呛水或吃水。
2. 头在水里时,要慢慢呼气;头抬出水面前,要将气呼完;嘴出水后,立即吸气。
3. 抬头不要太猛、太高、起伏过大,以免造成下肢下沉。

1.3.5 腿、臂、呼吸动作的配套(图 16.1.19)

蛙泳腿、臂、呼吸的配合,一般采用两臂同时划水 1 次、两腿蹬夹 1 次、呼吸 1 次的方法。

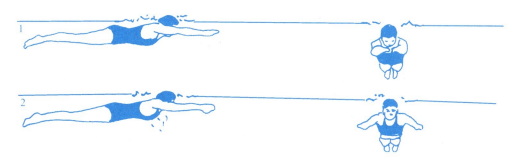

255

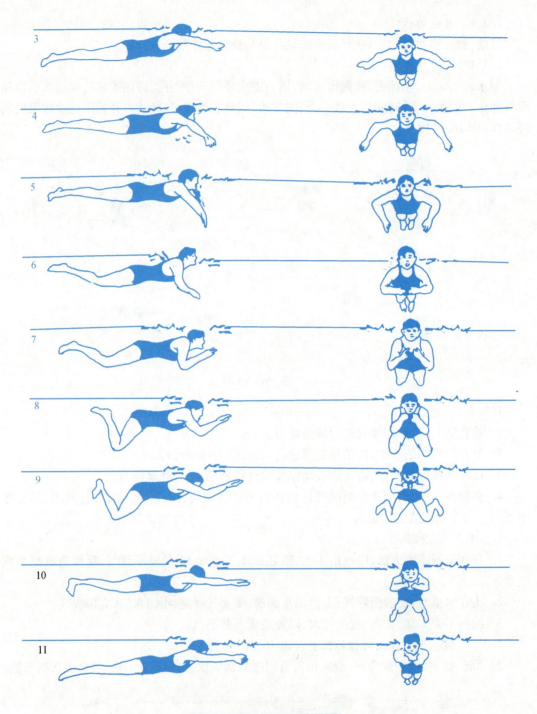

图 16.1.19　蛙泳连续动作

1. 在滑行中,身体成水平位置,头大约 80% 浸入水中,眼睛稍向前看,两臂伸直,两掌斜向外。
2. 抱水约在水下 17~22 厘米时开始划臂,手向两侧划水。这时,开始从鼻和嘴呼气。
3. 头开始稍微抬起,上臂也转动,开始屈臂。
4. 当两臂分开达到最大宽度时,屈臂,上臂和前臂形成 110 度角。这时两肘明显提高。

5. 头继续向上抬起,嘴开始露出水面把最后一口气呼出。手开始向里收,完成划臂动作的最后有效推进部分。

6. 在两臂准备前伸时吸气。这时开始屈膝,收腿。

7. 吸气完成后嘴闭拢,手开始前伸,继续收腿。

8. 低头,使头浸入水中。肘关节伸展,两臂继续前伸,两脚收到靠近臀部。

9. 借颈部弯曲,头继续低下。后蹬开始,同时两足跖屈,两臂前伸接近完成。

10. 两臂完全伸直,两手稍低于肩,腿蹬水接近完成。

11. 蹬水完毕,集中精力使身体伸直成水平;要短暂地保持这一滑行姿势一段时间,在感到游泳速度慢下来时,再作第2次划水。

注:这组图是窄蹬腿蹬水和提肘划臂的正确蛙泳技术。

1.3.5.1　动作要领

臂抱水和开始划水时,两腿并拢伸直不动;划水将结束时,两腿自然放松,稍抬头,嘴露出水面,快吸气;收手时,开始收腿,低头闭气;手开始前伸时,收腿结束并翻好脚;当两臂快伸直时,头仍在水中,闭气,两腿用力蹬夹;蹬水后,臂、腿伸直并拢,身体成一直线,向前滑行,同时呼气。

1.3.5.2　练习方法

1. 陆上站立,两臂上举,做蛙泳划水配合呼吸动作,腿部可一脚支撑身体,一脚做蹬夹动作,两腿交替进行。

2. 做上述练习,腿部动作可两腿屈膝下蹲,起立。

3. 俯卧在凳子或岸边,做蛙泳的完整动作模仿练习。

4. 在蹬底滑行后,先做收腿蹬夹水动作,漂一会儿后,再做划水伸手动作。练习时,如果觉得下肢下沉,可多蹬几次腿后,再划1次臂,再过渡到蹬1次腿,划1次水。

5. 滑行闭气后,做完整的腿臂配合,即划臂时腿不动,收手时收腿,伸臂后再蹬腿,掌握这一配合后,可做2次腿、臂动作,配合1次呼吸。最后,做完整动作的配合游泳练习。

6. 进行长游练习,不断改正、巩固和提高蛙泳的完整配合动作。

1.3.5.3　注意事项

1. 先练习腿的动作,正确地掌握腿、臂动作与呼吸的配合。注意整个动作的连贯性和协调性。

2. 练习时,要注意呼吸的节奏,吸气充分,呼气彻底,肌肉放松,动作应由慢到快,距离由近及远,水深由浅入深,循序渐进,这样既有利于改进技术,又注意了安全。

3. 在完整动作比较熟练后,可以进行长游和武装泅渡练习。

中国水军

林莉:1991年1月7日在澳大利亚佩斯举行的第四届世界游泳锦标赛上夺得女子400米混合泳金牌,是我国在游泳项目上获得的第一个世界冠军。

叶诗文:2012年7月29日,以4分28秒43的成绩夺得伦敦奥运会女子400米个人混合泳冠军,并打破了世界纪录。2012年8月1日凌晨,以破奥运会纪录的成绩获得女子200米个人混合泳金牌。2013年在辽宁全运会200混夺冠后,叶诗文拿到包括全运会、亚运会、游泳世界杯、长池世锦赛、短池世锦赛、奥运会在内的所有国内外重大比赛的金牌,成为中国泳坛首个金满贯。

孙杨:男子1 500米自由泳世界纪录保持者,男子400米自由泳奥运会纪录保持者。2012年,孙杨在伦敦奥运会上以近2秒的优势夺得男子400米自由泳金牌并打破奥运会纪录,成为第一位获得奥运冠军的中国男子游泳选手,使中国男子游泳在奥运会历史上"零金"的时代终于作古。孙杨是世界泳坛历史上唯一一位男子200米自由泳、男子400米自由泳、男子1 500米自由泳的奥运会、世锦赛大满贯冠军得主,史上唯一一位男子800米自由泳世锦赛三连冠得主,男子自由泳个人单项金牌数居世界第一。孙杨是中国男子游泳第一位也是目前唯一一位奥运冠军,唯一一位连续在两届奥运会上摘金的中国游泳运动员。中国男子游泳在世界大赛上至今共获15枚金牌,孙杨独揽12枚。

王简嘉禾:2018年8月21日,李冰洁、王简嘉禾、张雨涵和杨浚瑄组成的中国女子4×200自接力队,以7分48秒61获得冠军,并打破亚运会纪录。8月23日,王简嘉禾以8分18秒55夺得800米自由泳冠军,并打破亚运会纪录。8月24日,在女子400米自由泳决赛,王简嘉禾以4分03秒18打破赛会纪录,获得本届亚运会个人第四金。2019年3月6日,美国职业游泳系列赛得梅因站1 500米自由泳赛,王简嘉禾以15分46秒69成绩夺冠,并且打破亚洲纪录。

1.4 自由泳

自由泳时,身体俯卧在水面上,两臂轮流不断地在体侧向后划水。两腿快速地做上下打水的动作,使身体前进。这种姿势,游起来所受的迎面阻力最小,划水效果好,动作配合自如,既省力又能发挥最大的速度,是游泳中速度最快的一种姿势。自由泳的竞技价值也很大,比赛中有10个以上的项目

自由泳

必须采用自由泳。所以,学好自由泳对广泛普及游泳运动和提高我国游泳技术,赶超世界先进水平,有着重要意义。自由泳虽然技术简单易学,速度快,但是,由于在游进时是连续地划水、打水,体力消耗较大,因而,对意志和身体素质的要求较高,在平时训练中,必须加强意志品质的培养和身体素质的全面训练。

1.4.1 身体位置

自由泳时,身体是较平直地俯卧在水面上的,身体纵轴与水平面成3度~5度角,头部放平,两眼视前下方,前额没于水中,后脑部分露出水面(图16.1.20)。游进时,随着两臂交替划水,在不影响两臂划水力量和两腿打水动作时,形成身体纵轴转动。

图16.1.20

1.4.2 腿部动作

腿的动作主要是为了保持身体平衡和配合两臂的动作,并能起到一定的推动身体前进的作用。

1.4.2.1 动作要领

两腿和脚面自然伸直,脚尖稍内转,踝关节放松(图 16.1.21)。打水时,两腿的动作基本上一样,以髋关节为轴,由大腿发力,带动小腿和脚,两腿上下交替向后下方做鞭状打水动作。向下打水开始时,膝关节屈成 140 度~160 度角(图 16.1.22);向上打水时,膝关节伸直,踝关节放松。打水时,两脚尖上下最大距离 30~45 厘米(图 16.1.22)。幅度不宜过大,做连续动作(图 16.1.23)。

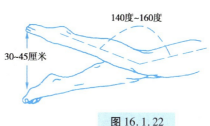

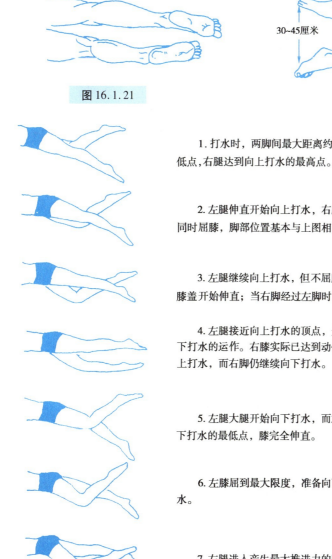

图 16.1.21　　　　　　　　　图 16.1.22

1. 打水时,两脚间最大距离约为45厘米。左腿达到向下打水的最低点,右腿达到向上打水的最高点。

2. 左腿伸直开始向上打水,右腿开始向下打水,要用大腿向下压水,同时屈膝,脚部位置基本与上图相同。

3. 左腿继续向上打水,但不屈膝。右腿开始自大腿用力向下打水,膝盖开始伸直;当右脚经过左脚时,脚背和踝成一直线。

4. 左腿接近向上打水的顶点,开始稍屈膝;此时右腿已接近完成向下打水的运作。右腿实际已达到动作最低点,从这点开始大腿将开始向上打水,而右脚仍继续向下打水。

5. 左腿大腿开始向下打水,而左脚仍继续向上打水。右腿已达到向下打水的最低点,膝完全伸直。

6. 左膝屈到最大限度,准备向下打水。右腿完全伸直,开始向上打水。

7. 左腿进入产生最大推进力的阶段。右腿继续伸直向上打水。

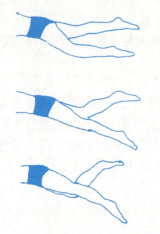

8. 左腿区接近全部完成推进阶段。左膝稍屈。

9. 当右膝加大屈度时，左腿接近完全伸直。

10. 两脚再度上下分到最大距离。另一腿周期开始。

注：这组图是扶板打水练习连续动作震动打腿技术。

图 16.1.23

1.4.2.2 练习方法

1. 陆上自由泳腿的模仿练习。

（1）目的：在陆上建立和体会自由泳腿的动作，为水中练习打下基础。

（2）方法：坐在岸边上，两手向后撑住身体，上体稍后仰，两腿自然伸直，脚背挺直稍向内弯，做模仿自由泳的打腿动作（图 16.1.24）；或仰卧坐在池边上，做直腿打水的模仿练习。

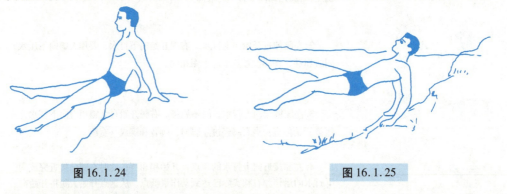

图 16.1.24　　　　　　　　　　图 16.1.25

2. 水中自由泳腿的练习。

（1）目的：在水中掌握正确的自由泳的动作。

（2）方法：在浅水处，两手撑池（河）底，做直腿打水练习（图 16.1.25）。

1.4.2.3 注意事项

1. 打水时，膝关节不要过于弯曲，踝关节放松，脚面要伸直，防止光用小腿打水。两脚不要打出水面。

2. 向下打时，要快而有力；向上打时，要放松自然。

1.4.3 臂部动作

臂的动作是推动身体前进的主要动力。自由泳时，两臂划水是轮流进行的，动作基本一样。目前，在自由泳中，都采用屈臂划水的技术。

臂的动作是由入水、抱水、划水、推水、出水、移臂6个部分组成的，是互相连贯地进行的（图 16.1.26）。

1.4.3.1 动作要领

1. 入水。空中移臂后,上臂在肩线前稍靠外处迅速自然插入水中。入水时,肘关节稍高,小臂微屈,大拇指向下,掌心稍向外转,按手、前臂、上臂和肘的顺序入水。

2. 抱水。臂入水后,手腕迅速微屈,前臂内旋提肘,同时向前下方伸肩,使臂与水面构成 40 度角左右。向外提肘屈臂使手臂处于有利位置。

3. 划水。抱水后立即划水,这时,上臂与前臂之间弯曲成 140 度~160 度角,前臂划动速度快于上臂;当划至肩下方时,整个

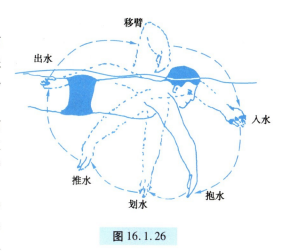

图 16.1.26

臂部与水面垂直,手在体下靠近身体中线,屈肘约成 120 度角左右。这时,前臂与上臂同时向后划动,肩部后移;当划至腹下时,屈肘成 100 度角左右,接着,前臂向后划动速度快于上臂,做快速推水动作;推至大腿侧下方,结束划水(图 16.1.27)。

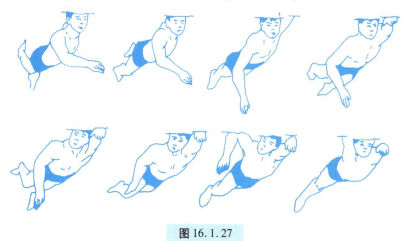

图 16.1.27

划水时,手指应自然并拢,手掌与小臂的位置在划水过程中少数人有变化。开始划水时,手掌与小臂几乎成一直线,在推水结束时,手掌与小臂成 200 度~220 度角(图 16.1.28)。

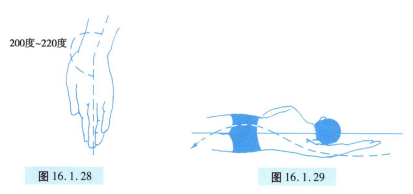

图 16.1.28　　　　　图 16.1.29

划水时,手型和手的移动路线,是由肩前经肩下到腹下到大腿外侧,呈一种"S"形(图16.1.29),它是由屈臂划水而自然形成的。

4. 出水。划水结束后,利用推水时所产生的惯性和肩部肌肉收缩的力量,迅速将臂提出水面。

5. 移臂。臂出水后,以肩带动臂,屈肘,手从空中沿着水面向前方移动(图16.1.30)。

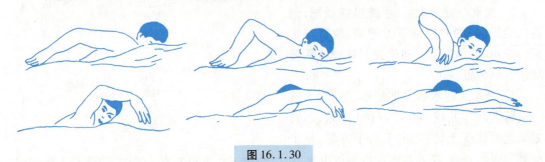

图 16.1.30

6. 两臂配合。自由泳的两臂划水是轮流进行的,其配合的形成一般称为"交叉"。当一臂完成空中移臂入水时,另一臂划水至胸肩下垂直部位,与水平面构成 90 度角,叫"中交叉";或者另一臂已划水至腹部下方在做推水动作,与水平面构成 120 度角左右,叫"后交叉"。现在大多数运动员采用"中后交叉",即一臂完成空中转臂入水时,另一臂划水至胸腹下与水平面构成 120 度角左右。

1.4.3.2 练习方法

1. 陆上自由泳臂的模仿练习。

(1)目的:在陆上建立自由泳臂的动作概念,为水中练习打下基础。

(2)方法:两脚开立,上体前倾做直臂的单臂或两臂轮流划水、移臂的模仿练习。在上述练习的基础上再用屈臂做划水、移臂动作。

2. 水中练习。

(1)目的:在水中正确掌握自由泳臂的动作。

(2)方法:站在齐腰深的浅水中,上体前倾做臂的划水练习(图16.1.31),或者由同伴抱住两腿做臂的划水练习。

图 16.1.31

3. 注意事项。

（1）臂的整个循环动作要有节奏，不能停顿。

（2）入水动作要自然，抱水动作要逐步加快，练习抱住水。

（3）划水要用力，动作速度不断加快并有一定的紧张程度。

（4）出水时，利用惯性，臂和手应尽量放松，手掌稍转向内侧方。

（5）移臂时，肘部始终保持比肩高的位置，动作要快而放松。

第2节　游泳的安全卫生措施

2.1　游泳卫生知识

1. 参加游泳活动首先要做身体检查。凡是患有严重心脏病、癫痫病、皮肤病、中耳炎和其他传染病者都不能参加游泳活动。患伤风、发热、腹泻、红眼病的人最好不要勉强下水游泳，否则只会加重病情。妇女月经期、产褥期和怀孕期也不宜参加游泳。

2. 游泳前要做好准备活动。在每次游泳前，应在陆上认真做好准备活动，目的是提高神经系统的兴奋性，促进血液循环，增加肌肉的弹性，加大关节活动范围，防止肌肉痉挛和拉伤。一般准备活动是做慢跑、徒手操、游泳模仿等各种活动。

3. 空腹或饭后1小时内不宜游泳。空腹游泳容易使人体血糖降低，导致头晕、四肢乏力，甚至出现昏厥现象。饭后游泳不仅加重心脏负担，而且容易引起胃痉挛，导致腹痛和呕吐。酒后游泳，在水中极易发生危险，因而酒后不宜游泳。游泳后，要及时点上眼药水，防止眼睛感染。

4. 了解游泳水域情况，防止意外事故发生。到江河湖泊游泳时，首先要勘察水情，选择水低平坦，无淤泥、水草、桩柱以及水质无污染、无急流漩涡的水域，并把浅水区、深水区划分清楚，做出显著标记，最好结伴进行，以便相互照顾，防止意外发生。游泳时间不宜过长，人在水中身体感到不适，应马上起水，擦干身体，及时穿上衣服。如遇到雷雨，应迅速上岸停止游泳，切不可在大树底下躲避或更衣。

2.2　急救

2.2.1　自救

初学者误入深水区或者漩涡等其他险区时，首先要镇定，不要慌乱，放松漂游，力争呼吸自如。如在漩涡中，身体应保持俯卧姿势，逆漩涡方向游出险区或向人呼救，切不可踩水和潜泳，以免被卷进去。如果在游泳时被水草缠住，首先应使身体成卧姿进行解脱，然后从原路返回。游泳时间过长或者准备活动不充分，常常会引起大腿、小腿或脚趾等部位痉挛。消除方法是使身体漂浮水面，用痉挛腿对侧的手，拉住痉挛腿的脚趾，用力向身体方向扳拉，另一手压痉挛腿的膝盖，使小腿伸直。大腿痉挛，可用两手用力抱住小腿贴近大腿，反复振压直至解脱。如果痉挛严重，无法消除，应向人呼救。

2.2.2 水中救护

在实施救护时,应尽可能将救生圈、竹竿、木板等器材抛给溺水者进行间接救护。如果没有任何救生器材,而必须实施直接救护时,救护者首先要沉着、冷静、迅速观察周围环境,辨别水流,然后在溺水者上游的斜上方水域入水,但对不熟悉的水域应脚先入水,用抬头自由泳或蛙泳接近溺水者。当游到离溺水者2～3米处,潜入水中,从溺水者背后用两手托住溺水者的下颌或腋下,用反蛙泳进行拖带,或者一手从溺水者的胸前握住对方腋下用侧泳进行拖带。不管用哪一种拖带方法,都必须使溺水者成仰卧姿势,口鼻露出水面,呼吸空气。若被溺水者抓住或者抱住时,应设法解脱。解脱方法一般有虎口解脱法、扳指解脱法、扭转解脱法和托肘解脱法等。

思 考 题

1. 简述游泳运动的特点及各泳式基本技术要求。
2. 简述游泳教学中的安全和卫生措施。

第 17 章　健美运动

近年来,随着经济和科学技术的飞速发展,以及物质文明的不断提高,人们越来越注重健康投资,注意美化自己的生活。正是由于观念上的变化,健美运动不仅在我国,而且在世界范围内迅速兴起。然而,不少人对什么是健美运动、它的作用和特点是什么、发展概况如何等并不清楚。下面就这些问题作简要介绍。

第 1 节　健美运动简况

人物介绍

钱吉成:在 1998 年,年仅 17 岁时,夺得全国健美比赛冠军,后又荣获亚洲冠军。2005 年在第 59 届世界健美锦标赛上,他斩获 60 公斤级冠军。

张萍:1990 年在第 7 届亚洲健美锦标赛上,荣获女子 52 公斤级冠军。她练健美 17 年,共获得 9 亚洲冠军。

牟丛:2017 年在阿诺德传统赛业余组比赛中,夺得女子形体 167cm 以下级的冠军和全场冠军,创造了中国女子健美的历史。

1.1　发展概况

1.1.1　国际健美运动发展简况

古代健美观念以古希腊比较具有代表性。每四年一届的古代奥林匹克运动,就是炫耀力量和人体健美的标志。公元 130—200 年,古罗马著名医生盖伦著书立说,倡导健美运动。到了 18 世纪,德国的体育活动家艾泽伦创造了各种锻炼的形式,它们既是现代竞技举重的起源,也是现代健美运动和力量举重的起源,如哑铃、吊环等运动。从 19 世纪起,德国人欧根·山道作为健美运动创始人,通过实践,创造摸索出了一整套锻炼肌肉的方法,并广为宣传,世人称之为"健美运动的开拓者和鼻祖"。20 世纪初,健美在英、美等国得到了广泛的发展。1946 年,加拿大人本·韦德和他的胞弟裘·韦德正式创建国际健美协会,并开始了正式国际业余健美锦标赛。20 世纪 40 年代,女子健美在美国兴起。

1.1.2　我国健美运动发展简况

现代健美运动从 20 世纪 30 年代起由欧美传入我国并发展起来。赵竹光先生是我国现代健美运动的开拓者,他创立了我国最早的健美组织"沪江大学健美会"。80 年代是我国健美运动复兴的年代,群众性健美运动吸引了众多的男女老少积极参加,在此基础上,各级体育部门及有关人士也大力支持、积极倡导,并举办了各种形式的比赛。另外,各种宣传媒介对推动我国健美运动的开展也起了积极的作用。

1.2 对人体的作用

长期进行健美锻炼,能够发展肌肉,加大力量;促进健康,增强体质;改善体形体态,矫正畸形体形;调节心理活动,陶冶美好的情操;提高神经系统机能,培养顽强意志品质。

1. 发展肌肉,增强力量。

健美运动一个突出的作用就是可以有效地发展全身肌肉,增强力量。在人体中,由肌肉、骨骼、关节和韧带等共同组成了运动器官,使机体得以进行各种各样的复杂而精细的运动,而一切运动的原动力都来源于那些大大小小的肌肉。由于健美评分的主要标准之一就是肌肉的发达程度,所以健美训练中要经常采用各种各样的杠铃、哑铃等负重动作,对全身各部位肌肉进行锻炼,特别是每次练习几乎达到极限,因此能够使肌肉得到强烈的刺激,从而使肌纤维变粗,肌肉中的毛细血管网增多,肌肉的生理横截面扩大,肌肉变得丰满结实而发达;又由于中枢神经系统调节机能的改善,特别是神经过程的强度和集中能力的提高,在力量训练的影响下,肌细胞内的肌动蛋白和肌球蛋白等收缩物质增多,脂肪减少,可以使肌肉的黏滞性减小。这些变化导致了肌肉力量的大幅增长,特别是某些局部肌肉群的力量能达到相当高的水平。例如,某些轻级别健美运动员卧推成绩能够在100千克以上,个别运动员甚至能用90千克的杠铃做弯举和颈后臂屈伸动作,由此可见其惊人的臂力。

2. 促进健康,增强体质。

经常从事健美锻炼,能对心血管系统、呼吸系统和消化系统等各内脏器官的功能产生良好的影响。健美锻炼可使心肌增强,心腔容量增大,血管弹性增强,进而提高心脏的收缩力和血管的舒张力,使心脏搏动有力,心排血量增加,心跳次数也可减少到60次/分钟,这样心脏的休息时间就增多了。由于心脏的工作能力和储备能力都提高了,这就能够承受更大的负担量。健美锻炼还能使血液中的红细胞、白细胞和蛋白增加,从而提高身体的营养水平、代谢能力和对疾病的抵抗能力。健美锻炼对呼吸系统的机能也有良好的影响。它能提高呼吸深度,增加每次呼吸时的气体交换量,这既有利于呼吸肌的休息,又可提高呼吸系统的功能储备,从而有利于在激烈运动时满足气体交换的需要,提高机能水平。

健美锻炼还能提高消化系统的机能,因为肌肉活动时要消耗大量的营养物质(尤其是能量物质),这需要及时的补充。同时,肌肉的活动可促使肠胃的蠕动增强,消化液分泌增多,使消化和呼吸能力得到提高,食欲增加。可见,健美运动能有效地增进人体的健康水平,增强体质。

3. 改善体形体态,矫正畸形体形。

体态主要是指整个身体及各主要部位的姿态是否端正优美。我国自古就很重视体态,强调一个人要站有站相,坐有坐相。俗话说:"站如松,坐如钟。"如果长时间不注意体态端正,就可能影响某些骨骼的正常发育。健美运动的各种动作能给予身体某些部位的生长以巨大的影响,促使骨骼生长和肌肉的发展。科学的训练还可以减少肌肉中的脂肪含量,达到消脂减肥的目的。这些变化都能有效地改善人体的体形和体态,如:三角肌发达了,肩部就显得宽阔;背阔肌增大了,就能使身体成美丽的倒三角形;腹肌发达了,就会使腹部扁平、坚实。男子变得体格魁梧,肌肉发达,英姿勃勃,风度翩翩;女子变得体态丰满,线条优美,明朗多姿,秀丽动人。正因为健美运动的各种动作能给予身体某些相应的部位以巨大的影响,所以当一个人的体形体态已经出现某些缺陷的时候,就可以有针对性地选择某些适当的运动进行锻炼,以达到矫正畸形的目的。例如,四肢肌肉发达不成比例者,可以采用先练差的一侧的方法使之发达起来,以达到匀称协调;含胸驼背者,可多练一些卧推举和扩胸动作,经过半年左右的锻炼,胸廓自然就会充实发展起来。健美运动由于有矫正畸形的作用,所以某些动作已被进一步用于医疗体育方面,用以帮助恢复肢体的某些功能。

4. 调节心理活动,陶冶美好情操。

人的心理活动其本质乃是大脑对外界客观事物的反应。现代生活的紧张节奏,会使人产生紧迫感、压抑感,而紧张的体力劳动又会使人产生疲劳感。出现以上情况,可以通过睡眠、沐浴、放松按摩等恢复性措施加以调节,但神经的疲劳是产生深度疲劳的主要原因,因此除采用上述方法外,还可采用一些调节心理活动的积极措施,健美运动正好能起到这方面的作用。它通过卓有成效的锻炼效果来吸引人的注意力,如通过一段时间的锻炼后,肌肉增长了,多余的脂肪减少了,体形健美了,人在心理上就会产生一种满足感。通过优美明快的音乐,节奏明显而又活泼愉快的形体练习,可以调节人的心理活动,放松紧张的神经,转移和消除人的疲劳感、压抑感,使大脑得到积极的休息。

健美运动还可以陶冶人的美好情操。爱美之心人皆有之,如果一个人执着地追求健与美,追求生活中的真、善、美,他就能自觉地抵制丑恶的现象,感到生活很充实,在学习和工作中就会精神振奋,精力充沛,注意力集中,充满信心。健美运动所带来的形体美、姿态美的良好变化,也会使人变得活泼开朗,朝气蓬勃。所以,健美运动是一种青春常在的运动,它可以调节人的心理活动,陶冶人的美好情操。

5. 提高神经系统机能,培养顽强的意志品质。

中枢神经系统是由脑和脊髓构成的,而其最高指挥机关则是大脑皮层。大脑皮层一方面管理和调节人体内部器官系统的活动,保持人体内部环境的平衡;另一方面则维持人体和外部环境的平衡。健美运动是在中枢神经系统支配下进行的。反过来,进行健美锻炼也能提高中枢神经系统的机能水平,它能够提高神经过程的强度和集中能力,提高均衡性和灵活性,从而提高有机体对外部环境的适应能力。经常坚持健美锻炼的人,一般能睡得熟,睡得深,很少患神经衰弱症。进行健美训练,肌肉经常要工作到极限,运动员要经常克服由于大运动量训练所带来的肌肉酸痛等疲劳感觉和各种困难,如果能持之以恒、坚持不懈,可以培养顽强的毅力和不怕苦、不怕累、不怕疼痛、不怕枯燥的顽强意志品质。

1.3 人体主要肌肉群的锻炼方法

1.3.1 胸部肌肉的锻炼方法

胸部肌肉包括胸大肌、胸小肌、前锯肌等。

1.3.1.1 卧推

作用:发展胸大肌、三角肌(前部)、肱三头肌和前锯肌。

做法:仰卧在卧推凳上,两手可采用不同握距握住横杠,将杠铃自头部拿到胸上后,两臂用力控制住杠铃,缓缓地将横杠放在胸部乳头上(女子触

平卧推举

胸即可），然后用力将杠铃向垂直上方推起直至两臂伸直（图17.1.1）。

要点：将杠铃置于胸部时，胸要挺起，杠铃缓慢放在乳头上；用力推起时，要用胸大肌发力。

呼吸：放杠至胸和上推时吸气，两臂伸直后呼气。

1.3.1.2　仰卧飞鸟

作用：发展胸大肌、前锯肌和三角肌（前部）。

做法：两手握哑铃并置铃于胸前（掌心相对），然后仰卧在凳上。两臂伸直与身体垂直，两膝分开，脚踏地面，随即两臂缓缓向侧下分开（肘微屈）直至肘部低于体侧，这时胸部要高高挺起，腰部离凳，然后胸大肌用力收缩，将微屈而分开的两臂内收，至胸上伸直（图17.1.2）。

仰卧飞鸟

图 17.1.1

图 17.1.2

要点：向下侧分两臂时，肘部要微屈并低于体侧，这样能有效地刺激胸大肌。

呼吸：两臂侧分及向上内收时吸气，臂接近伸直时呼气。

1.3.1.3　仰卧直臂拉起

作用：发展胸大肌及肩带肌。

做法：仰卧在凳上，两手头后握住小杠铃，然后挺胸振臂，将杠铃举至胸部垂直上方，再控制杠铃下落至原位做第2次练习（图17.1.3）。

要点：做动作前要头后引臂至最低位，充分拉长胸大肌；做动作时要尽量想着用胸大肌发力。这样能有效地锻炼胸大肌，特别是其上半部肌力。

图 17.1.3

呼吸：用力时憋气，放铃时呼气。

1.3.1.4　各种俯卧撑

作用：发展胸大肌、三角肌、肱三头肌和前锯肌。

做法：练习者做完俯卧撑后，同伴将两腿提起置于腰际，身体挺直，然后屈肘使胸部触地，立即伸直两臂算一次，反复练习直至疲劳再放下两腿（图17.1.4）。

图 17.1.4

要点：屈肘时，要尽量拉长胸大肌；用力时，要注意胸大肌发力。

呼吸：刚开始做时，可一口气做好几次，而后每做一次前吸气，成俯卧撑以及单臂俯卧撑。

1.3.1.5 双杠支撑摆动臂屈伸

作用：发展胸大肌和肱三头肌及前锯肌、三角肌。

做法：两臂伸直顶杠，以肩为轴，随着身体向前摆动，肩略向后移，向后摆动至最高处时屈肘，腰部和腹部要放松，再向前摆动时要用力伸直两臂，如此往复摆臂屈伸（图17.1.5）。

图 17.1.5

要点：支撑摆动时，肩部前后移动幅度应尽量减小；屈肘时，要用臂力控制住身体；起立时，胸大肌要积极参加协同用力。

呼吸：支撑摆动时，要自然呼吸，屈肘前吸气，向前摆动时呼气。

1.3.2 **背部肌肉锻炼方法**

背部主要肌肉有斜方肌、菱形肌、背阔肌、背长肌、背短肌。

1.3.2.1 耸肩

做法：将杠铃从地面提起，身体伸直，两臂持铃下垂。做时用力向上耸肩（不屈肘）至最高位，然后复原再做（图17.1.6）。

图 17.1.6

要点：向上耸肩时要注意斜方肌和肩胛提肌的积极用力，不得屈肘，另外要徐徐下降做退让性工作。

呼吸：耸肩时吸气，复原时呼气。

1.3.2.2 弓身反飞鸟

做法：这个练习大体同俯卧反飞鸟，所不同的是这个练习不是俯卧在长凳上，而是弓身成水平状，然后两臂向后上振（肘微屈），使器械约与肩同高，而后慢慢复原再做（图17.1.7）。

要点：弓身后要尽量保持原来的姿势，两臂用力向侧后上振、上背部肌肉用力收缩。三角肌后部也得到锻炼。

图 17.1.7

呼吸：后振时吸气，复原时呼气。

1.3.2.3 屈体划船

做法：上体前倾与地面平行，同伴在前用手扶头，用背阔肌收缩之力以及向上提肘之力将横杠提拉至胸腹部（图17.1.8）。

要点：做此练习要模拟划船动作以加大动作幅度。

呼吸：弓身拉铃时吸气，自胸部放下杠铃时呼气。

1.3.2.4 下拉（在综合力量练习架上做）

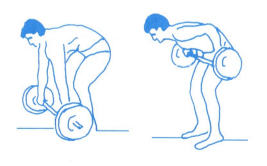

图 17.1.8

做法：两臂拉住拉力架的把手，跪在地上或直立，而后用力下拉拉力器，使肘关节贴近身体两侧，把手挨近第7颈椎（图17.1.9）。

269

要点：不论是直立还是跪姿，都应挺直身体，下拉时不要爆发式用力，还原时也要控制速度。

呼吸：下拉时吸气，还原时呼气。

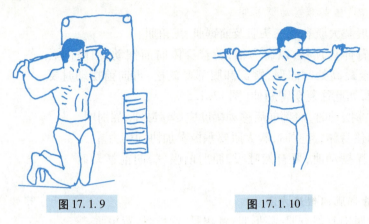

图 17.1.9　　　　　　图 17.1.10

1.3.2.5　宽握颈后引体向上

做法：两手采用宽握距，握住单杠成悬吊状态，然后用力屈肘使上体引向单杠，直至第7颈椎触及单杠算一次，再还原反复做（图 17.1.10）。

要点：做时一定不要借身体的摆动力，要注意动作的振幅，悬吊时肩要充分拉开，而上拉时第7颈椎要触及单杠。

呼吸：拉引时吸气，复原或悬吊状时呼气。

1.3.2.6　负重体屈伸（山羊）

做法：俯卧在山羊或长凳上，两脚固定在肋木间（或由人扶持），两手在颈后固定重物，做体前屈接挺身起练习；也可双人做挺身起练习，练习者俯卧在同伴并拢的两膝上做挺身动作（图 17.1.11）。

要点：做时一定要使身体成反弓，背肌充分收缩；做静力练习时，要维持最大的肌紧张 6 秒左右。

呼吸：挺身或成反弓静止用力时吸气，并稍憋气，复原时立即呼气。

图 17.1.11

1.3.3　腹部肌肉锻炼方法

腹压肌位于骨盆与胸腔之间，主要有腹直肌、腹内外斜肌。

1.3.3.1　仰卧起坐

作用：发展腹内外斜肌、髂腰肌和腹直肌（以上腹部为主）。

做法：仰卧在凳上或垫上（背部悬空难度大，效果更好），两手抱头或负轻重物，下肢固定，快速收腹起坐，再慢慢倒体至水平后重复做（图 17.1.12）。

图 17.1.12

要点：斜板起坐效果更好，斜板角度越大对锻炼腹肌及髂腰肌效果越好。做时要在充分拉长腹直肌的基础上,尽量收腹折体,使胸腹部贴近大腿。倒体时要慢,折体时要稍快。

呼吸:起坐前吸气,还原时呼气。

1.3.3.2 膝或直膝两头起

作用:采用无固定的两头起,对整个腹部均有锻炼意义。

做法:仰卧,两臂在头后伸直。数1时,收腹起坐,同时屈膝(或直膝)举腿,两臂前摆,手触脚面(或手抱弯曲的膝部)(图17.1.13)。

1.3.3.3 体旋转

作用:发展腹内、外斜肌的力量。

做法:身体直立,两腿分开约比肩宽,肩负杠铃做左右转体动作(图17.1.14)。

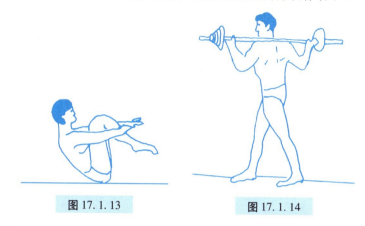

图17.1.13　　　图17.1.14

要点:旋转时会产生一种离心力,这时要用对侧的腹内外斜肌加以控制,然后再向另一侧旋转。

呼吸:自然呼吸,不憋气。

1.3.4　肩部肌肉锻炼方法

上肢肌主要由三角肌、肱二头肌(和肱肌)、肱三头肌、前臂肌群及手肌组成。

1.3.4.1 直臂前平举并上举

作用:发展三角肌前部等肌群。

做法:直立,两臂下垂持铃(杠铃、哑铃或杠铃片),直臂前平举静止4~6秒再上举至直臂支撑(图17.1.15)。

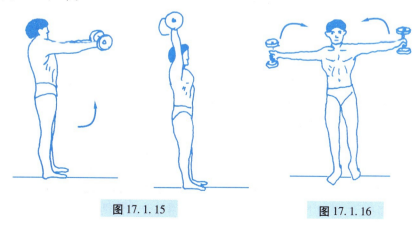

图17.1.15　　　图17.1.16

要点：身体微前倾，用两臂上举之力，不得借助展体之力。

呼吸：上举时吸气，举直后呼气。

1.3.4.2　直臂侧平举并侧上举

作用：发展三角肌中部等肌群。

做法：直立，两臂下垂持铃，做直臂侧平举，稍停，再上举成直臂支撑（图 17.1.16）。

要点：上抬两臂时肘可微屈，不得借助外力来抬臂。

呼吸：抬臂时吸气，放下时呼气。

1.3.4.3　宽握颈后推

作用：这是一个发展上肢综合肌群的练习，它能发展三角肌（中束为主）、肱三头肌、胸大肌和前锯肌。宽握距对发展三角肌力有更好的效果。

做法：将杠铃放置在颈后肩上，用伸臂之力将杠铃沿枕部上举至两臂在头上伸直（图 17.1.17）。

要点：上举时，三角肌、胸大肌开始用力，而后，肱三头肌接着用力，这时三角肌不应放松。

呼吸：上举前吸气，两臂伸直后调整呼吸。

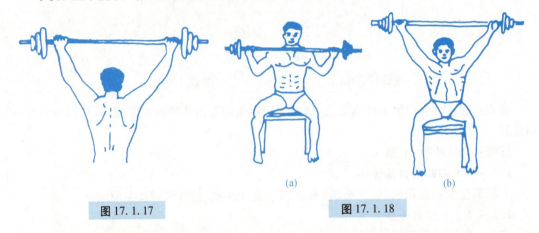

图 17.1.17　　　　　　　　图 17.1.18

1.3.4.4　宽握坐推

作用：发展三角肌前束、中束及肱三头肌，对胸大肌、前锯肌也有影响。

做法：同颈后宽推，不同之处是杠铃放在胸前，坐在凳上（图 17.1.18）。

1.3.4.5　胸前弯举

做法：两脚开立，两臂持铃下垂，掌心向前，然后屈臂将杠铃（哑铃和铃片）弯举至胸前，再徐徐还原继续做（图 17.1.19）。

要点：做动作前一定要伸直两臂，充分拉长肱二头肌；做时身体不要前后摆动，要完全用前臂及上臂屈肌之力慢慢将器械举起再慢慢放下器械。

呼吸：用力前吸气，放下器械时呼气。

1.3.4.6　颈后臂屈伸

做法：身体直立，两手正握小杠铃或 U 型杠铃（或铃片），肘高抬，上臂固定在耳侧，然后做臂屈伸动作，将杠铃等重物向上举起，直至两臂在头上伸直（图 17.1.20）。

要点：肘要高抬，肘尖向上，两肘夹紧，用力时不得外分或借助其他力量。

呼吸：用力时吸气，直臂后呼气。

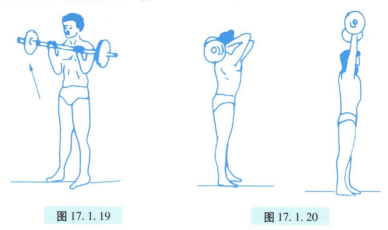

图 17.1.19　　　　　　　　图 17.1.20

1.3.4.7　腕弯举

做法：坐在凳上（或半蹲），两手反握横杠（或重哑铃），将腕关节垫放在膝关节上（或凳上），肘关节紧贴大腿，然后手腕向上弯曲伸开的手指，同时用力上举（图17.1.21）。

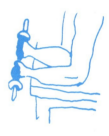

图 17.1.21

要点：肘、腕要固定，做前五指可微微伸开并握住横杠，腕弯举的动作要慢，这样可以有效地发展屈腕、屈指肌群的力量。如采用正握腕屈伸动作，则主要发展前臂背侧面伸指肌群的肌肉。其做法和反握相同，不同的是采用了正握。

1.3.5　**腿部肌肉锻炼方法**

下肢肌主要有臀大肌、股二头肌、半腱肌、半膜肌、大收肌、股四头肌、小腿三头肌和屈足肌群。

1.3.5.1　下蹲（深蹲、半蹲、静蹲等）

做法：将杠铃放在胸前做下蹲起立的叫前蹲。前蹲时，通常是两手握住放在蹲架上的杠铃，出肘将杠铃放在锁骨上，然后负铃向前走两步，离开深蹲架后保持挺胸直腰姿势慢慢下蹲（两腿可采取侧分或并腿）至大小腿夹角小于90度后再起立（图17.1.22）。

深蹲

图 17.1.22

将杠铃放置颈后慢慢下蹲而后起立叫后蹲。在无杠铃的情况下可负人来练习，负人者最好在墙边或大树旁做，以便在失去重心时有所扶持，以防止受伤（图17.1.23）。

坐在凳上而后站立起叫坐蹲。下蹲至大小腿夹角在90度以上叫半蹲。从直立位置慢慢超负荷下蹲而后借外力（保护者的帮助）站起叫推让蹲。做时，两腿分开约与髋同宽，要挺起胸部，收紧腰部（图17.1.24）。

负铃下蹲到一定位置（135度或90度），膝角固定不动6～8秒叫静蹲，它通过肌肉的等长工作，可不断提高肌肉的张力从而发展力量。

要点：练习时，要记住两句话："抬头挺胸腰收紧，慢慢下蹲快起立。"这样效果好，能防伤。

1.3.5.2 腿蹬出(综合力量架上做)

做法:坐在练习器的凳上,两腿弯曲蹬住练习器,缓缓向前蹬出至两膝完全伸直再屈足几次(图17.1.25)。

图17.1.23　　　　图17.1.24　　　　图17.1.25

说明:此练习能有效地发展股四头肌和股二头肌,对腰背无负担,因此能有效地防止腰背肌受伤,特别适合腰背力量软弱或腰背有伤者坚持腿力训练。

1.3.5.3 坐姿腿屈伸

做法:坐在软面凳上,膝关节内缘紧贴凳面,足负重物(在力量练习架上则为足背贴练习器械)做腿屈伸动作。在综合力量架上练习,方法相同(在无器械的情况下,两人可做对抗性腿屈伸练习)(图17.1.26)。

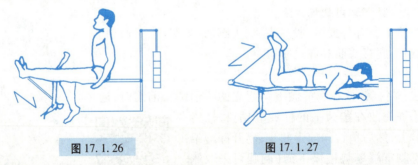

图17.1.26　　　　图17.1.27

要点:腿屈伸是一个发展股四头肌的有效练习,做时要注意充分伸直两腿,然后慢慢还原。

1.3.5.4 腿弯曲

做法:足负重物做连续弯举动作(直立或俯卧);也可俯卧在凳上,双脚勾住身后的橡皮筋拉力器(或综合练习架上的滚筒),两手抓住身前支撑物,两腿做弯举动作(图17.1.27)。

1.3.5.5 负重提踵

做法:肩负杠铃,足趾下可垫木板或铃片,然后做直提踵动作,连续做(图17.1.28)。

图17.1.28

要点:做提踵时,应特别注意身体重心不要在做前有意前移,因为这样练习很容易,但效果极差。

第 2 节　健美的标准

"人的一切都应该是美的：容貌、衣裳、心灵、思想。"这是俄国著名作家契诃夫的名言，今天已为越来越多的青年所理解，他们在追求美的心灵、美的情操、美的衣饰的同时，也追求身体的健美。人体美是健、力、美三者的有机结合，它包含了肌肉和骨骼的发育情况、机体的完善程度、人体的外形美以及人体的精神气质。

2.1　男子健美的标准（表17.2.1）

表17.2.1　男子一般健美体围标准

身高/厘米	体重/千克	胸围/厘米	扩展胸围/厘米	上臂/厘米	大腿/厘米	腰围/厘米
153～155	50	94	97	32	48	65
155～157	52	94	98	32	49	65
157～160	54	95	98	33	50	66
160～163	56	95	101	33	51	66
163～166	59	98	102	34	52	68
166～169	61	100	103	34	53	69
169～171	63	100	104	35	53	69
171～174	65	102	105	35	54	70
174～177	67	103	107	36	55	71
177～180	70	103	108	36	55	72
180～183	72	104	109	37	56	72

2.1.1　肌肉发达，健壮有力

早在古希腊，人们就崇尚人体美，他们认为，健美的人体应该具有宽阔的胸部、灵活而强壮的脖子。著名雕刻大师米隆所创造的"掷铁饼者"以其精湛的技艺塑造了人体健美的外型。诗人马雅可夫斯基曾经说过："世界上没有更美的衣裳像结实的肌肉与新鲜的皮肤一样。"可见，发达的肌肉和健壮的体魄是人体美的重要因素。随着竞技健美运动的发展，人们对人体肌肉的发展更加重视，要求也越来越高。

2.1.2　体形匀称，线条分明

对于健美的体形，不同国家、不同民族、不同的人，会有不同的看法，但是有一点是共同的，就是经常从事体育锻炼能使体型更匀称、更健美。为了研究人体，参照脂肪所占比例和肌肉发达程度以及肩宽和臀围的比例，将一般体型划分为胖型、肌型（运动型）和瘦型三类。

1. 胖型。其特点是上（肩宽、胸围）、下（腰围、臀围）一般粗，腰围很大，腹壁脂肪多下坠，体重超标。

2. 肌型（运动型）。其特点是肩宽、背阔、腰细、体型呈"V"型，腹壁肌肉垒块明显，四肢匀称，肌肉发达，体重在标准体重加减5%以上。

3. 瘦型。其特点与胖型和肌型相反,腰围小,但因胸腔小而上下一般细,肩窄、胸平、四肢细长、肌肉不丰富、脂肪极少,体重小于标准体重25%～35%。

肌型一般为标准体型,经常从事各项体育活动的人,特别是运动员,多为肌型。知道了体型分类,就可通过健美锻炼来改变自己的体型。

2.1.3 精神饱满,积极向上

精神饱满其外在的表现是皮肤美、姿态端正、动作洒脱,其内在的表现则是有朝气、勇敢顽强、坚忍不拔。皮肤美是人体美的重要表现,皮肤也是健康状况的镜子,健康的人往往"红光满面"。此外,优雅的姿态和洒脱的动作也给人以美的印象。

2.2 女子健美标准(表17.2.2)

表17.2.2 女子一般健美体围标准

身高/厘米	体重/千克	扩展胸围/厘米	臀围/厘米	腰围/厘米
152～154	47.5	88	88	58
154～158	48.5	88	88	58
158～161	50	89	89	59
161～163	51.5	89	89	60
163～166	53	90	90	60
166～169	54.5	90	90	61
169～171	56	92	92	61
171～174	58	92	92	62
174～176	60	94	94	64
176～178	62.5	98	96	66

女子体型可谓千姿百态,但从健美的标准衡量,女子健美体型的特点是躯干呈三角形、四肢匀称、肌肉圆滑、胸部丰满、腰细臀圆、颈长腹平,从侧面观女性胸、腰、臀富于曲线美。

女子健美肌肉特点是肌肉发达,线条清晰,肌肉分布匀称和有别于男子的富有曲线美的肌肉清晰度。另外,女子健美标准还应该看言谈举止是否高雅,仪表和姿态是否端庄。因此,女子健美爱好者,在追求健美外表的同时,要努力提高自己的文化修养,真正把内在美与外在美融为一体。

2.3 姿态健美标准

姿态美指日常生活中人处于静止状态(坐、立、卧等)或从事一些基本技能活动(走、跑、跳、投等)时,身体各部位(如头、躯干、四肢)的相互关系应符合美学要求。

俗话说:"坐如钟、立如松、行如风、卧如弓",具有一定的科学道理,它是对正确的坐、立、卧姿势的一种形象概括。有些人虽然五官端正、体型匀称,但因为身体各部分不能按美学要求协调配合,造成姿态不雅。

姿态健美是通过长期坚持不懈的形体训练获得的。每个人在体型、体态上都或多或少有些缺陷,但通过形体训练,有助于提高身体各部分的灵活性和协调性,使姿态和动作变得优美和谐。下面介绍3种日常生活中的基本身体姿态。

正确的坐姿应是保持身体的挺直姿势,用骨骼肌和肌肉支撑全身的重量,在前倾或侧倾时,应从腰际倾向前或侧面(图17.2.1)。

正确的站立姿势应是挺胸、抬头、目平视、腹微收、立腰、胯上提、臀收紧、腿夹紧、脊椎挺直(图17.2.2)。

正确的走姿是挺拔、自然、匀称。挺拔指保持整个身躯正直;抬头挺胸自然;双肩自然下垂;肘稍屈,协调在身体两侧摆动;均匀抬步,膝关节和脚尖对前方,着地时脚掌应由后向前匀称支撑身体的重量(图17.2.3)。

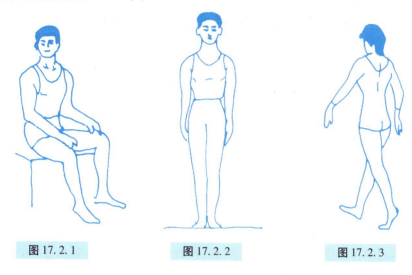

图17.2.1　　　　　　图17.2.2　　　　　　图17.2.3

第3节　健美比赛规则

3.1　竞赛类别和比赛内容

健美比赛按竞赛的不同目的和举办方式分为锦标赛、冠军赛、精英赛、邀请赛等。

比赛内容有规定动作和自选动作两部分。男子单人规定动作有前展双肱二头肌、后展双背阔肌、侧展肱三头肌、前展腹部和腿部。女子单人规定动作有前双肱二头肌、侧展胸肌、后展胸肌、后展双肱二头肌、侧展肱三头肌、前展胸部和腿部。男、女混合双人规定动作有前展双肱二头肌、侧展胸部、后展双肱二头肌、侧展肱三头肌、侧展后展肱二头肌、前展腹部和腿部。

3.2　比赛程序

比赛分预赛(又称淘汰赛)、半决赛和决赛3个阶段。一般预赛不对外公开,也不比赛自由造型。半决赛和决赛既有自由造型比赛,又有规定动作比赛。

3.3 裁判评分依据

3.3.1 男子个人

1. 看肌肉。看运动员的发达肌群,看他们的"三度",即围度、力度和密度,占60%。
2. 看匀称。看平衡的骨架、端正而又比例协调的人体外观以及布局美观对称的肌肉形态,占10%。
3. 看造型。看肌肉控制能力,看全身各部位肌群的优美的造型,还要看规定动作的规范性和自由造型动作是否连贯流畅,以及气质是否与音乐、动作融为一体,是否有鲜明的个性,占10%。
4. 看仪表与气质。看运动员的形象、姿态、发型以及赛场表现,占10%。
5. 看皮肤。看全身皮肤的健康状况,有无文身、斑痕及着色是否恰当,占10%。

3.3.2 女子个人

1. 体格健康、强壮,占20%。
2. 骨架匀称、举止优雅,占20%。
3. 肌肉发达、线条清晰、四肢比例合适、肌肉分布匀称,占40%。
4. 气质高雅,仪态端庄,占20%。

3.3.3 男女混合双人

1. 看体型和肌肉发达水平是否和谐。
2. 看表演的动作在姿势、节奏、幅度、体位、舞台气势、神韵等方面是否和谐。
3. 看是否能准确完成动作,做到动作配合默契。
4. 看自由造型是否整齐一致,此起彼伏,你退我进,左右对称,前后呼应,刚柔相济。

3.4 竞赛通则

3.4.1 男子个人分8个级别(按体重分)

羽量级(体重在60.00千克以下)、雏量级(体重在60.01~65.00千克)、轻量级(体重在65.01~70.00千克)、次中量级(70.01~75.00千克)、轻中量级(75.01~80.00千克)、中量级(80.01~85.00千克)、轻重量级(85.01~90.00千克)、重量级(体重在90.00千克以上)。

3.4.2 女子个人分4个级别(按体重分)

雏量级(48.00千克以下)、轻量级(48.01~52.00千克)、中量级(52.01~57.00千克)、重量级(57.00千克以上)。

3.4.2.1 女子青年分3个级别(21周岁以下为青年组)

轻量级(体重65.00千克以下)、中量级(体重在65.01~70.00千克)、重量级(体重在80.00千克以上)。

3.4.2.2 量体重

称量体重在预赛前一天晚上进行,男、女均穿比赛服。

3.5 比赛的有关规定

1. 禁止运动员穿鞋,戴表、戒指、耳环、假发,吃口香糖,过分化妆等。
2. 运动员不准文身、长发披肩等。
3. 允许皮肤打油、着色,但不得勾画。
4. 男子动作不得少于 15 个,时间不得超过 60 秒;女子动作不得少于 20 个,时间不得超过 90 秒;男、女混双及女双的自由造型则为 120 秒。

思 考 题

1. 试述健美运动对人体的作用。
2. 简述健美的标准。

第18章 武术运动

武术是以技击动作为主要内容,以套路、格斗、功法为运动形式,注重内外兼修的中国传统体育项目。它有着悠久的历史和广泛的群众基础,是中华民族在长期的生活和斗争实践中逐步积累和发展起来的宝贵文化遗产。

小知识

1949年后国家相继制定了武术竞赛规则和运动员等级标准(分武英级,一、二、三级武士和武童级)。1956年成立了中国武术协会。1957年武术被列为国家体育竞赛项目。1990年在北京举办的第11届亚运会上,武术被列为正式比赛项目。1991年第1届世界武术锦标赛在中国北京举行。

第1节 武术运动的锻炼价值

中华武术内容丰富,且具有广泛的适应性。它对运动条件要求不高,简便易行。它可以供不同年龄、性别、职业、体质情况的人选练;它不受天气、季节、时间的限制;它的器械、场地也可因陋就简。它是终身体育锻炼最理想的运动项目之一。

1.1 锻炼身体,强身祛病

武术动作有刚有柔,各具风格特色,长期进行锻炼,对身体的中枢神经系统、内脏器官、骨骼、肌肉、关节、韧带等都会起到锻炼作用,有利于柔韧性、力量、速度、耐力、灵敏性等身体素质的全面发展,有利于勇敢、顽强的意志品质的培养。太极拳等尤其适合年老体弱的人和慢性病患者进行练习,是一种良好的体育医疗手段。

1.2 武术攻防性是区别于其他体育项目的显著特点

武术套路都有利于健身,而且套路中的招式实际上都是格斗的攻防动作和姿势,如拳术中的踢、打、摔、拿、点,太极拳中的掤、捋、挤、按、采、挒、肘、靠等动作,都具有攻防的含义。通过武术锻炼,不仅能增强体质,而且能培养攻防意识,这在平时健身防身和国防上具有一定的现实意义。

1.3 武术的姿势、动作富有艺术性

武术运动要求节奏鲜明,一招一式都要舒展大方、富有力量、造型优美,这构成了武术所特

有的艺术魅力,使之为人们所喜爱。通过武术运动不仅能发展身体的灵活性、协调性,提高内脏器官和中枢神经系统的功能,还能陶冶人们的情操,培养民族自豪感和提高艺术欣赏能力。

第2节 武术运动的锻炼方法

武术运动在长期的实践中积累了很多行之有效的锻炼手段,逐步形成了一整套较完整而系统的基本功和基本动作,可使身体各部位得到较全面的锻炼,再加上一些组合练习,就能较快地发展专项身体素质。

2.1 手型(图18.2.1)

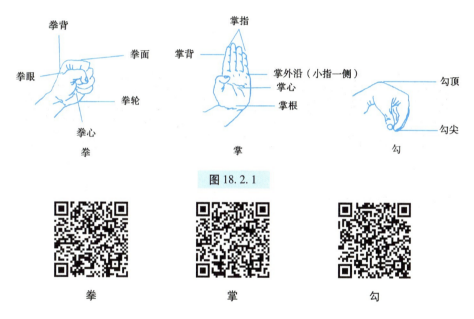

图18.2.1

2.2 手法(图18.2.2)

图18.2.2

冲拳

推掌

2.3　步型（图 18.2.3）

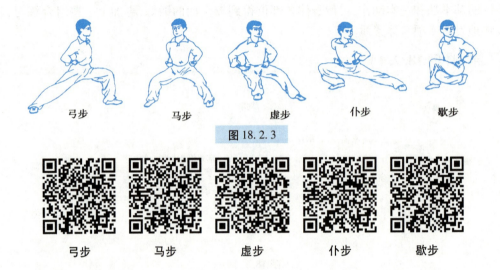

弓步　　马步　　虚步　　仆步　　歇步

图 18.2.3

2.4　腿部练习（图 18.2.4）

正压腿　　　　　侧压腿　　　　　后压腿

仆步压腿　　　竖叉劈腿　　　横叉劈腿

图 18.2.4

2.5　腰部练习(图 18.2.5)

前俯腰　　　　下腰

涮腰　　　　甩腰

图 18.2.5

2.6　组合练习(五步拳,图 18.2.6)

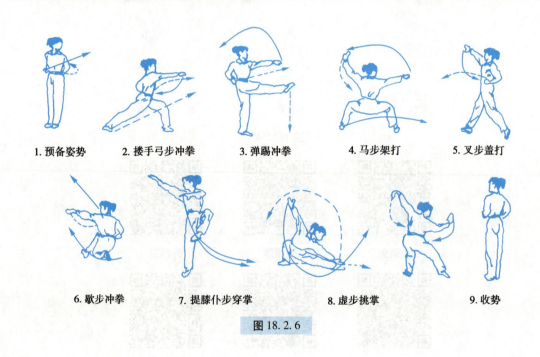

1. 预备姿势　　2. 搂手弓步冲拳　　3. 弹踢冲拳　　4. 马步架打　　5. 叉步盖打

6. 歇步冲拳　　7. 提膝仆步穿掌　　8. 虚步挑掌　　9. 收势

图 18.2.6

第3节 太极拳运动

3.1 太极拳运动的锻炼价值

太极拳是我国民族形式体育项目之一,很早以前就在人民群众中广泛流传。几个世纪以来,经过实践,证明太极拳是一种重要的健身与预防疾病的手段。太极拳是一种合乎生理规律、轻松柔和的健身运动,它对中枢神经系统有着良好的影响,可以加强心血管与呼吸的功能,减少体内淤血,改善消化作用与新陈代谢过程。太极拳适合于不同年龄、体质和性别的人练,且练习时不受时间和地点的限制。长年坚持练功习拳,能达到无补能长寿和无药能治病的目的。

3.2 十六式太极拳

太极拳上　　太极拳下

3.2.1 起势(图18.3.1之1~4)

3.2.2 第一段

1. 左右野马分鬃(图18.3.1之5~13)。
2. 白鹤亮翅(图18.3.1之14~16)。
3. 左右搂膝拗步(图18.3.1之17~25)。
4. 搬拦捶(图18.3.1之26~30)。
5. 如封似闭(图18.3.1之31~35)。
6. 云手(图18.3.1之36~41)。
7. 单鞭(图18.3.1之42~44)。
8. 手挥琵琶(图18.3.1之45~47)。

3.2.3 第二段

1. 倒卷肱(图18.3.1之48~54)。
2. 玉女穿梭(图18.3.1之55~63)。
3. 海底针(图18.3.1之64~65)。
4. 闪通臂(图18.3.1之66~68)。
5. 下势(图18.3.1之69~71)。
6. 独立(图18.3.1之72~74)。
7. 揽雀尾(图18.3.1之75~86)。
8. 十字手(图18.3.1之87~90)。

3.2.4 收势(图18.3.1之91)

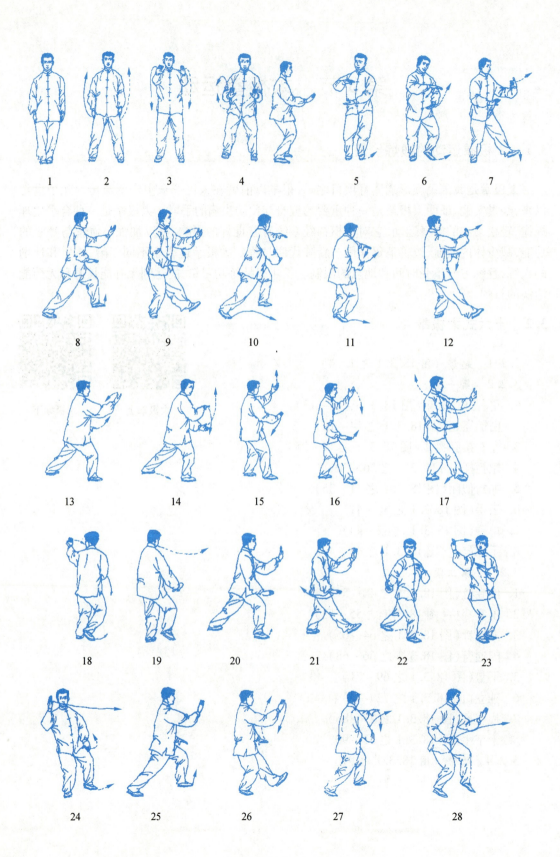

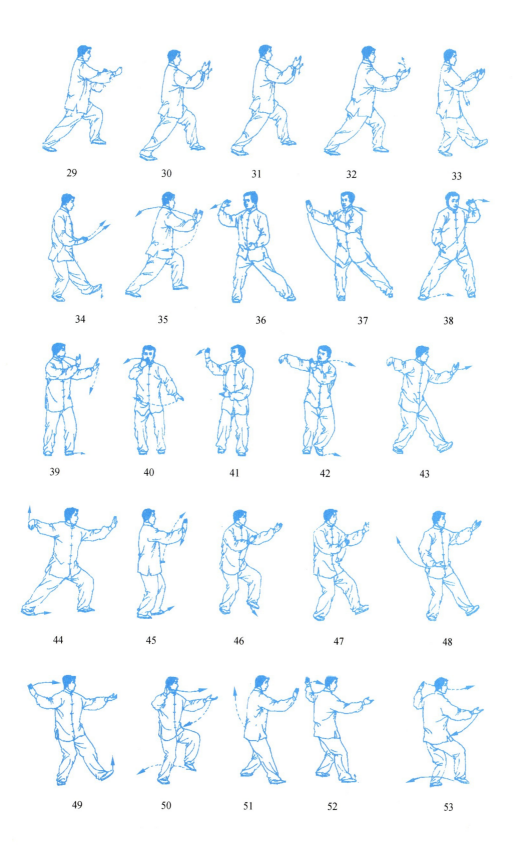

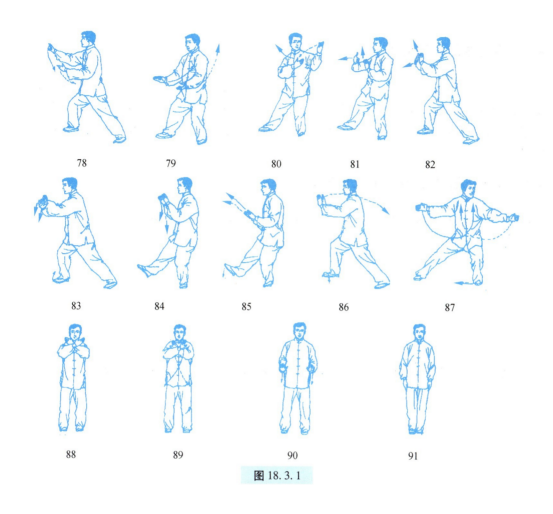

图 18.3.1

第4节 防身术

4.1 锻炼价值

任何武术拳种、流派都包含着丰富的攻防技击方法,防身术便是以实际需求为目的,从自卫防身的角度出发,吸收中华武术之精华创编而成的。它不以套路的形式出现,没有多余的花架子,其特点是:以自卫防身为主,动作简单利索,招法简洁实用,一招制胜。击打要害、反拿关节及踢、打、摔、拿等技法和人体各个部位都可以成为防身自卫的攻击武器。"远拳、近肘、靠身胯,不远不近弹踢把脚下。"这句顺口溜概括了人体基本防卫技术在不同场合的应用。

通过防身术的学习,不仅能提高自我防卫能力,还可以起到锻炼身体、增强体质、健美体态、丰富生活等作用,而且对于培养沉着、冷静、勇敢、果断、自信的心理素质也有着很好的作用。

4.2 防身术的心理防卫

防卫自身,除必须具备一定的防卫技能、技巧和身体素质外,更应具备良好的防卫心理素质,心理防卫是必不可少的精神力量。从心理学的角度来看,人的心理对其言论和行为有着很大的影响作用,它能直接控制人的情感和支配人的行为。心理防卫是能否成功地运用防身术的保障。

4.3 常见的基本攻击技术及攻击要点

4.3.1 拳(图18.4.1、图18.4.2、图18.4.3、图18.4.4、图18.4.5)

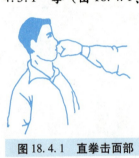
图18.4.1 直拳击面部

图18.4.2 勾拳击腹

图18.4.3 摆拳击太穴

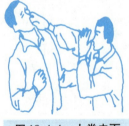
图18.4.4 小拳击面

图18.4.5 劈拳击面部

4.3.2 掌、指(图18.4.6、图18.4.7、图18.4.8)

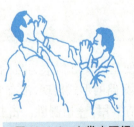
图18.4.6 立掌击下颌

图18.4.7 顺掌砍颈部

图18.4.8 双指击眼睛

4.3.3 肘（图18.4.9、图18.4.10）

图18.4.9 顶肘击肋部　　图18.4.10 横肘击头　　图18.4.11 弹腿踢裆部

4.3.4 腿脚（图18.4.11、图18.4.12、图18.4.13、图18.4.14、图18.4.15、图18.4.16、图18.4.17、图18.4.18）

4.3.5 膝（图18.4.19、图18.4.20）

图18.4.12 正踹腹部　　图18.4.13 侧踹肋部　　图18.4.14 侧弹腿击膝

图18.4.15 侧弹踢击肋　　图18.4.16 点腿击下颌　　图18.4.17 后蹬腿击胸

图18.4.18 下砸腿击胸　　图18.4.19 提膝顶腹　　图18.4.20 膝顶裆部

4.3.6 头（图18.4.21、图18.4.22、图18.4.23）

图18.4.21　额顶面部

图18.4.22　头撞胸部

图18.4.23　头顶面部

4.4　简单防身招法

4.4.1　托（压）腕抽指（图18.4.24、图18.4.25、图18.4.26）

对方将我手指抓住，我另一手握住对方手腕，用力向上托（或下压）被抓手指迅速抽出。

图18.4.24　　　　　　　图18.4.25　　　　　　　图18.4.26

4.4.2　手压肘（图18.4.27、图18.4.28、图18.4.29、图18.4.30）

对方抓住我手腕，我另一手立即扣握住对方手腕，同时双臂屈肘，被抓手上翻，抓握住对方手腕，向前上步，转体，同时用肘下压对方肘关节。

图18.4.27　　　　图18.4.28　　　　图18.4.29　　　　图18.4.30

4.4.3　扣腕砍颈（图18.4.31、图18.4.32、图18.4.33）

对方抓住我头发，我一手扣握住对方手腕，同时一手成掌，掌心向上，用掌外沿猛砍对方侧颈部。

图 18.4.31　　　　　图 18.4.32　　　　　图 18.4.33

4.4.4　翻腕压肘（图 18.4.34、图 18.4.35、图 18.4.36）

对方抓住我胸前衣领,我一手扣住对方抓我衣领之手,上前一步,同时转体,别其小腿,另一手按对方肘关节。

图 18.4.34　　　　　图 18.4.35　　　　　图 18.4.36

4.4.5　托颌顶裆（图 18.4.37、图 18.4.38、图 18.4.39）

对方抱住我腰部,我双手上托(推)对方下颌部,上体自然后仰,用膝狠顶对方裆部。

图 18.4.37　　　　　图 18.4.38　　　　　图 18.4.39

4.4.6　顶肋击面（图 18.4.40、图 18.4.41、图 18.4.42、图 18.4.43）

对方双臂(手)搂抱住我双臂及胸部,我向前上步,双臂屈上提(架)对方双臂,右手抓住对方左手腕,同时身体左转,用左臂肘关节侧顶对方左肋,松开右手,用右拳击其左侧下颌。

图 18.4.40　　　图 18.4.41　　　图 18.4.42　　　图 18.4.43

4.4.7 屈腿蹬腹（图 18.4.44、图 18.4.45、图 18.4.46）

我倒地仰卧，对方双手掐我颈部，我立即屈抬右腿蹬其腹部，左脚上踢其裆部。

图 18.4.44　　　　　图 18.4.45　　　　　图 18.4.46

思 考 题

1. 武术运动的锻炼价值是什么？
2. 防身术的锻炼价值是什么？